Michael H. Carl / Herbert Güttler / Kurt Siehr

Kunstdiebstahl vor Gericht

Schriften zum Kulturgüterschutz

Cultural Property Studies

Michael H. Carl
Herbert Güttler
Kurt Siehr

Kunstdiebstahl vor Gericht

City of Gotha v. Sotheby's / Cobert Finance S.A.

W DE G

Walter de Gruyter · Berlin · New York 2001

Michael H. Carl, Dr. iur., Rechtsanwalt und Solicitor,
Leiter der deutsch-britischen Abteilung, Eversheds, London;

Herbert Güttler, Dr. phil.,
Referatsleiter, jetzt beim Beauftragten der Bundesregierung
für Angelegenheiten der Kultur und der Medien, Bonn und Berlin;

Kurt Siehr, Dr. iur., M.C.L.,
Professor für Privatrecht, Internationales Privatrecht
und Rechtsvergleichung an der Universität Zürich.

Abdruck des Gemäldes mit freundlicher Genehmigung
von Sotheby's.

♾ Gedruckt auf säurefreiem Papier,
das die US-ANSI-Norm über Haltbarkeit erfüllt.

Die Deutsche Bibliothek – CIP Einheitsaufnahme

Kunstdiebstahl vor Gericht : city of Gotha v. Sotheby's/Cobert Finance SA / Michael H. Carl ; Herbert Güttler ; Kurt Siehr. – Berlin ; New York : de Gruyter, 2001
(Schriften zum Kulturgüterschutz)
ISBN 3-11-016688-7

Printed in Germany
Einbandgestaltung: +malsy kommunikation und gestaltung, Bremen
Datenkonvertierung und Satz: Arthur Collignon GmbH, Berlin
Druck und Bindung: Hubert & Co, Göttingen

The *Holy Family with Saints and Angels* by *Joachim Wtewael*, Master of the School of Utrecht, Oil on Copper (21 × 15.7 cm), 1603

Photograph by kind permission of Sotheby's

Inhaltsübersicht

Inhaltsverzeichnis

Abkürzungsverzeichnis

A. A.	Anderer Ansicht
ABGB	(Österreichisches) Allgemeines bürgerliches Gesetzbuch vom 1.6.1811
ABl. EG	Amtsblatt der Europäischen Gemeinschaften
A. C.	Appeal Cases
AcP	Archiv für die civilistische Praxis
a.F.	alte Fassung
AG	Attorney General
Am.J. Int.L.	American Journal of International Law
Anm.	Anmerkung
anr.	another
apprd.	approved
arg.	argumentum
Art., Artt.	Artikel
Ass.	Assessor
Aufl.	Auflage
Ausf. Vdg.	Ausführungs-Verordnung
bayr.	bayerisch
Bd.	Band
BGB	Bürgerliches Gesetzbuch vom 18.8.1896 (BGBl III 4 Nr. 400–2)
BGBl.	Bundesgesetzblatt, soweit ohne Zusatz: BGBl. der Bundesrepublik Deutschland
BGE	Entscheidungen des Schweizerischen Bundesgerichtes
BGer.	Schweizerisches Bundesgericht
BGH	Bundesgerichtshof
BGHZ	Entscheidungen des Bundesgerichtshofes in Zivilsachen
Bing. N. C.	Bingham, N. C.
BMF	Bundesministerium der Finanzen
BMI	Bundesministerium des Innern
BRD	Bundesrepublik Deutschland
BW	(niederl.) Burgerlijk Wetboek
bzw.	beziehungsweise
c.	chapter bzw. contre (bei Parteien eines Rechtsstreits)
ca.	circa
C. A.	Court of Appeal
Cass.	Cour de cassation

Ch.	Chancery Division des englischen High Court of Justice
ch.	Chapter
Cf.	confer (vergleiche)
Cir., 2d Cir.	Circuit, Second Circuit
D.	Recueil périodique et critique de jurisprudence, de législation et de doctrine, fondé par M. Dalloz (Paris)
DDR	Deutsche Demokratische Republik
decd.	decided
ders.	derselbe
d. h.	das heisst
dpa	Deutsche Presse-Agentur
E. D. N Y.	Federal District Court of the Eastern District of New York
EGBGB	Einführungsgesetz vom 18.8.1896 zum Bürgerlichen Gesetzbuch
E. R.	The English Reports
et al.	et alii (und andere)
evtl.	eventuell
EVÜ	Europäisches Übereinkommen vom 19.6.1980 über das auf vertragliche Schuldverhältnisse anzuwendende Recht
EWG	Europäische Wirtschaftsgemeinschaft
f., ff.	folgende (Seite bzw. Seiten)
F.2d	Federal Reporter, Second Series (St. Paul, Minn.)
Fa.	Firma
FAZ	Frankfurter Allgemeine Zeitung
FDP	Freie Demokratische Partei
Fn.	Fussnote
F. Supp.	Federal Supplement (St. Paul, Minn.)
Gaz.Pal.	Gazette du Palais (Paris)
GB	Grossbritannien
gem.	gemäss
H. L.	House of Lords
i.d.F.	in der Fassung
Inc.	Incorporated
Int.J. Cult.Property	International Journal of Cultural Property
IPR	Internationales Privatrecht
IPRax	Praxis des Internationalen Privat- und Verfahrensrechts
IPRspr.	Die deutsche Rechtsprechung auf dem Gebiete des Internationalen Privatrechts
i. S.	im Sinne
JR	Juristische Rundschau
JZ	Juristenzeitung

Kap.	Kapitel
K. B.	King's Bench Division des englischen High Court of Justice
KGB	Komitet Gossudarstwennoj Besopasnosti (Komitee für Staatssicherheit)
LG	Landgericht
lit.	litera
Lloyds Rep.	Lloyd's Law Reports
LMCLQ	Lloyd's Maritime and Commercial Law Quarterly
Ltd.	Limited (company oder partnership)
LQR	Law Quarterly Review
m. E.	meines Erachtens
Messrs.	Messieurs
MR	Master of the Rolls
Mr.	Mister
N.	Note
n.F.	neue Fassung
NIPR	Nederlands International Privaatrecht
NJW	Neue Juristische Wochenschrift
N. L. J.	New Law Journal
No.	Numéro, number
Nr.	Nummer
NS	Nationalsozialisten
NSDAP	Nationalsozialistische Deutsche Arbeiterpartei
N. V.	Naamloze Vennootschap
NZZ	Neue Zürcher Zeitung
OLG	Oberlandesgericht
OR	Bundesgesetz vom 30.3.1911 betreffend die Ergänzung des Schweizerischen Zivilgesetzbuches (Fünfter Teil: Obligationenrecht) (SR 220)
P.	Probate Division des englischen High Court of Justice
Panor.	Panorama
Plc.	Public limited company
Pt.	Part
Q. B., Q. B. D.	Queen's Bench Division des englischen High Court of Justice oder The Law Reports, Queen's Bench Division (London)
Q. C., QC	Queen's Counsel
q.v.supra	Quod vide supra (siehe oben)
RdNr.	Randnummer
Rép. Defrénois	Répertoire général pratique du notariat et de l'enregistrement

Rev.trim.dr.civ.	Revue trimestrielle de droit civil (Paris)
RG	Reichsgericht
RGR	Reichsgerichtsräte
RGZ	Entscheidungen des Reichsgerichts in Zivilsachen
RM	Reichsmark
Rz.	Randziffer
S., s.	Seite, Siehe, siehe
S. A.	Societé anonyme, sociedad anónima
Sächs.	Sächsisch
SBZ	Sowjetische Besatzungszone
Sch.	Schedule
SchKG	(schweiz.) Bundesgesetz vom 11.4.1889 über Schuldbetreibung und Konkurs (SR 281.1)
Sect., Sects.	Section, Sections
Sept.	September
S. I.	Statutory Instruments
SMA	Sowjetische Militäradministration
SMAD	Sowjetische Militäradministration in Deutschland
SMERSH	Smert špionam [Tod den Spionen], sowjetischer militärischer Geheimdienst, Vorgänger des KGB
s. o.	siehe oben
sog.	sogenannt
SR	Systematische Sammlung des Bundesrechts
thür. Ges.Slg.	thüringische Gesetzessammlung
u. a.	und andere, unter anderem
u. a.m.	und anderes mehr
UdSSR	Union der Sozialistischen Sowjetrepubliken
usw.	und so weiter
u.U.	unter Umständen
US, USA	United States of America
U. S. C A.	United States Code Annotated
U. S. S. R.	Union der Sozialistischen Sowjetrepubliken
Übers.	Übersetzer
VC	Vice-Chancellor
v., vs.	versus
vgl.	vergleiche
WLR	Weekly Law Reports
WM	Wertpapier-Mitteilungen
z. B.	zum Beispiel
ZGB	Schweizerisches Zivilgesetzbuch vom 10.12.1907 (SR 210)

Einleitung

Gewidmet dem preußischen General Johann von der Marwitz, der nach dem Sieg über Sachsen von Friedrich dem Großen den Befehl erhielt, die berühmte Bibliothek von Heinrich Graf Brühl nach Berlin zu bringen und seinem König antwortete: „Das schickt sich nicht für einen Offizier Seiner Majestät" und demissionierte. Es sei ausgezogen, um Krieg gegen Staaten zu führen, nicht gegen Individuen. Auf seinem Grabstein stehen die Worte: „Wählte Ungnade, wo Gehorsam nicht Ehre brachte".*

Gotha ist eine thüringische Kleinstadt im Herzen Deutschlands. Sie ist über die Grenzen Deutschlands bekannt, weil sie die Residenz der Herzöge von Sachsen-Gotha, später der Herzöge von Sachsen-Coburg und Gotha war und von hier aus die europäischen Fürstenhöfe mit gekrönten Häuptern versorgte. Nicht umsonst heißt bis heute das bekannteste genealogische Taschenbuch kurz „der Gotha". Noch vor dem Ende des Dreißigjährigen Krieges wurde im Jahr 1643 der Grundstein zu Schloß Friedenstein gelegt. Diese Residenz beherbergte zuerst die herzogliche Wunderkammer, die Anfänge des späteren Schloßmuseums mit dem überall bekannten Gemälde „Das Gothaer Liebespaar" des Meisters des Hausbuches. Hundert Jahre später eröffnete in Gotha das erste stehende Hoftheater seine Pforten und begann im Jahre 1775 unter Conrad Ekhof seine Tätigkeit. Die Gothaer Versicherung wurde 1820 gegründet und existiert heute noch.

Schloß Friedenstein, in der Hoffnung auf die Beendigung des Dreißigjährigen Kriegs so genannt, überstand den Zweiten Weltkrieg, jedoch seine ausgelagerten Kunstschätze kehrten nicht alle in das Museum zurück. Seit dem Jahre 1945 war auch das Gemälde „Die heilige Familie mit hl. Johannes, hl. Elisabeth und Engeln" von Joachim Antonisz Wtewael (ca. 1566–1638) verschollen.[1] Bereits im Jahre 1987, also vor der Wende der Jahre 1989/91, tauchte es in Berlin auf. Es war aus der Sowjetunion im Gepäck einer afrikanischen Diplomatengattin in den Westen gekommen, wurde beschlagnahmt und wieder freigegeben. Dann verschwindet die Kupfertafel im internationalen Kunsthandel, wird von der in Panama registrierten Cobert Finance S. A. erworben und bei Sotheby's in London zur Versteigerung eingeliefert. Als die Stadt Gotha das Gemälde nicht zurück-

---

* S. auch *Theodor Fontane* Wanderungen durch die Mark Brandenburg II: Oderland, Aufbau-Verlag, 2. Auflage 1980, S. 244 ff.

1 Vgl. *Bernhard/Martin/Rogner* Verlorene Werke der Malerei, München 1965, S. 123.

kaufen wollte, wurde auf den 1.April 1992 die Versteigerung angesetzt. Hierzu kam es aber nicht; denn die Stadt Gotha verlangte das Bild als ihr Eigentum heraus und klagte gegen Sotheby's in London auf Herausgabe.

Das hier im englischen Originaltext und in deutscher Übersetzung vorgelegte, inzwischen international als „Gotha-Judgment" bekannte Urteil des englischen High Court verdient aus vielen Gründen Beachtung: Als ein weiterer Schritt auf dem Weg der anglo-amerikanischen Reform des Verjährungsrechts beim Streit um Kunstobjekte; als erstes bekanntes Urteil zu § 221 BGB überhaupt; als Schulbeispiel der englischen Verfahrenstechniken; als richterliche Meisterleistung in Tatbestands- und Rechtsfeststellung, Beweiswürdigung und Abwägung; sowie, last not least, als sprachliches Juwel (dessen Glanz in der Übersetzung des Verfassers hoffentlich nicht zuviel gelitten hat).[2]

Seine größte Bedeutung jedoch liegt in seiner Ausstrahlung auf die betroffenen Kreise. Zeitlich fällt es in die Periode des „juristischen Aufräumens" der Räubereien des eben zu Ende gegangenen Jahrhunderts.[3] Es hat viele Vorgänge angestoßen oder zumindest beschleunigt. Staatliche, städtische, private Museen, Stiftungen und Sammlungen auf der ganzen Welt haben begonnen, ihre Einstellung zu Rückgabewünschen zu ändern und öffnen Archive und Magazine. Ankäufe unterliegen immer strengeren rechtlichen Kriterien. Händler und Aktionshäuser geben öffentliche Erklärungen über künftiges Wohlverhalten ab. Die Zahl der freiwilligen Rückgaben steigt, der Kurs der Verjährungseinrede fällt.

Man wird einwenden, daß der relativ kleine Schritt, den die Ausdehnung der Unterbrechungstatbestände bei § 221 BGB von den Fällen des bestohlenen Diebs auf den betrogenen Dieb darstellt, als solcher nur wenig bewirke. Auch wurden Zweifel laut, ob die von Mr. Justice Moses neu aufgestellte Regel des englischen *ordre public* uneingeschränkt weitere Anwendung finden werde.[4] Diese Stimmen übersehen jedoch die zunehmende Bereitschaft der Richterschaft, unbestrittene Eigentumsrechte an Kunstobjekten wegen unverschuldeten Zeitablaufs untergehen zu lassen oder, wie im deutschen Recht, Eigentum und Besitz permanent zu spalten.[5] Neue Möglichkeiten für Verkäufer, Händler und Auktionshäuser, die

---

[2] Das Attribut „callipygian", mit dem der als Knabe dargestellte heilige Johannes bedacht wird, ist üblicherweise allerdings für Aphrodite reserviert.

[3] So zuletzt: Spoils of War under Scrutiny, Financial Times, 22. Mai 2000.

[4] *P. Lomas* und *S. Orton* Potential Repercussions from the City of Gotha – Decision, Art Antiquity and Law 4 (1991) 1559–165; *Antony Mair* Misappropriation and Skulduggery in Germany and Russia, The case of Wtewael's „The Holy Family", Art Antiquity and Law 3 (1998) 413–415.

[5] *Georg von Gehren* Ius nudum, Gegen die Verjährung des Eigentumsrechts an Kulturgut, FAZ 10. Juli 1992.

Provenienz entwendeter Objekte über Datenbanken und publizierte Verlustkataloge aufzuklären, stellen neue Anforderungen an den guten Glauben. Zeitspannen, die als ausreichend lang galten, müssen angesichts des planmäßigen Verbergens durch langfristig planende Investoren und Spekulanten neu bemessen werden.

Mehr noch, die Rechtfertigung der Verjährungseinrede selbst steht in Frage. Der herkömmliche Interessengegensatz zwischen Eigentumsschutz auf der einen und Verkehrssicherheit auf der andern Seite muß neu überdacht werden. Als zusätzlicher Faktor ist hierbei der Bestandsschutz von Sammlungen von allgemeinem kulturellen Interesse zu berücksichtigen.

Was das deutsche BGB betrifft, muß ein Kapitel, das von den mit seiner Beratung befaßten Kommissionen vergessen worden war, mit hundertjähriger Verspätung endlich geschrieben werden: Die Ausdehnung der Verjährungsregeln auf das Mobiliarsachenrecht erfolgte ohne die seinerzeit erbetene Stellungnahme des Sachenrechtsausschusses. Diese war unterblieben, obwohl sie vom Schuldrechtsausschuß als erforderlich angesehen worden war. Ein englischer Richter bringt hiermit seinen Lösungsvorschlag ein: *in dubio pro dominio.*

Die Verfasser der hier vorgelegten Beiträge waren aktiv an dem Gotha-Verfahren beteiligt, teils als Anwalt (Solicitor), teils als ministerieller Entscheidungsträger, teils als Sachverständiger für deutsches Recht. Die Liste des „Teams“ ist groß, doch sollte der beiden Barristers der Kläger, Alexander Layton, Q. C., und Monica Carss-Frisk, besonders gedacht werden.

Michael H. Carl, London	Herbert Güttler, Bonn	Kurt Siehr, Zürich

Introduction

Dedicated to the memory of the Prussian General Johann von der Marwitz, who received after the victory over Saxony an order by Frederick the Great to take and remove the famous library of Count Brühl to Berlin and who replied to his king: "This is unbefitting to an officer of His Majesty" and resigned his commission. He explained that he had set out to fight wars against states, not individuals. His tombstone bears the words: "He chose disgrace where obedience did not bring honour".*

Gotha is a small Thuringian town in the heart of Germany. It is well known beyond the boundaries of Germany, having been the residence of the Dukes of Saxe Gotha, later the Dukes of Saxe-Coburg and Gotha and having supplied many of the European Royal Courts with crowned heads. It is no coincidence that the best known genealogical reference book is still called "Der Gotha". The founding stone for Schloß Friedenstein was laid down already prior to the end of the Thirty Years' War in 1643. This castle was home to what was initially the Ducal Collection Room for Curiosities, which became later the Castle Museum with its widely known painting "Das Gothaer Liebespaar" by the Meister des Hausbuches. One hundred years later, the first permanent court theatre opened its curtain in Gotha and began its performances in 1775 under Conrad Ekhof. The insurance company, Gothaer Versicherung, was formed there in 1820 and still exists today.

Castle Friedenstein, which derives its name from the hope for an end to the Thirty Years' War, survived the Second World War. However, its art treasures which had been removed for safe-keeping, did not all return to the museum. Since 1945 the painting "The Holy Family with the Saints Johannes and Elizabeth and Angels" by Joachim Antonisz Wtewael (ca. 1566–1638) had been missing, together with many others.[1] Already in 1987, i. e. prior to the changes of 1989/91, it re-appeared in Berlin. It had been brought to the West from the Soviet Union in the luggage of the wife of an African diplomat, was confiscated and again released. Next, the copper plate becomes submerged in the international art trade, is acquired by the Panamanian registered company Cobert Finance S. A. and handed in at Sotheby's in London to be auctioned. When the City of

---

* See also *Theodor Fontane* Wanderungen durch die Mark Brandenburg II: Oderland, Aufbau-Verlag, 2nd ed. 1980, p. 244 et seq.

[1] See *Bernhard/Martin/Rogner* Verlorene Werke der Malerei, Munich 1965, p. 123.

Gotha states that it is not willing to re-purchase the painting, an auction is arranged for 1st April 1992. This, however, was prevented when the City of Gotha demanded the return of the painting as its property and started proceedings against Sotheby's and its client in London.

The judgement of the English High Court, which is herewith presented in the English original language and in German translation and which has become internationally known as the "Gotha Judgement", deserves attention for many reasons: as a further step on the way of the Anglo-American reform of the law concerning limitation of action in disputes over works of art; as the first ever known judgement on section 221 of the German Civil Code; as a text book example of English procedural methods; as a judicial master piece as far as the finding of facts, the establishment of the law, the acceptance and weighing of evidence is concerned; and, last not least, as a jewel of judicial language[2] (whose sparkle has hopefully not suffered too much in translation).

Its greatest importance, however, lies in its effect on the persons concerned. Its date of appearance falls into the phase of the "legal clean-up" of the plundering activities in the presently ending century.[3] It has started or at least accelerated many developments. Public museums owned by the state or by cities, private museums, foundations and collections all over the world have started to change their attitude towards requests for restitution and have begun to open their archives and storage places. Acquisitions are subject to increasingly stringent legal criteria. Dealers and auction houses propagate public announcements on their intended good behaviour. The number of voluntary restitutions is on the increase, while the value of the limitation defence falls.

It may be argued that the relatively small step taken by extending the preconditions for an interruption of the limitation period according to section 221 BGB from the case of the thief who has himself become the victim of a theft to a thief who has been swindled out of possession does not as such change very much. Doubts were also raised whether the new rule of English public policy established by Mr. Justice Moses would find much support in future cases.[4] However, these critics overlook the gradually proceeding change in the willingness of judges to allow undisputed rights of ownership in works of art to be anihilated or, as in German law, for ownership and possession to be permanently split, for the sole

2 The attribute "callipygian" chosen to describe St. John depicted as a young boy is, alas, normally reserved for Aphrodite.

3 Last: Spoils of War under Scrutiny, Financial Times, 22 May 2000.

4 *P. Lomas and S. Orton* Potential Repercussions from the City of Gotha – Decision, Art Antiquity and Law, June 1999, p. 159; *Antony Mair* Misappropriation and Skulduggery in Germany and Russia, The case of Wtewael's "The Holy Family", Art Antiquity and Law, Sept. 1998, p. 413.

reason that time has elapsed due to no fault of the owner.[5] Newly available methods for sellers, dealers and auction houses to check the provenance of stolen objects with the use of data banks and published lists of losses result in new requirements for the demonstration of good faith. Time periods which used to be judged as sufficiently long, will have to be re-measured in view of organised hiding by long-term investors and speculators.

Furthermore, the justification of the limitation defence itself has become the focus of discussion. The hitherto common competition between the interests of the owner on the one hand and the security of the trading public on the other hand will have to be reconsidered. The security and the continued maintenance of the contents of collections of general cultural interest will have to be considered as an additional factor in the equation.

As far as the German Civil Code is concerned, a chapter which had been overlooked by the committees entrusted with the drafting and construction of its provisions must at long last be written with a delay of one hundred years: The extension of the rules governing limitation from the law of obligations ("Schuldrecht") to the law concerning movables ("Mobiliarsachenrecht") had occurred without the benefit of the requested report by the committee dealing with property law. This omission occurred even though the report had been regarded as essential by the committee dealing with the law of obligations. An English judge herewith submits his proposal for a solution: *in dubio pro dominio*.

The authors of the following chapters have been actively engaged in the Gotha proceedings, respectively as solicitor, ministerial decision-maker and expert witness on German law. The list of the team is long, however, special mention should be made of the two barristers of the plaintiffs, Alexander Layton, Q. C. and Moncia Carss-Frisk.

Michael H. Carl, London

Herbert Güttler, Bonn

Kurt Siehr, Zürich

---

[5] *Georg von Gehren* Ius nudum, Gegen die Verjährung des Eigentumsrechts an Kulturgut, FAZ 18 July 1992.

Der Gotha-Fall und die Bundesrepublik Deutschland

Wtewaels „Heilige Familie" und Deutschlands „unheilige" Gegensätze

Herbert Güttler*

Der folgende Bericht beruht auf den Referatsakten des Referates K II 3 des Bundesministeriums des Innern, später Referat K 13 des Beauftragten der Bundesregierung für Angelegenheiten der Kultur und der Medien. Die Akten enthalten alle zitierten Angaben, Schreiben usw. sowie Vermerke über genannte Vorgänge: Dabei ist insoweit von eigenen Fußnoten abgesehen worden. Der Bericht gibt die Arbeitsgeschichte aus der Perspektive des Referatsleiters wieder. Die politische Verantwortung für diesen Zeitraum hatte für die Bundesregierung zunächst Bundesminister des Innern, Seiters, dann Bundesminister des Innern, Kanther. Schließlich wurde das streitgegenständliche Bild nach dem Regierungswechsel in Bonn 1998 durch Staatsminister im Bundeskanzleramt Dr. Naumann in Gotha überreicht. In der Stadt Gotha waren Stadtrechtsrat Brockhoff und Assessor von Kutzleben die zuständigen Referenten.

Empfänger war Oberbürgermeister Doenitz, der sich für die Stadt noch vor Bekanntwerden des Vorgangs beim damals verantwortlichen Bundesministerium des Innern um die Rückgewinnung des Bildes bemühte und insoweit ebenfalls gleichsam im Vorlauf den Beginn der Arbeitsgeschichte in seiner Registratur verwahrt. Im Bundesministerium des Innern war auf Arbeitsebene zunächst Ministerialrat Boecker für die Frage der Unterstützung der Stadt Gotha und dann der Verfasser zuständig.

In dem folgenden Bericht sind aus verschiedenen Gründen nicht alle Geschäftsvorgänge von Bedeutung erwähnt. Sei es aus rechtlichen Gründen, sei es zum Schutz der beteiligten Personen oder aus Gründen einer gebotenen Zurückhaltung. Es darf jedoch erwähnt werden, daß mit den zu beteiligenden Behörden und Stellen sowie auch mit den zu konsultierenden Justizbehörden immer sachli-

* Leiter des Referats „Rückführung von Kulturgut" im Bundesministerium des Innern, Bonn, ab 1998 beim Beauftragten der Bundesregierung für Angelegenheiten der Kultur und der Medien, Berlin.
Der Verfasser dieses Berichtes dankt seiner Mitarbeiterin Frau Dr. Petra Kuhn für Rat und Tat.

che, z. T. aber auch heftige, bis zum Dissens gehende Auseinandersetzungen stattfanden. Dies liegt in der Natur der Sache. Auch sollen hier verwaltungsinterne Widerstände nicht unerwähnt bleiben, die jedoch überall auftreten können. § 22 Abs. 1 der Gemeinsamen Geschäftsordnung (GGO I) der Bundesministerien schreibt vor, daß jeder Geschäftsvorfall so schnell und einfach wie möglich zu erledigen sei. Daß die folgende Beschreibung dem etwas widerspricht, mag dem Leser verständlich werden. Der einfachste Weg zur Wiedererlangung des kleinen Bildes wäre ein „Rückkauf" gewesen, – zu Lasten des Steuerzahlers. Aus grundsätzlichen und rechtlichen Erwägungen wurde davon Abstand genommen, wie ausgeführt werden darf.

I. Problemlage: Historisch, politisch und rechtlich

Die historischen, politischen und rechtlichen Probleme der Rückführung kriegsbedingt verbrachten Kulturgutes (sog. Beutekunst) sind heute in aller Munde. Dies war vor zehn Jahren nicht der Fall. Ursache für diese Entwicklung ist die Beendigung des Kalten Krieges, die für die Beziehungen, insbesondere zu Rußland, der Ukraine und Polen neue Maßstäbe setzte. Besonders Rußland und die Ukraine befanden und befinden sich in einer schwierigen Umstrukturierungslage und baten die Bundesrepublik Deutschland um Hilfe beim Aufbau einer modernen Verwaltung und bei der Herstellung rechtsstaatlicher Verhältnisse. In regierungsamtlichen Schreiben wurde russischerseits unter Hinweis auf die Notwendigkeit besserer gemeinsamer Zusammenarbeit auf allen Gebieten beispielsweise darum gebeten, ein „juristisches Vakuum" auf dem Weg zum Rechtsstaat zu überwinden. Die Bundesrepublik Deutschland hatte wie kein anderer Staat Willen und Bereitschaft zur Unterstützung Rußlands bekundet und auch entsprechend so gehandelt. Sie hält an dieser Politik heute noch fest.

Altlasten der Geschichte, wie die der gegenseitigen Kulturgüterrückführung, dürfen jedoch nicht zu einer Hypothek für die Zukunft zwischenstaatlicher Beziehungen werden. Dem großangelegten Kunstraub durch die Nationalsozialisten in der Sowjetunion, besonders durch den berüchtigten Einsatzstab Reichsleiter Rosenberg, der für Göring und Himmler Jagd auf Kulturgüter in Rußland machte, an dem sich Gauleiter, Parteigrößen, militärische Dienststellen und auch mancher Soldat beteiligten,[1] folgte der sowjetische Kunstraub in Deutschland durch die

---

[1] Vgl. hierzu *A. Heuss* Kunst- und Kulturgutraub. Eine vergleichende Studie zur Besatzungspolitik der Nationalsozialisten in Frankreich und der Sowjetunion, Heidelberg 2000, 161 ff.; Eichwede/Hartung (Hrsg.) „Betr.: Sicherstellung". NS-Kunstraub in der Sowjetunion, Bremen 1998; *Hartung* Raubzüge in der Sowjetunion. Das Sonderkommando Künsberg 1941–1943, Bremen 1997.

„Trophäenkommissionen" und auch durch Plünderer. Der deutsche Kunstraub war völkerrechtswidrig und insbesondere ein barbarischer Angriff auf die kulturelle Identität der slawischen Völker. Er rechtfertigt jedoch nicht den quantitativ bei weitem größeren Kunstraub sowjetischer Stellen und Plünderer in Deutschland nach 1945.

Wegen der durch diesen Kunstraub geschaffenen Lage ist die „Beutekunst" – ein zunächst in Rußland gebräuchlicher Ausdruck – heute nach wie vor ein ungelöstes Problem. So befindet sich in Deutschland – trotz intensiver Suche – kaum noch russisches Kulturgut, während in Rußland mehr als 200.000 Einzelstücke aus deutschen Museen und Sammlungen, etwa 4,6 Millionen Bücher und 3 km Archivalien lagern. Da die Wehrmacht nur einen Teil der Sowjetunion, insbesondere nicht Leningrad (St. Petersburg) und Moskau besetzt hatte, ist der Umfang der russischen Verluste an beweglichen Kulturgütern nicht eindeutig zu bestimmen. Zum Teil ist während des Krieges viel Kulturgut bereits in das sowjetische Hinterland gebracht worden. Teilweise ist zu Stalins Zeiten Kirchengut enteignet und auch Kulturgut in die USA und anderswohin verkauft worden, – aus ideologischen Gründen. Die Verluste haben also unterschiedliche und nicht immer von Deutschland zu vertretende Ursachen.[2] Im deutsch-russischen Verhältnis liegt also bei mobilen Kulturgütern im Hinblick auf Rückgabe kriegsbedingt verbrachten Kulturgutes eine klare Asymmetrie vor. Rußland hat bis heute keinen Überblick über seine Verluste. Bei den von der Sowjetunion aus Deutschland verschleppten Kulturgütern befanden sich weiterhin Kulturgüter, welche die Nationalsozialisten den NS-Opfern, vorwiegend jüdischen Mitbürgern, z. T. gewaltsam abgenommen hatten, und auch Kunstbesitz aus westeuropäischen Staaten, der mehr oder weniger legal nach Deutschland gekommen war.

Nach dem Kriege gaben schließlich die USA und andere Staaten etwa 500.000 der von deutschen Stellen in der Sowjetunion geraubten Kunstwerke aus den westlichen Besatzungszonen an die Sowjetunion zurück, so daß wegen des enormen Ungleichgewichtes eine Rückgabe mit Rußland nach dem Prinzip der Gegenseitigkeit unmöglich erscheint. Dies ist der russischen Öffentlichkeit im wesentlichen immer noch nicht bekannt. Offizielle russische Angaben (so Kulturminister Sidorow im Jahre 1995) über Verluste sprechen davon, daß „aus 64 Museen genau 763.733 Exponate verbracht" worden sein sollen. Diese Zahl werde, so hieß es, präzisiert. Dies ist bisher nicht geschehen. Angesichts der bereits genannten Rückgaben durch die Westalliierten und der Mitnahme durch die sowjetischen Trophäenkommissionen in ihrer Besatzungszone dürften diese Zahlen un-

---

2 Vgl. *Graf Lambsdorff* Die Rückführung deutscher Kulturgüter – ein Prüfstein deutscher Beziehungen zu Russland, Berlin 1995.

ter politischen und wissenschaftlichen Aspekten mit Vorsicht zu behandeln sein.[3] Auch hier fehlt der Überblick russischer Stellen über das Kulturgut, das in der sowjetisch-besetzten Zone wiedergefunden wurde.

Mehr und mehr zeichnete sich im Laufe der beginnenden offiziellen Verhandlungen und der Gespräche, auch von Kunstexperten, zu Beginn der neunziger Jahre ab, daß Rußland offiziell und inoffiziell den Einblick und Zugang in die eigenen Depots erschwerte, wenn nicht ganz untersagte. Russische und ukrainische Forscher haben teilweise den Umfang und die Qualität der Verlagerungen der „Beutekunst" in die Sowjetunion nachgewiesen.[4] Dabei stellt sich heraus, daß bereits im März 1943 unter Stalin Pläne geschmiedet wurden, Kunst aus Nazi-Deutschland, als Reparation für den Bau eines Museums der Welt-Kunst in Moskau, zu verschleppen. Einen präzisen Überblick über tatsächlich verschleppte Kulturgüter gibt es leider immer noch nicht. Dieser liegt uns nur in Bruchstücken vor.[5] Russische Museen und Depots verweigern trotz offiziöser andersartiger Beteuerungen (so Eremitagedirektor Piotrowski auf einer Pressekonferenz in Bonn) immer noch den Zugang. Bei kulturellen, oft zufälligen Kontakten oder gemeinsamen Ausstellungen in Rußland wird von deutschen Forschern häufig mit Erstaunen geäußert, wie viel an unersetzlichem Kulturgut in russischen Depots noch verborgen werde. Viele dieser Kulturgüter wie Archivalien, Nachlässe und Handschriften, Sammlungsteile und regionalgeschichtlich bedeutende Ausgrabungen sind für Rußland sogar ohne jeden wissenschaftlichen Wert. Es muß befürchtet werden, daß manche Kulturgüter, z. B. Schriftgut, zugrunde gehen.

II. Erste Verhandlungen mit Rußland

Nach Ende des Kalten Krieges wuchsen neben den ideellen auch unsere materiellen Unterstützungsleistungen für den Reformprozeß in den Nachfolgestaaten der ehemaligen UdSSR und in Rußland. Sie überschritten seit 1997 die Grenze von 130 Milliarden DM. Die Bundesregierung hoffte begleitend auch in der Frage der Rückführung von kriegsbedingt verbrachtem Kulturgut auf ein Entgegenkommen des nunmehr demokratischen Rußland und stützte sich dabei in erster Linie auf Völkergewohnheitsrecht und Völkervertragsrecht. In Art. 16 des Deutsch-sowjetischen Vertrages über gute Nachbarschaft, Partnerschaft und Zusammen-

[3] Vgl. *Ritter* Kulturerbe als Beute?, Nürnberg 1997.

[4] *Akinscha/Koslow/Toussaint* Operation Beutekunst, Nürnberg 1995.

[5] *Akinscha/Koslow/Toussaint* Russische Dokumente der Beutekunst, in: Anzeiger des Germanischen Nationalmuseums, Nürnberg 1997.

arbeit vom 9. November 1990[6] vereinbarten beide Seiten, „daß verschollene oder unrechtmäßig verbrachte Kunstschätze, die sich auf ihrem Territorium befinden, an den Eigentümer oder seinen Rechtsnachfolger zurückgegeben werden". Diese Vereinbarung wurde zwischen Deutschland und der Russischen Föderation fast gleichlautend in Art. 15 des Deutsch-russischen Kulturabkommens vom 16. Dezember 1992[7] bekräftigt.

Der Kulturminister der Russischen Föderation, Sidorow, besuchte vom 9.–12. Februar 1993 in Dresden den Bundesminister des Innern, Seiters, auf dessen Einladung. Die Delegationen vereinbarten das sog. Dresdener Protokoll.[8] Dieses bezog sich ausdrücklich auf die oben erwähnten vertraglichen Vereinbarungen und auch auf die Gemeinsame Erklärung von Bundeskanzler Dr. Kohl und Präsident Jelzin vom 21. November 1991,[9] in der unter Ziffer 11 festgelegt ist:

> „Pflege und Erhalt der Kulturgüter der jeweiligen anderen Seite sind selbstverständlicher Ausdruck des neuen Miteinanders zwischen Deutschland und Rußland. Sie stimmen darin überein, daß unrechtmäßig verbrachte Kunstschätze, die sich auf ihrem Territorium befinden, an den Eigentümer oder seinen Rechtsnachfolger zurückgegeben werden."

Das Dresdener Protokoll enthält unter anderem organisatorische Festlegungen wie die Einsetzung einer Gemeinsamen deutsch-russischen Kommission zur beiderseitigen Rückführung von Kulturgütern und die Bildung von Fachgruppen für die Bereiche Archive, Bibliotheken, Museen/Sammlungen und, ausdrücklich auf russischen Wunsch, für Rechtsfragen. Die deutschen Co-Vorsitzenden dieser Fachgruppen sind bis heute (1998) Professor Dr. Friedrich Kahlenberg (Bundesarchiv Koblenz), Professor Dr. Klaus-D. Lehmann (Deutsche Bibliothek Frankfurt, heute Stiftung Preußischer Kulturbesitz Berlin), Professor Dr. Werner Schmidt (Staatliche Kunstsammlungen Dresden), Professor Dr. Wilfried Fiedler (Universität Saarbrücken). Es wurde ein gemeinsamer Listenaustausch über diejenigen Gegenstände, „die nach Auffassung der übergebenden Seite der Rückführung unterliegen", vereinbart sowie die vorrangige Aufmerksamkeit gegenüber denjenigen Restitutionsprojekten, „für deren zügige Umsetzung bereits jetzt günstige Voraussetzungen geschaffen worden sind oder geschaffen werden".

---

6 Vertrag vom 9.11.1990 über gute Nachbarschaft, Partnerschaft und Zusammenarbeit zwischen der Bundesrepublik Deutschland und der Union der Sozialistischen Sowjetrepubliken, BGBl. 1991 II 702.

7 Abkommen vom 16.12.1992 zwischen der Regierung der Bundesrepublik Deutschland und der Regierung der Russischen Föderation über kulturelle Zusammenarbeit, BGBl. 1993 II 1256.

8 Abgedruckt bei: *Fiedler* Kulturgüter als Kriegsbeute?, Heidelberg 1995, 36–39.

9 Bulletin des BPA der Bundesregierung 1991, Band 4, Nr. 133, S. 1083.

Damit schien das Dresdener Protokoll einer zunächst erfreulichen Entwicklung Raum zu geben, die sich auf informellem Wege – über Verabredungen in den Botschaften – bereits abgezeichnet hatte: Planung von Verfahren der Rückführung im Rahmen eines „Runden Tisches“ in Moskau,[10] der zur Bestandsaufnahme und Identifizierung wertvollen deutschen Kulturgutes führen sollte und dann auch stattgefunden hatte; vorrangige Rückgabe von 5.000 unersetzlichen Büchern an die Gothaer Schloßbibliothek, die nach inoffiziellen Angaben „versehentlich“ nach Rußland verbracht worden sein sollen; ein Angebot technischer Hilfe von deutscher Seite sowie neben Ersatz anderweitiger Aufwendungen für Rußland, Bücher- und Zeitschriftensendungen für ein Institut der Akademie der Wissenschaften Rußlands im Gesamtwert von ca. 1 Mio. DM u. a. m.

Obwohl derartige Pläne schon seit dem Jahr 1991 auch über die deutsche Botschaft in Moskau diskutiert und vorgeschlagen worden waren, scheiterten sie ebenso wie auch die Versuche, auf dem Archivsektor mit dem russischen Roskom-Archiv eine Vereinbarung zu realisieren, die das Bundesarchiv zur (tatsächlich geleisteten) Lieferung von technischen Hilfsmitteln im Werte von 500.000,– DM verpflichtete.

Eine später in Rußland gebildete Staatliche Kommission zur Restitution der Kulturgüter faßte schließlich im Jahre 1994 einen Beschluß mit der Formulierung, daß z. B. die in Rußland verbliebenen Teile der Bestände der Gothaer Bibliothek „aus Gründen des gewissen juristischen Vakuums auf dem Gebiet der ausführenden Organe“ im Hinblick auf den „Übergangscharakter“ des Landes eine klare Stellungnahme nicht zuließen. So fand sich dann mehr und mehr in der Presse die resignierte Feststellung, daß das „heiße Eisen“ zwischen Kulturminister, Präsident und Parlament in Rußland hin und her geschoben werde.

Doch nicht nur Kunstfreunde oder Museumsleute hüben und drüben harrten gespannt des Ganges der Dinge. Gemälde aus Deutschland hingen mittlerweile schon in den Depots russischer Banken, erregen dort den „Appetit des internationalen Kunsthandels“. So verwahre die „Hauptstädtische Bank“ in Moskau augenblicklich etwa ein Dutzend von russischen Privatleuten verkaufter hochkarätiger Gemälde, darunter „Der Schulmeister“ des holländischen Barockmalers Jan Steen. Das Bild des Niederländers war bis zum Krieg in der Kunsthalle Bremen ausgestellt.[11]

Es dürfte an dieser Stelle müßig sein, darüber zu spekulieren, warum die russische Seite entgegen ursprünglicher Zusagen von einer Rückführung kriegsbedingt verbrachten Kulturgutes Schritt um Schritt Abstand nahm. Auf einer die Dresdener Konferenz abschließenden Pressekonferenz versicherte der russische Kulturmini-

[10] Vgl. das Moskauer Protokoll vom 24.3.1994, bei: *Fiedler* (oben Fn 8) 41–44.
[11] dpa vom 8.2.1996.

ster Sidorow noch einmal öffentlich auf Befragen von Bundesminister Seiters, die russische Seite werde „keine Kompensation" für die Rückgabe der Kulturgüter verlangen. Also klare Worte zu Beginn!

Auch auf der Ebene der Fachgruppen fanden diverse Gespräche in beiden Ländern statt, die zur Vorbereitung einzelner Rückführungen im Sinne der Ziffer 9 des Dresdener Protokolls[12] dienen sollten: Vorrangige Aufmerksamkeit sollte denjenigen Restitutionsprojekten gewidmet werden, „für deren zügige Umsetzung bereits jetzt günstige Voraussetzungen geschaffen worden sind oder geschaffen werden." Die guten Absichten blieben Absichten; z. T. wurden deutsche Partner wie Professor Dr. Werner Schmidt, Leiter der Fachgruppe Museen/Sammlungen, ein- und sofort wieder ausgeladen.

Sicherlich dürfte auf das Verhalten Rußlands ein aus heutiger Sicht ungünstiges und im Laufe der Zeit immer stärker auch in den USA kritisiertes Projekt zumindest Einfluß gehabt haben: Der Erwerb des Quedlinburger Domschatzes von den Erben des Jack Meadors, also des Soldaten, der diesen im Jahre 1945 in Quedlinburg geplündert und in die USA verbracht hatte.[13] Zeigte die Bereitstellung großer Mittel für die Plünderer aus Texas nicht einen Weg auf, der auch für Besitzer von „Beutekunst" in Rußland gangbar wäre? Der Kunstmarkt blühte, Millionen waren im Spiel; also: beati possidentes!

Die Versuche der Bundesregierung, trotz des Einsatzes der hohen Politik (Außenminister Kinkel), bei der ersten offiziellen Verhandlungsrunde in Moskau am 23./24. März 1994[14] und nach umfangreichen Vorbereitungen für die nächste Verhandlungsrunde in Bonn (29./30. Juni) einen Durchbruch zu erzielen, scheiterten.[15] Weitere Verhandlungen fanden bis zur Jahrtausendwende nicht mehr statt.

III. „Beutekunst" als Pfand ...

Während in den fünfziger Jahren auf Chruschtschows Order mehr als 1,5 Millionen Objekte und 121 Kisten Bücher und andere Materialien an die DDR zurückgegeben worden waren, um das „sozialistische Brudervolk" mit großzügiger Ge-

---

12 S. oben Fn 8.

13 Vgl. *Kogelfranz/Korte* Quedlinburg – Texas und zurück, München 1994; *Maurice* Kunstraub und Rückgabe, bei: *Kötzsche* (Hrsg.) Der Quedlinburger Schatz, Berlin 1992, XII–XIV; *Siehr* Manuscript of the Quedlinburg Cathedral back in Germany: Int.J. Cult.Property 1 (1992) 215–217.

14 S. oben Fn 10.

15 Vgl. das Bonner Protokoll vom 30.6.1994, bei: *Fiedler* (oben N. 8) 45 f.

ste zu verpflichten[16], wandte sich das demokratische Rußland nunmehr den kommerziellen Möglichkeiten zu. In Rußland fanden Ausstellungen statt, die auch „Beutekunst" aus Deutschland zeigten.[17] Über diese Ausstellungen wurden die deutschen Teilnehmer der Gemeinsamen Fachgruppe Museen/Sammlungen nicht einmal informiert. In einem Schreiben von Professor Dr. Werner Schmidt (Dresden) an die Direktorin des Puschkin-Museums für Bildende Künste in Moskau, Frau Irina Antonowa heißt es:

> „Sie haben bisher in den Sitzungen unserer Fachgruppe Museen/Sammlungen keine Informationen über die Tatsache gegeben, daß in Ihren Depots Gemälde aus deutschen Museen und Sammlungen, die Sie jetzt ausstellen, aufbewahrt werden. Sie haben deutsche Mitglieder unserer Fachgruppe bis heute nicht über Ihre Ausstellung informiert und auch nicht dazu eingeladen. Im Namen der deutschen Mitglieder unserer Fachgruppe muß ich Ihnen unser Befremden darüber ausdrücken, daß Ihr Verhalten den Gepflogenheiten kollegialer Partnerschaft, aber auch Festlegungen der deutsch-russischen Regierungskommission über die Arbeit der Fachgruppe widerspricht."

So wurde es offenkundig, daß der kommerzielle Aspekt der Rückführungsfrage (Erwerb Stück für Stück) mehr und mehr in den Vordergrund rückte. Es versteht sich von selbst, daß die Bundesregierung dabei nicht nur öffentliche Institute, sondern auch die Interessen Privater (Sammlungen, Stiftungen usw.) zu vertreten hatte. Manche beanspruchten ausdrücklich den von der Bundesregierung wahrzunehmenden diplomatischen Schutz. Es zeigte sich aber auch, daß über nationale und internationale Auktionshäuser offensichtlich Gespräche mit russischen Stellen über Modalitäten der Rückführung von Privatsammlungen stattfanden. Insoweit wurde der Bundesregierung manchmal auch der Einblick verwehrt. Sie hatte öfters keine Kenntnisse dieser Vorgänge. Es sei ja jedem unbenommen, so wurde gesagt, über sein Eigentum zu verfügen. Bedauerlich war nur, daß hier beim Kunstmarkt und bei einzelnen Auktionshäusern Erwartungen geweckt wurden, die sich zum Teil in gewaltigen finanziellen Dimensionen bewegten, und Beteiligte nicht nur rechtliche, sondern auch moralische und zivilisatorische Standards des Umgangs von Partnern, Nachbarn oder Staaten miteinander mißachteten. Von verschiedenen Seiten des Kunsthandels wurden zum Teil abenteuerliche Vorstellungen unter Hinweis auf gewaltige Millionensummen als Lösungsansätze angeboten. Im Bundesministerium des Innern wurden von Kunsthändlern bei

---

16 Vgl. die Kataloge „Gemälde der Dresdner Galerie. Übergeben von der Regierung der UdSSR an die Deutsche Demokratische Republik" (1955/56); „Schätze der Weltkultur von der Sowjetunion gerettet" (1958); „Der Menschheit bewahrt" (1959).

17 Five Centuries of European Drawings. The Former Collection of Franz Koenigs (Moskau 1995/96), Moskau 1995; *Kostenewitsch* Aus der Eremitage. Verschollene Meisterwerke deutscher Privatsammlungen (Gerstenberg und Krebs) (1995); *Ilatovskaya* Master Drawings Rediscovered. Treasures from Prewar German Collections (St. Petersburg 1996), St. Petersburg/New York 1996; Der Schatz aus Troja. Schliemann und der Mythos des Priamos-Goldes (Moskau 1996/97), Stuttgart 1996.

Besprechungen dreistellige Millionenziffern genannt, die der Bund für die „Beutekunst" aufbringen sollte.

Das sich abzeichnende Szenario erhielt Konturen: Die im Dresdener Protokoll vom Februar 1993 vorgesehene „umgehende Wiedereinführung von Kulturgütern, die Gegenstand von Restitutionsansprüchen der Seiten sind, in den wissenschaftlichen und kulturellen Umlauf"[18] sollte nicht – wie von Deutschland angenommen – einer abschließenden Rückführung dienen, sondern ein Element sein, das jahrzehntelange Verbergen von Kulturgut aufzuheben und im Rahmen einer Kommerzialisierung (Medien, Ausstellungen, Versteigerungen usw.) Kulturgut als Pfand für Kompensation zu benutzen.

Mit Irina Antonowa als Mitglied der deutsch-russischen Fachgruppe Museen/Sammlungen hatten sich damit offensichtlich Kräfte in Rußland durchgesetzt, die der Nomenklatura aus kommunistischer Zeit zuzurechnen sind. Anläßlich der Ausstellung „Berlin-Moskau 1900–1950" schrieb Irina Antonowa im offiziellen Ausstellungskatalog über die Rückgaben der Sowjetunion an die DDR in den 50er Jahren:[19]

> „Nicht zu beschreiben ist das Glück und der Stolz, an der Rettung solcher gewaltiger Schätze menschlichen Geistes beteiligt zu sein. Von diesen Gefühlen waren alle erfüllt: die Heerführer und Soldaten, die in den letzten Kriegstagen die Gemälde gefunden und sie nach Moskau geschickt hatten, die Verwalter, Restauratoren und anderen Museumsmitarbeiter ...".

Dieser Text wurde nicht korrigiert. Die FAZ bezeichnet ihn als einen Skandal. Es war unerklärlich, was mit „Rettung" gemeint war. In Besprechungen mit dem Auswärtigem Amt war zu hören, die Reparationsfrage werde offensichtlich erneut gestellt, trotz des Verzichtes der Sowjetunion und der großen Leistungen der DDR und der Bundesrepublik Deutschland.

IV. Beutekunst im Kunsthandel

Im weiteren wurde dann die sog. Beutekunst in der Russischen Föderation durch ein DUMA-Gesetz zu russischem Eigentum erklärt.[20] Bekannt ist, daß dies nicht ohne Widerstand geschah und auch in der russischen Öffentlichkeit zum Teil

---

18 Vgl. Ziffer 8 des Dresdner Protokolls, bei: *Fiedler* (oben Fn 8) 38.

19 *Antonowa* Kunstschätze als Opfer des Krieges, bei: Antonowa/Merkert (Hrsg.) Berlin-Moskau, München, New York 1995, 469–473 (472 linke Spalte oben).

20 Zu diesem Gesetz vom 13.5.1997 vgl. *Fiedler* Russian Federal Law of 13 May 1997 on Cultural Values that have been Displaced to the U. S. S. R. as a Result of World War II and are to be Found in Russian Federation Territory: Int.J. Cult.Property 7 (1998) 512–525 (einschließlich englischer Übersetzung des Gesetzes).

heftig angegriffen wurde.[21] Die neue innerrussische Rechtslage, die dem Völkerrecht und den Verträgen mit der Bundesrepublik Deutschland widerspricht, gilt heute noch.

Vor diesem Hintergrund wird verständlich, daß das Einsickern von sog. Beutekunst in den westeuropäischen Kunstmarkt und den schwarzen und grauen Markt, – hier in erster Linie in London und New York – zu befürchten war. Dort werden zunehmend große Umsätze erzielt.

Es war zu überlegen, ob und mit welchen rechtlichen Mitteln die Bundesregierung Versteigerung und Verschleuderung von Beutekunst verhindern konnte. Schon bald zeichneten sich einige Fälle ab, in denen Kunstwerke aus Rußland und den Nachfolgestaaten der Sowjetunion besonders in den USA ans Tageslicht kamen und teilweise mit Hilfe von Rechtsanwälten versteigert werden sollten. Das Auswärtige Amt und das Bundesministerium des Innern führten insoweit Gespräche mit der US-Botschaft in Bonn, die sehr hilfreich waren. Die Botschaft verwies auf einschlägige straf- und zollrechtliche Bestimmungen in den USA[22] und empfahl in allen Fällen, den Rechtsweg einzuschlagen. Ankäufe – auch in verschleierter Form – sollten tunlichst unterbleiben. Der Fall „Quedlinburg“[23] sollte sich nicht wiederholen, ein schlechtes Beispiel und eines zuviel! Leider nutzten internationale Auktionshäuser mehr und mehr die Gelegenheit, kriegsbedingt verbrachtes Kulturgut in New York, Amsterdam, London und anderswo zu versteigern. Die Bundesregierung erhob – selten erfolgreich – Protest. Schließlich wies später der Hoge Raad der Nederlanden eine Rückgabeklage des Freistaates Sachsen wegen eingetretener Verjährung ab und gab ein ungutes Signal für die Rückkehrchancen in Sachen „Beutekunst.“[24]

V. Das Gemälde von Wtewael aus Gotha im Besitz einer panamaischen Firma

Die sich in dieser Zeit anbahnende Versteigerung des Gemäldes von J. A. Wtewael wurde gleichsam als Beispiel oder Testfall mehr und mehr brisant. Das damalig zuständige Bundesministerium des Innern erfuhr durch ein Schreiben

---

21 Zur Überprüfung des russischen Gesetzes vom 13.5.1997 durch das russische Verfassungsgericht vgl. Int.J. Cult.Property 9 (2000) 189 bei 20 July 1999.

22 Gemeint sind vor allem der National Stolen Property Act (18 U. S. C A. §§ 2311 ff.) und das amerikanische allgemeine Zollrecht mit seiner Vorschrift über die Einziehung geschmuggelter Ware (18 U. S. C A. § 545).

23 S. oben Fn 13.

24 Entscheidung vom 8. Mai 1998, Nr. 16.456, Nederlands International Privaatrecht 1998 Nr. 194 (S. 213).

der Kulturstiftung der Länder erstmalig am 28. Januar 1992 davon, daß hier eine „krimireife" Geschichte vonstatten gehe: Das Auktionshaus Sotheby's bot das Bild am 16. Dezember 1991 den Kunstsammlungen in Gotha an und wünschte bis zum 15. Januar 1992 Bescheid. Das Bild sollte zu einem Preis von fast 800.000 englischen Pfund vom Schloßmuseum Gotha erworben werden können. Die Stadt Gotha machte sich daraufhin sachkundig und unternahm den Versuch, das Bild über eine (im Kunsthandel übliche) Aufwandsentschädigung zurückzuerhalten: ohne Erfolg. Nachdem sich inzwischen die Presse des Themas bemächtigt hatte, wurden mehr und mehr Hintergründe bekannt, und Spekulationen über den Eigentümer des Bildes und dessen Verbringung nach Moskau und über Berlin nach London begannen zu wuchern. Die Stadt Gotha erhob am 27. März 1992 Anzeige wegen des Verdachts auf unrechtmäßige Entfernung eines Bildes aus den Sammlungsbeständen gegen Unbekannt bei der Staatsanwaltschaft des Freistaats Thüringen in Erfurt. Das Bundesministerium des Innern erklärte im Hinblick auf die besondere Situation der Stadt Gotha und die allgemeine restitutionspolitische Bedeutung des Themas am 16. Juli 1992, daß es die Stadt Gotha unterstützen werde. Diese hatte mittlerweile in London eine Rechtsanwaltskanzlei eingeschaltet, deren Vertreter, Rechtsanwalt und Solicitor Dr. Michael Carl, in einer umfangreichen Analyse auf das Problem der Aktivlegitimation (Klagebefugnis) der Stadt Gotha hinwies. Denn auch die Herzog von Sachsen-Coburg und Gotha'sche Stiftung für Kunst und Wissenschaft käme als Eigentümerin des Bildes in Frage. Es sollte jedoch eine Erklärung abgegeben werden können, nach der die Stiftung die Aktivlegitimation der Stadt Gotha anerkennen und unterstützen würde. Diese Erklärung kam dann nicht zustande. Hier zeigte sich der erste große Problemkreis für die Klage.

Nach dem bis dahin aufgeklärten Sachverhalt sollte das Bild im Jahre 1945 oder kurz danach vermutlich durch einen russischen Oberst (oder General) Kozlenko nach Moskau gebracht worden und von dort über verschiedene Wege durch deutsche, russische und afrikanische Zwischenhändler – zuletzt afrikanische Diplomaten – nach Berlin gelangt sein. Dort wurde es durch einen Oberkurator des Dahlemer Museums erkannt und durch die Kriminalpolizei am 24. März 1987 sichergestellt. Nach der Beschlagnahme durch das Amtsgericht Tiergarten gab die Berliner Staatsanwaltschaft das Bild jedoch am 31. August 1987 wieder frei! Das Bild wurde dann über verschiedene Auktionen in England und den USA im Jahr 1991 bei Sotheby's von einer panamaischen Firma Cobert Finance S. A., die sich des Eigentums berühmte, zur Versteigerung eingeliefert. Diese Praxis der deutschen Justizbehörden offenbart ein gewisses Maß an Ignoranz gegenüber dem illegalen Kunsthandel, – keineswegs jedoch Staatsraison.

Eine Gesprächsrunde im August 1992 in London zwischen Vertretern des Bundesministeriums des Innern und den englischen Rechtsanwälten machte das Pro-

blem deutlich, daß sich Bund, der Freistaat Thüringen und die Stadt Gotha sowie evtl. auch die Herzogliche Stiftung überlegen müßten, ob eine Klage erhoben werden sollte. Es müsse mit Prozeßkosten von ca. 100.000 Pfund gerechnet werden. Zu beachten wäre auch der rechtliche und der politische Präzedenzaspekt: Die negativen Erfahrungen nach dem „Ankauf" des Quedlinburger Domschatzes[25] seien nicht zu wiederholen. In einem Schreiben vom 11. Januar 1993 der von der Stadt Gotha konsultierten Rechtsanwälte Christoph von Berg und Partner (früher Gotha, jetzt Leipzig) an das Bundesministerium des Innern wurde darauf aufmerksam gemacht, daß dieser Fall „nach dem Quedlinburger Domschatz die erste Gelegenheit (sei), die Frage zu klären, ob kriegsbedingt abhanden gekommenes Kulturgut an seinen Ursprungsort zurück verbracht werden muß oder aber dem Kunstmarkt zu überlassen ist!"

Die Frage nach einer Unterstützung des Bundes für eine Klage stand an und wurde wegen der grundsätzlichen Bedeutung der Angelegenheit vom Bundesministerium des Innern positiv beschieden. Ein Gutachten von Professor Dr. Erik Jayme, Direktor des Instituts für ausländisches und internationales Privat- und Wirtschaftsrecht der Universität Heidelberg, vom 11. Juni 1992 bestätigte, daß trotz aller Rechtsprobleme nach deutschem Recht das Museum in Gotha einen Anspruch auf Herausgabe des Bildes nach § 985 BGB habe, der nicht verjährt sei. Auch eine Ersitzung gem. § 937 BGB sei nicht eingetreten.[26]

Trotz des insgesamt verwirrenden Sachverhaltes und teilweise kriminellen Hintergrundes rieten die Anwälte der Residenzstadt Gotha zu einem Rechtsstreit. Konsultationen des Bundesministeriums des Innern mit dem Freistaat Thüringen und auch der Stadt Gotha ergaben, daß befürchtet werden müsse, daß eine Versteigerung des Gemäldes für vergleichbare Fälle in Zukunft unübersehbaren Schaden verursachen würde. Schließlich riet auch Professor Dr. Kurt Siehr von der Universität Zürich als renommierter Zivilrechtler zu einem Rechtsstreit. Einen solchen empfahlen auch die Londoner Anwälte mit dem gutachterlichen Hinweis, daß ein englisches Gericht die deutschen Verjährungsvorschriften anwenden werde und daß die Gegenseite ungeduldig werde. Die Firma Sotheby's als Besitzerin müsse das Bild aus ihrem Depot u.U. herausgeben.

VI. Der Rechtsstreit in London: Gotha klagt aus Eigentum

Am 16. Juli 1992 hatte die Stadt Gotha versucht, mit dem Angebot einer Aufwandsentschädigung von 500.000,– DM das Bild wieder in Besitz zu bekommen.

[25] S. oben Fn 13.

[26] Das Gutachten ist abgedruckt bei: *Jayme* Nationales Kunstwerk und Internationales Privatrecht, Heidelberg 1999, 225–235.

Die Firma Cobert Finance S. A. lehnte dieses Angebot ab. Schließlich erwirkte die Stadt Gotha am 3. September 1993 eine einstweilige Verfügung und erhob anschließend Klage vor dem High Court in London auf Herausgabe aus Eigentum. Die „Discovery-Phase“ begann, damit aber auch eine Kostenflut zu Lasten der Residenzstadt. Es war eine Zeit der Erörterung des Sachverhaltes und des Zweifels, ob und inwieweit eine Klage geführt werden könne.

„dpa“ berichtete dann am 9. August 1995, daß sich die Stadt Gotha aus dem „Grundsatzprozeß um Beutekunst“ in London zurückziehen werde. Obwohl die Bundesregierung und der Freistaat Thüringen sich bereit erklärt hatten, zu 90% die Verfahrenskosten zu übernehmen, wolle die Stadt nicht weitermachen. Fachleute hätten davor gewarnt, diesen Prozeß zu führen, weil dies Millionen kosten werde. Dagegen hatte der Züricher Rechtswissenschaftler Professor Dr. Kurt Siehr erklärt: „Legte man nun die Hände in den Schoß und ließe den Prozeß der Stadt Gotha fallen, würde London ein Eldorado für gestohlenes deutsches Kulturgut werden, das vor unserer Tür so gehandelt wird, als wäre es legitimer Besitz osteuropäischer Einlieferer.“ Die Bundesregierung beschloß im August 1995, sich aufgrund eines Gutachtens von Professor Dr. Kurt Siehr vom 5. Mai 1995 zu engagieren, weil die Erfolgsaussichten des Prozesses materiell-rechtlich positiv zu beurteilen seien. Auch aus restitutionspoltischen Gründen und wegen der grundsätzlichen Bedeutung müsse die Klage unterstützt werden. Schließlich sei London der größte Kunstmarkt in Europa.

Professor Siehr hatte in seinem Gutachten angedeutet, man werde in London über wichtige grundsätzliche Fragen zu entscheiden haben, wie z. B. über das auf die Verjährungseinrede anwendbare Recht. Diese Problematik sei symptomatisch für fast alle der zu erwartenden Rückforderungsfälle aus der Nachkriegszeit. Es sei mit einer längeren Verfahrensdauer zu rechnen und die Kosten würden mehr als 500.000 DM betragen.

Mit Schreiben vom 31. August 1995 teilte der Oberbürgermeister der Residenzstadt Gotha, Doenitz, der Bundesregierung mit, daß der Stadtrat unter diesen Voraussetzungen den Prozeß weiterführen wolle und er den englischen Prozeßbevollmächtigten beauftragt habe, entsprechend zu verfahren.

Am 15. November 1995 wurde ein Vergleichsangebot (800.000 DM Kaufpreis und Kostenübernahme von neun Millionen DM) der Beklagtenseite bekannt. Die Klägerseite lehnte das Vergleichsangebot prinzipiell ab, es sei denn, ihre Rechtsposition würde anerkannt und die Kostenkalkulation bei einem Vergleich (mit einer üblichen Aufwandsentschädigung für die Gegenseite) bestätigt. Von Seiten der Bundesregierung wurde in Übereinstimmung mit dem Freistaat Thüringen und auch der Stadt Gotha das Vergleichsangebot als Ausdruck wachsender Unsicherheit der Gegenseite aufgefaßt, da diese – auf den Kunsthandel ausgerich-

tet – einen langen Prozeß befürchte. Die Kalkulation der Bundesregierung war, daß ein länger andauernder Prozeß nicht in ein Vorstellungsschema der Gegenseite passen würde. Je länger der Prozeß dauere, desto schwieriger würde die Position der Gegenseite. Nachdem das Vergleichsangebot an die Stadt Gotha am 5. Dezember 1995 erneuert wurde, fand in London eine Besprechung unter Anwesenheit eines Vertreters unserer Botschaft statt, an der u. a. die Herren Dr. Molitor (Vertreter des Freistaates Thüringen) und von Kutzleben (Stadt Gotha) teilnahmen. Ergebnis war, daß der Rechtsstreit weitergeführt werden sollte. Eine Annahme des Vergleichsangebotes unter Anerkennung des deutschen Rechtsstandpunktes sei nur dann möglich, wenn der Gegner auf die Erstattung seiner Prozeßkosten verzichte. Schon damals deutete Rechtsanwalt Dr. Carl an, daß die Gegenseite darauf wohl nicht eingehen werde. Die deutsche Seite befürchtete, die politische und rechtliche Präzedenzwirkung eines Verfahrens werde verloren gehen. Die Botschaft in London verstärkte diese Auffassung.

VII. Wer ist aktivlegitimiert?

Eine weitere besondere Erschwernis für den Rechtsstreit waren die vermögensrechtlichen Streitigkeiten zwischen dem Freistaat Thüringen, der Stadt Gotha, dem Herzog von Sachsen-Coburg und Gotha bzw. der Herzoglichen Stiftung für Kunst und Wissenschaft. Das Spitzenwerk des niederländischen Manierismus, 1603 auf Kupfer gemalt und nur 21 × 16 cm groß, gehörte ursprünglich dem Herzog von Sachsen-Coburg und Gotha. 1928 wurde es Teil der Sammlung der Kunststiftung des Herzoghauses. Es verblieb bis 1945 in Gotha und war spätestens im Juli 1946 verschwunden. Nunmehr machte die Herzogliche Stiftung selbst Eigentumsansprüche geltend. Sie war nur unter bestimmten Bedingungen bereit, im Wege der Nebenintervention den Rechtsstreit der Stadt Gotha und der Bundesrepublik Deutschland zu unterstützen: Die Bundesrepublik Deutschland und der Freistaat Thüringen hätten die Stiftung von Gebühren und sonstigen Auslagen freihalten, sämtliche Prozeßunterlagen zur Verfügung stellen und deren eigene Anwälte und Prozeßanwälte honorieren sollen. Hintergrund der Notwendigkeit, die Beteiligung der Herzoglichen Stiftung zu prüfen, war folgender: Es war damals nicht mit ausreichender Sicherheit festzustellen gewesen, ob die Stadt Gotha, die Herzogliche Stiftung, die Bundesrepublik oder der Freistaat Thüringen Eigentümer des Bildes ist. Es mußte aber in London gehandelt werden. Daher war es geboten, alle möglichen Aktivlegitimierten auf der Klägerseite zu beteiligen. Bis zu einer bestimmten Frist (21. Juni 1996) mußte klar sein, in welcher Form die Klägerseite in der sogenannten Discovery-Phase auftreten würde: ein zweites großes Problem.

In einer Besprechung am 4. Juli 1996 erklärte der Rechtsvertreter der Herzoglichen Stiftung, er wolle Einsicht in die Prozeßakten in London haben, um sich ein Urteil bilden zu können. Wegen des Umfangs der Akten, aber auch wegen der streitigen Verfahren der Stiftung mit dem Freistaat Thüringen (Rückgabe des Vermögens der Stiftung) und wegen der Eigenheiten des englischen Prozeßrechtes mußte diese Bitte abgelehnt werden. Etwas anderes hätte auch auf laufende vermögensrechtliche Verfahren der Stiftung in Deutschland Auswirkungen gehabt.

Die Bundesregierung mußte vermeiden, daß die Frage des Eigentumsrechts an dem Wtewael-Bild in einem Prätendentenstreit in London aufgrund einer eigenen Intervention der Stiftung entschieden werden würde. Die Herzogliche Stiftung wurde daher gebeten, den laufenden Rechtsstreit (durch Nebenintervention) zu unterstützen und nicht einen eigenen Rechtsstreit im Wege einer Klageverbindung zu führen.

Die Stiftung entschied sich nicht. Eine Hauptintervention mit eigenen Anwälten in England und damit die Gefahr eines Rechtsstreits über die Eigentümereigenschaft nach deutschem Recht wäre nach Auffassung der Bundesregierung ihrem Rechtsstreit abträglich gewesen. Für sie stand die Heimkehr des Bildes nach Gotha im Mittelpunkt.

Es mußte vermutet werden, daß die Stiftung die Frage der Klagebefugnis in dem Rechtsstreit in London, (ohne Rücksicht auf die Rückführung des Bildes) dazu nutzen würde, ihre Interessen in dem vermögensrechtlichen Verfahren gegenüber dem Freistaat Thüringen zu vertreten.

Nachdem eine Stellungnahme der Stiftung lange Zeit ausstand, fanden im Laufe des Jahres 1996 mehrere Gespräche mit dem Geschäftsführer der Stiftung (von Pezold) in München statt. Trotz mancher Beteuerungen gegenüber dem Verfasser, die Rückführung des Bildes aus London nach Deutschland anstreben zu wollen, ließ die Stiftung durch ihren Rechtsvertreter mitteilen, sie sei an einer eigenen Prozeßführung in London interessiert. Die Enttäuschung auf Klägerseite war erheblich.

Ein auf Empfehlung des die Bundesregierung beratenden Kölner Rechtsanwalts Dr. Thomas von Plehwe bei Professor Dr. Olaf Werner (Universität Jena) bestelltes Gutachten kam zu dem Schluß, daß die Stiftung doch möglicherweise Eigentümer des Bildes sei. Daher wurde im Bundesinnenministerium und auf der Klägerseite erwogen, ob die Stiftung nicht doch einen eigenen Prozeß führen solle. In einer Besprechung am 12. September 1996 in München erklärte der Rechtsvertreter der Stiftung (von Pezold), daß er einer Übertragung des Eigentumsrechts in treuhänderischem Sinne auf die Stadt Gotha zustimmen könne. Jedoch müßte das Eigentum für den Fall des Obsiegens auf die Stiftung zurück übertragen

werden. Aufgrund einer neueren gutachterlichen Stellungnahme vom 13. September 1996 kam Professor Dr. Olaf Werner zu der Auffassung, daß das Eigentum der Stadt Gotha, des Freistaates Thüringen und der Bundesrepublik Deutschland sehr fragwürdig sei und kaum auf dem Prozeßwege durchgesetzt werden könne. Hintergrund waren die unklaren Abläufe im tatsächlichen Sinne. So gab es mehrere Varianten zum Schicksal des Bildes in der Nachkriegszeit.

Im September 1996 fanden auf Bitten des Bundesministeriums des Innern Recherchen im Auftrag des Auswärtigen Amtes durch unsere ausländische Vertretungen statt. Das Auswärtige Amt war bemüht, Fragen durch Zeugen zu klären, die zum Teil in Rußland, zum Teil in afrikanischen Staaten vernommen werden mußten.

Am 23. September 1996 unterbreitete die Herzogliche Stiftung überraschend einen Vorschlag, ihre etwa bestehenden Eigentums- und Herausgabeansprüche an die Stadt Gotha formal mit der Maßgabe abzutreten, Prozeßunterlagen in London einzusehen und später das Eigentum an dem Gemälde der Stiftung zurückzuübertragen. Angesichts dieser tatsächlich und rechtlich völlig unübersichtlichen Situation schlug Rechtsanwalt Dr. Michael Carl, der bei Gericht bereits Terminverschiebungen erreicht hatte, am 24. November 1996 vor, einen Vergleich mit der Gegenseite in London zu überdenken; denn die Beteiligten auf Klägerseite seien nicht in der Lage, sich auf eine gemeinsame Position gegenüber dem Besitzer von Beutekunst zu einigen und in London steige der Termindruck.

Die Lage im Oktober 1996 stellte sich nunmehr so dar: Aufgrund des Gutachtens von Professor Dr. Olaf Werner nahm die Stadt Gotha an, sie sei nicht mehr Eigentümer des Bildes. Die Rechtsanwaltskanzlei in London empfahl, die Stiftung als Mitkläger (Co-Plaintiff) in den Prozeß einzubeziehen. Die Stiftung lehnte dies strikt ab. In ihrem Vereinbarungsentwurf wich die Stiftung dann auch noch von dem mündlich mit ihrem Rechtsvertreter in München vereinbarten Plan ab, im Falle der treuhänderischen Eigentumsübertragung an die Stadt Gotha eine Rückübertragung des Eigentums am streitgegenständlichen Bild allein vorzusehen. Auch die anderen Vermögenswerte seien durch den Freistaat Thüringen zu übertragen. Dieser Vereinbarungsentwurf der Stiftung war für die Bundesregierung und die Beteiligten auf Klägerseite inakzeptabel und daher abzulehnen.

Das Verhalten der Herzoglichen Stiftung wurde auf Klägerseite als eine außerordentliche Erschwernis bedauert: Es sollten nicht nur die Kosten der Stiftung durch den Bund getragen werden, – zu vermuten war sogar, daß das Verhalten der Stiftung auch mit der Stiftungssatzung nicht in Übereinstimmung stand. Und so war es auf Zuraten von Professor Dr. Olaf Werner notwendig, das Oberlandesgericht Bamberg (Fideikommiss-Senat) als Aufsichtsorgan über die Herzogliche

Stiftung zu befragen. Die Bundesregierung hatte insoweit den Senatsvorsitzenden, Vors. Richter Dr. Faber, in Bamberg um Konsultationen gebeten; dieser unterstützte im Prinzip deren Auffassung, weil auch er der Meinung war, „man müsse an einem Strang ziehen". Der Stiftung war hierzu aber nicht ohne weitere Konzessionen zu bewegen.

VIII. Klagebefugnis der Bundesregierung und Klage

Ein spät auftauchender Befehl Nr. 38 des Chefs der Verwaltungen der Sowjetischen Militäradministration vom 25.1.1946 über die Sequestrationen in Thüringen änderte das Bild wiederum schlagartig. Dieses Dokument wurde von den Rechtsvertretern der Stadt Gotha im Weimarer Staatsarchiv aufgefunden. Am 2. Oktober 1996 schrieb der dazu befragte Professor Dr. Olaf Werner aus Jena, daß nun sehr wahrscheinlich Eigentum der Bundesrepublik Deutschland an dem streitgegenständlichen Bild zu begründen sei. Das Stiftungseigentum könne nun negiert werden. Aufgrund dieses Befehls sei die Frage der Aktivlegitimation für die Bundesregierung nahezu problemlos. In dieser (vierten) gutachterlichen Stellungnahme stellte Professor Werner fest, daß eine Enteignung des Bildes angenommen werden müsse und entsprechend den Vorgutachten das Eigentum an dem Bild später auf die Zentralgewalt der DDR und darauf gemäß Einigungsvertrag[27] auf die Bundesrepublik Deutschland übergegangen sein dürfte. Im Hinblick auf die Terminlage des Prozesses in London fanden eilig mehrere Gespräche aufgrund von weiteren Gutachten statt, die sowohl in London als auch von deutschen Juristen zur Eigentumsfrage vorgelegt und zur Diskussion gestellt worden waren.

In einer weiteren Besprechung am 17. Oktober 1996 in Erfurt zwischen Bund, Freistaat und Stadt Gotha wurde die materiell-rechtliche und prozessuale Situation ausführlich erörtert. Für die Bundesregierung konsultierte zunächst das Bundesministerium des Innern das Bundesministerium der Finanzen und erfuhr, daß seitens des dortigen Rechtsreferates von einem Beitritt des Bundes als Kläger oder von der Alleinklägerschaft des Bundes abgeraten werde. Die materiell-rechtliche Lage bezüglich des Eigentums sei unsicher; es sei ausschließlich eine Frage der Opportunität, diesen Prozeß weiterzuführen. Der Bundesminister der Finanzen erklärte weiter, er habe keine Möglichkeit, sich in der Kürze der Zeit eine begründete Meinung zu bilden, und rate von einer Weiterführung des Prozesses

[27] Vertrag vom 31.8.1990 zwischen der Bundesrepublik Deutschland und der Deutschen Demokratischen Republik über die Herstellung der Einheit Deutschlands (Einigungsvertrag), BGBl. 1990 II 889.

ab. (Wesentliches Argument: prima-facie-Beweis als tatsächliches Problem: wann genau wurde das Bild aus Gotha verbracht?)

Hilfreich waren für eine Meinungsbildung in dieser Situation insbesondere unsere diplomatischen Dienste in Moskau, Lome, Riga und Kinshasa, die Informationen über einige Personen einholten und zum Teil auch Zeugen befragten. Das daraus entstehende Bild gewann deutlich Gestalt: Es zeichnete sich ein Hintergrund ab, in dem kriminelle, zum Teil mafiose Züge bis hin zum Waffenschmuggel und zur Rotlicht-Szene erkennbar wurden. Der Weg des Wtewael-Bildes verlief bis nach London zumindest bei den handelnden Personen in einem manchmal sehr zweifelhaften Milieu.

In einer erneuten Besprechung mit dem Bundesministerium der Finanzen zur Frage der Aktivlegitimation für die Bundesregierung wurde es dann auch von dort für denkbar gehalten, daß die Bundesrepublik Deutschland Eigentümerin des Bildes sei. Das Bundesministerium der Finanzen wollte jedoch keine eigene Initiative ergreifen.

Die Frage des Eigentumsrechtes der Bundesrepublik Deutschland spitzte sich jetzt darauf zu, ob das Bild gleich unmittelbar nach der sowjetischen Besetzung Gothas oder erst in einem späteren Zeitraum in sowjetische Hände gelangt sei. Ein prima-facie-Beweis müsse unter Berücksichtigung der Zeitgeschichte im Prozeß vorgetragen werden. Die vom Bundesministerium des Innern befragten Historiker meinten, die großen Transporte von Kunstgut aus Thüringen nach Rußland hätten nicht bereits in den Tagen nach der Besetzung stattgefunden, sondern erst im Herbst und Winter 1945/1946. Danach wäre also sehr wahrscheinlich der Bund Eigentümer des Bildes.

Das Auswärtige Amt erklärte mittlerweile durchgehend (Botschaft London, Zentrale usw.), aus kulturpolitischen Gründen (Rückführung von Kulturgut aus Rußland und internationaler Handel) sollte auf jeden Fall an einer eigenen Klage des Bundes festgehalten werden. Aufgrund der auch für das Londoner Gericht offensichtlich immer noch ungeklärten Frage der Aktivlegitimation wurde das Prozeßrisiko desto größer, je länger sich die Unsicherheiten häuften. Daher war bis zum 11. November 1996 (neuer Termin) zu klären, ob der Bund den Rechtsstreit weiterführe.

Das im Bundesministerium des Innern zuständige Referat K II 3 votierte aus restitutionspolitischen Gründen und auch rechtlichen Gründen für eine Weiterführung des Prozesses, bei dem die Stadt Gotha aus Besitz und der Bund als Eigentümer klagen würde. Der Prozeß müsse in demjenigen Stadium weitergeführt werden, in dem die Stadt Gotha diesen angefangen habe. Die Präjudizwirkung für den internationalen Kunsthandel und auch für die politischen Beziehun-

gen bei der Rückführung kriegsbedingt verbrachten Kulturgutes machten eine Fortführung des Prozesses unbedingt notwendig. Verstärkt würde dies dadurch, daß sich mit Hilfe unserer diplomatischen Recherchen mehr und mehr ein Gesamtbild zeige, das von Kunstschmuggel, mafiosen Strukturen und Versuchen kriminellen Handelns auf der Gegenseite gekennzeichnet war. Nachdem auch der Justitiar des Bundesministeriums des Innern, Ministerialrat Dr. Berndt, diese Auffassung unterstrichen hatte, entschloß sich die Bundesregierung für eine Weiterführung des Rechtsstreites mit der erneuten Bitte an die Herzogliche Stiftung, diesen zu unterstützen. Das Bundesministerium des Innern führte also den Prozeß weiter, trotz mancher Bedenken aus dem Kollegenkreis in anderen Ressorts (Referat K II 3 fand Rückhalt bei der Leitung des Hauses).

Inzwischen hatten die Öffentlichkeit und auch der internationale Kunsthandel von dem Verfahren in London Kenntnis genommen, der Kunsthandel hat offensichtlich Aufmerksamkeit und auch Nervosität gezeigt. Große Kunsthandelsfirmen in New York und London machten Interesse an Details deutlich.

Wichtig war für die Bundesregierung, daß der Freistaat Thüringen die Bundesregierung in jeder Phase unterstützte. Trotz der nicht unberechtigten Vorbehalte des Bundesministeriums der Finanzen trat nun die Bundesregierung in London als Klägerin auf, gestützt auf ein weiteres Gutachten von Professor Dr. Olaf Werner, in dem dieser besonders die Verpflichtung der Stiftung hervorhob, nach eigener Satzung alles zu tun, um das Bild vor einer Versteigerung und dem Verlust zu bewahren. Im Jahre 1997 wurde die Stiftung erneut gebeten, die Prozeßführung des Bundes und der Stadt Gotha zu unterstützen und nicht durch eigene Maßnahmen Zweifel an der Aktivlegitimation der Bundesrepublik Deutschland zu streuen. Die Stiftung hatte am 19. Dezember 1996 wiederum eine für die Klägerseite zunächst günstige, weil unterstützende Erklärung vom 17. Mai 1995 „widerrufen", was erneut zu Irritationen führte. Auch Professor Dr. Olaf Werner versuchte, die Haltung der Stiftung in dieser Frage erneut zu beeinflussen. Die Bemühungen der Bundesregierung, der Herzoglichen Stiftung gegenüber noch einmal deutlich zu machen, daß die Frage des Eigentums des Bildes aus Rückführungsaspekten gegenüber der Rückführung selbst sekundär sei, verfing erneut in Coburg nicht.

Die Prozeßeröffnung am 7. März 1997 wurde von der Presse[28], sogar von der „Bild-Zeitung", zur Kenntnis genommen, insbesondere auch die Tatsache, daß die Bundesregierung sich nunmehr ebenfalls gegen die großen Auktionshäuser wende. Nach Berichten unserer Londoner Botschaft traf dies auch auf die angel-

---

[28] Vgl. etwa „Bonn gegen Sotheby's": FAZ vom 26.2.1997, S. 39.

sächsische Presse zu.[29] In England begann eine Diskussion über die Liberalität des Kunstmarktes, in der am 18. Februar 1997 Lord Ingelwood nach einer Meldung der FAZ vom 1. März 1997 die Auffassung vertrat, der Kunstmarkt würde sich selbst regulieren. Seine Fähigkeit, Übertretungen zu ahnden, werde letztlich darüber entscheiden, ob er seinen ehrenvollen Ruf in England behalten werde.

Bei der Verhandlung über die verfahrensmäßige Behandlung der neuen Klage der Bundesrepublik entschied der „Master", das Verfahren der Stadt Gotha und der Bundesrepublik Deutschland zu vereinigen. Der Bundesregierung kam die Meldung zu, daß die Firma Sotheby's Gespräche über eine Vermittlung im Rechtsstreit führen wolle. Beim Bundesministerium des Innern gingen inzwischen Fragen von Abgeordneten des Deutschen Bundestages ein, in dem Einzelheiten erbeten und auch die Vergleichsbereitschaft der Bundesregierung zur Diskussion gestellt wurde. Die Bundesregierung antwortete im wesentlichen, daß eine Vergleichsbereitschaft nicht in Frage stehe, solange die Anerkennung der Rechtsposition der Klägerseite nicht gesichert sei. Der Bund wolle nicht der Klage ad infinitum den Vorzug geben, jedoch sollten auch die mit der Klage verbundenen Kosten Berücksichtigung finden. Nach einer Information unserer Botschaft in London vom März 1997 ergaben sich jedoch weiter keine Meldungen über ein Vergleichsangebot.

Am 24. April 1997 regte das OLG Bamberg (Fideikommiss-Senat) an, es sollte überlegt werden, ob nicht seitens der Stiftung eine weitere Erklärung zugunsten der Stadt Gotha abgegeben oder eine entsprechende Vereinbarung getroffen werden könne, in welcher etwaige Ansprüche aus dem Eigentum der Stiftung an dem streitbefangenen Bild an die Stadt Gotha fiduciarisch übertragen werden, im Innenverhältnis aber klargestellt werde, daß für die Eigentumsverhältnisse selbst gerichtliche Entscheidungen in Deutschland maßgebend seien. Auf diese Weise könnten die im Rechtsstreit vor dem englischen Gericht aufgetretenen Zweifel an der Aktivlegitimation der Stadt Gotha behoben werden. Dieser Hinweis werde auch durch den Beitritt der Bundesrepublik Deutschland auf der Klägerseite nicht gegenstandslos.

Nachdem im Jahre 1995 der Haushaltsausschuß des Deutschen Bundestages Mittel für die Prozeßführung zur Unterstützung der Stadt Gotha bewilligt hatte, war nunmehr eine Neubefassung des Haushaltsausschusses wegen erneuter Mittelbewilligung notwendig. Der Staatssekretär im Bundesministerium des Innern, Dr. Priesnitz, führte im Jahre 1997 mehrere Gespräche mit den Berichterstattern, in denen diese der Prozeßführung und auch der Übernahme der Kosten grundsätzlich zustimmten.

---

[29] *Watson-Smyth* Auction world watches fight over painting: The Independent vom 9.6.1997.

Der Rechtsstreit ging nun mit großen Schritten auf die Hauptverhandlung (trial) zu, wobei das Ergebnis natürlich wesentlich von der Beweislage abhing. In England und in den USA wirbelte eine Schmuggelaffäre zu Lasten Sotheby's großen Staub auf.[30] Die Firma hatte Mitarbeitern gekündigt und verlegte Auktionen von Antiken von London nach New York. In London hatten sich im Auktionsbetrieb offensichtlich spektakuläre Unregelmäßigkeiten an der Grenze des Kriminellen ereignet. Dies waren wichtige Signale für den internationalen Kunstmarkt. In diplomatischen Kreisen ebenso, wie in der Presse wurde auch im Zusammenhang mit dem sog. russischen Beutekunstgesetz[31] die Befürchtung geäußert, kriegsbedingt verbrachtes Kulturgut aus Deutschland (Archivalien, Bücher und Kunstwerke aus Museen und Sammlungen) würden nun vermehrt auf den Markt geworfen. Nachdem das Auktionshaus Christie's deutsche Wappenteller (des Johanniter-Ordens) in Amsterdam versteigert hatte, wurde das Pro und Contra von Versteigerungen der sog. Beutekunst europaweit diskutiert. Das Bundesministerium des Innern protestierte in einem Schreiben gegenüber Christie's gegen das in Amsterdam angewandte Verfahren.

Die Bundesregierung vertrat – gestützt durch Gutachten – die Auffassung, daß auch das sog. russische Beutekunstgesetz[32] in Rußland gerade wegen seiner Völkerrechtswidrigkeit das Verfahren in England nicht weiter beeinträchtigen werde. Der Prozeß in London müsse schon aus diesen Gründen unbedingt weitergeführt werden. Informationen aus dem Londoner Kunsthandel besagten, daß der gesamte frühere Ostblock als ein Acker gelte, der unter Profitgesichtspunkten als vielversprechend angesehen werde. Daher werde insbesondere auch das weitere Verfahren in London bedeutsam sein. Rechtsanwalt Dr. Michael Carl äußerte in einem Schreiben vom 17. September 1997 vertiefend die Auffassung, das deutsche Verjährungsrecht müsse dringend durch Nutzung der Option, eingeräumt durch Art. 7 I 3, Halbsatz 2 der Richtlinie 93/7/EWG vom 15.3.1993 zum Kulturgüterschutz, geändert werden, um allen rechtlichen Spekulationen die Grundlage zu entziehen. Die dreißigjährige Verjährungsfrist müsse bei Kunstwerken, die im Kriege verbracht wurden, im Vergleich zu normalen Handelsgütern anders interpretiert werden. Der die Bundesregierung beratende Korrespondenzanwalt Dr. Thomas von Plehwe analysierte am 25. September 1997, eine Streitbeendigung durch Vergleich sei zwar immer möglich, aber im jetzigen Stadium des Verfahrens solle auch im Hinblick auf die Kostenfrage ein Abschluß in erster Instanz unbedingt erreicht werden.

---

30 Vgl. *Peter Watson* Sotheby's. Das Ende eines Mythos, München 1998, über die illegale Ausfuhr eines italienischen Gemäldes aus Italien.

31 S. oben N. 20.

32 S. oben N. 20.

In einer Besprechung am 14. Oktober 1997 mit der Stadt Gotha, dem Freistaat Thüringen und dem Auswärtigen Amt wurde empfohlen, den Prozeß unbedingt weiterzuführen.

Die Klägerseite hatte alle Unterlagen über das bisherige Verfahren für die Anwälte der Gegenseite aus den vorhandenen Akten kopieren und nach London übermitteln müssen. Lediglich bestimmte interne und diplomatische Unterlagen waren ausgeschlossen. Der Verfasser dieses Berichtes hatte vor dem englischen Konsulat in Düsseldorf schließlich die Vollständigkeit der Unterlagen zu beschwören.

Am 5. Januar 1998 fand eine letzte Besprechung im OLG Bamberg über den Sachstand und den Wunsch des Bundesministeriums des Innern statt, die Stiftung zu veranlassen, keine weiteren Maßnahmen zu treffen, welche die Aktivlegitimation der Stadt Gotha und des Bundes im Rechtsstreit in London negativ beeinflussen könnten. Der Vorsitzende Richter am OLG Bamberg (Fideikommiss-Senat) erklärte erneut: „Wir ziehen an einem Strang“. Er werde Graf Wachtmeister als dem Chef der Stiftung empfehlen, die legitimen Interessen des Bundes zu unterstützen, wenngleich weitere Klärungen im Innenverhältnis nach Rückführung des Bildes nicht ausgeschlossen seien.

In seiner 92. Sitzung hatte der Haushaltsausschuß des Deutschen Bundestages dem Antrag auf weitere Mittelbewilligung für den Rechtsstreit in London am 11. Februar 1998 entsprochen. Der Vorsitzende (MdB Wieczorek) wies darauf hin, es sei ein wichtiges Anliegen der Bundesrepublik Deutschland, die Stadt Gotha und den Freistaat Thüringen bei der Rückführung des Gemäldes von Wtewael zu unterstützen. Es müsse deutlich gemacht werden, daß mit „Beutekunst“ aus den osteuropäischen Staaten auf dem grauen oder schwarzen Markt gehandelt werde und daß die Bundesregierung hier einen Riegel vorschieben müsse. Es stimmten die Vertreter aller Fraktionen zu. Die Bereitschaft, notfalls auch in die Berufungsinstanz zu gehen, wurde insbesondere von der Vertreterin der F. D. P. signalisiert (Berichterstatterin).

Am 9. März 1998 wandte sich der Vorsitzende Richter am Oberlandesgericht Bamberg über die Herzogliche Hauptverwaltung Coburg an den Stiftungsvorstand und regte an, die Stiftung möge in einer Unterstützungserklärung die Aussicht auf die Rückgewinnung des Gemäldes erhöhen. In einem Schreiben vom 24. April 1997 hatte das OLG erklärt, es müsse überlegt werden, ob etwaige Ansprüche aus dem Eigentum der Stiftung fiduciarisch übertragen werden könnten. In einer Besprechung am 18. März 1998 in Bamberg riet der Vors. Richter zur Unterzeichnung einer Vereinbarung über die fiduciarische Rechtsübertragung der Stiftung, die vom Verfasser dieses Berichtes am 19. März 1998 mit Graf Wachtmeister als Vorsitzendem der Stiftung und Prinz Andreas von Sachsen-Coburg und Gotha besprochen wurde. Beide erklärten, es müsse verhindert wer-

den, daß das streitgegenständliche Kunstwerk verloren gehe. Sie sagten im Prinzip die Unterstützung des Bundes zu, die Unterschrift unter die Vereinbarung erfolgte jedoch trotzdem nicht. Obwohl das Bundesministerium des Innern mit Schreiben vom 13. Mai 1998 darauf hingewiesen hatte, daß die Stiftung durch die Unterschrift unter ein vorbereitetes Anerkenntnis zur Unterstützung der Rechtsposition der Bundesregierung keinen Schaden erleiden werde und einen Beitrag dazu leiste, das Bild von Wtewael vor einem Verkauf auf dem grauen oder schwarzen Markt zu bewahren, stellte die Stiftung keine Hilfe in Aussicht. Als Grund wurde erneut angegeben, sie wolle Einsicht in Prozeßakten haben – was nach angelsächsischem Recht möglich wäre.

Inzwischen liefen Meldungen beim Bundesministerium des Innern ein, daß das Bundeskriminalamt umfangreiche Erkenntnisse über Zeugen der Gegenseite erhalten habe. Eine Zeugenaussage wurde am 15. Mai 1998 nach London übersandt.

Auf Befragen des Freistaates Thüringen teilte Rechtsanwalt Dr. Michael Carl am 22. Mai 1998 mit, daß die Unterstützungserklärung der Stiftung zwar hilfreich, nun aber nicht mehr notwendig sei. Im gegenwärtigen Zeitpunkt des Verfahrens hielt er das Fehlen dieser Erklärung prozessual nicht mehr für gefährlich. Die Stiftung sei keine Prozeßpartei und habe insofern auch keine Akteneinsicht. Seit Jahren hätte sie sich entscheiden können, sich selbst an dem Verfahren zu beteiligen oder den Kläger zu unterstützen. Dies sei nicht erfolgt. In einem Schreiben vom 4. Juni 1998 an alle Beteiligten teilte der Verfasser dieses Berichts mit, ihm – und sicherlich auch einer interessierten Öffentlichkeit in Deutschland – werde immer unverständlich bleiben, daß das Haus Coburg in der schwierigen Frage der Rückgewinnung des Wtewael-Bildes die Stadt Gotha, die Bundesrepublik Deutschland und auch den Freistaat Thüringen nicht unterstützt habe.

Eine Unterstützungserklärung wäre eine noble Geste gewesen gegenüber einem übergeordneten kulturpolitischen Anliegen unseres Landes.

Am 23. Juni 1998 teilte die Londoner Anwaltskanzlei mit, die Gegenseite habe ein weiteres Vergleichsangebot unterbreitet. Es falle jedoch bezüglich der Endsumme hinter das Vergleichsangebot zurück, das bereits Gegenstand einer früheren Besprechung war. Die Bundesregierung lehnte das Angebot ab und teilte dies dem Londoner Anwalt mit.

Die Thüringer Allgemeine Zeitung berichtete am 23. Juni 1998 von „Londoner Plädoyers“. Der Prozeß sei nunmehr vor dem High Court in seine entscheidende Phase getreten. Die Verteidigung beginne nun mit ihrem Schlußplädoyer. Der Anwalt der Beklagten habe erklärt, das Gemälde, – sollte es ihm vor Gericht zugesprochen werden – der Herzoglichen Stiftung in Coburg anzubieten. Diese hatte noch einmal versucht, mit Hilfe eines sog. „amicus curiae-brief“ das Verfahren zu beeinflussen. Der Richter am High Court soll diesen „brief“ nicht zur Kenntnis genommen und zur Seite gelegt haben.

IX. Nachtrag

Am 9. September 1998 erfolgte endlich die Urteilsverkündung.
In der Vorlage an den Bundesminister des Innern Kanther durch den Verfasser dieses Berichtes vom 21. September 1998 heißt es:

„Trotz des Prozeß- und Kostenrisikos haben die Berichterstatter des BMI im Deutschen Bundestag das Haus unterstützt. Bei der Sitzung des Haushaltsausschusses am 12.11.1997 haben Vertreter aller Fraktionen den Kosten für die Klage der Bundesrepublik Deutschland zugestimmt. Ebenfalls deutlich wurde, daß nötigenfalls Berufung eingelegt werden sollte."

...

„Nach Auskunft des Londoner Anwaltsbüros ist nicht damit zu rechnen, daß die Gegenseite in Berufung geht. Dazu sei das Urteil zu präzise und das Kostenrisiko zu groß."

...

„Für die Rückführungsbemühungen der Bundesregierung ist das Urteil insoweit bedeutsam, als den Befürchtungen, sog. Beutekunst könnte aus Rußland und den osteuropäischen Staaten langsam auf den Markt sickern, nunmehr mit rechtlichen Schritten begegnet werden kann."

...

„Das Urteil hat internationales Aufsehen erregt."

...

„Die Entscheidung des englischen Richters ist im Zusammenhang mit den Bemühungen der amerikanischen Regierung zu sehen, weltweit für eine Rückgabe von NS-Opferbesitz einzutreten."

...

„Es bleibt zu vermerken, daß die Liberalität des Handels keine Einschränkung erfährt. Lediglich die Bemühungen, ... die Sorgfaltspflicht im Hinblick auf die Provenienz von Kulturgut zu erhöhen und die Anforderung an Möglichkeiten zu gutgläubigem Erwerb zu erschweren, sind zu begrüßen. Insoweit war das Urteil für die Bundesregierung auch restitutionspolitisch ein Erfolg."

Zum Schluß ist anzumerken, daß die Bundesregierung noch jetzt um die Kostenerstattung durch die Gegenseite bemüht ist.

Nach dem Regierungswechsel 1998 hat sich Staatsminister Dr. Naumann bei der Übergabe des Bildes an das Schloßmuseum in Gotha ausdrücklich bei der Londoner Anwaltskanzlei, vertreten durch Dr. Michael Carl, und den Barristers Carss-Frisk und Layton bedankt.[33] Sein Dank galt auch dem die Bundesregierung beratenden Rechtsanwalt Dr. Thomas von Plehwe (Köln) und den Gutachtern Professor Dr. Kurt Siehr (Zürich), Professor Dr. Erik Jayme (Heidelberg) und Professor Dr. Olaf Werner (Jena). Der Verfasser dieses Berichtes dankt dem Stadtrechtsrat Burkard Brockhoff und Assessor Matthias von Kutzleben (Gotha) sowie Herrn Dr. Roland Molitor (Freistaat Thüringen). Diese Zusammenarbeit mit Experten, Land und Stadt war vorbildlich.

In diesem Bericht sind nicht alle Aspekte, Beteiligten und Ergebnisse erwähnt worden; sie sind jedoch aktenkundig.

---

[33] S. die Rede des Staatsministers aus Anlass der Übergabe des Gemäldes an das Schlossmuseum zu Gotha am 19.2.1999, in gekürzter Fassung abgedruckt S. 229.

Die Akten beim Bundesministerium des Innern (jetzt: Der Beauftragte der Bundesregierung für Angelegenheiten der Kultur und der Medien) umfassen bisher dreizehn Bände und sind unter dem Aktenzeichen K II 3 (K 13) – 331 131/25 registriert. Der letzte Band über die Kosten ist noch offen.

X. Zusammenfassung

Kurz nach dem Ende des Zweiten Weltkrieges haben sowjetischen Trophäenkommissionen in den von ihnen besetzten Teilen Deutschlands einschließlich der ehemaligen deutschen Ostgebiete deutsches Kulturgut in die Sowjetunion verbracht. Nach dem Zusammenbruch des Kommunismus wurde bekannt, daß sich in Rußland 3 km Archivalien, mehr als 200.000 wertvolle Einzelstücke aus Museen und Sammlungen und 4,6 Mio. Bücher befinden. Diese Kulturschätze waren bis dahin verborgen. Nach den Regeln des Völkerrechtes sind zwischen der Sowjetunion/Rußland 1990 und 1992 Verträge über die Rückführung geschlossen worden. Nach drei ergebnislosen Verhandlungsrunden auf Regierungsebene gerieten diese ins Stocken. Ein wesentlicher Grund dafür dürfte gewesen sein, daß auf russischer Seite mit Blick auf den Kunstmarkt die Frage einer Kompensation in den Mittelpunkt rückte. Die deutsche Seite hielt demgegenüber an Völkerrecht und den Verträgen fest. Mehr und mehr gelangte deutsches Kulturgut aus Rußland, das entweder nach 1945 geplündert wurde oder illegal aus russischen Depots entnommen war, in den Kunsthandel. So auch ein offensichtlich geplündertes Bild aus dem Schloßmuseum in Gotha, das 1945 über Moskau und Berlin auf dubiosen Wegen nach London zur Versteigerung kam. Zunächst versuchte die Stadt Gotha als vermeintliche Eigentümerin das Bild auf dem Gerichtswege zurückzuerlangen, unterstützt durch die Bundesregierung und den Freistaat Thüringen. Später übernahm dann die Bundesregierung diese Rolle. Angesichts des großen Londoner Kunstmarktes kam diesem Prozeß grundsätzliche Bedeutung zu, – sowohl in restitutionspolitischer als auch in rechtsgeschichtlicher Hinsicht. In Deutschland ist insbesondere zu § 221 BGB Rechtsprechung nicht vorhanden. Die englische Interpretation des § 221 BGB sollte auch in Deutschland als ein wichtiger Beitrag zur Klärung offener Fragen, welche diese Vorschrift aufwirft, verstanden werden.

XI. Summary

After the end of the second World War, Soviet trophy commissions removed German cultural objects from territories occupied by Soviet armed forces, including East Germany, to the Soviet Union. When communism collapsed it became

known that many of these removed objects were hidden in the Soviet Union: 3 km of archives, more than 200,000 precious art objects of museums and art collections, 4,6 million books. According to general principles of public international law and under two treaties concluded between Germany and the Soviet Union/Russia in 1990 and 1992 Russia is obliged to return these cultural objects. After three abortive sessions of the German/Russian governmental commissions the commissions did not meet again. One of the motivations might have been the expectation of the Russian side to use the material value of the art works as an argument in its negotiations for compensation. The German side was consistent in its reference to public international law and the treaties. Today privately owned art objects are often smuggled across the Russian border in order to be sold on the Western art market. This was also intended with a Dutch painting looted 1945 in the Gotha Schlossmuseum, removed to Russia and smuggled to the West in 1987. Before the painting was sold at auction in London the City of Gotha and later the Federal Republic of Germany started proceedings in London and asked for recovery of the looted painting. In review of the size of the London art market this case became of principal importance – both with reference to the law of restitution and as an opportunity to conclude a chapter of the history of law. During the trial especially § 221 German Civil Code was for the first time applied by a superior court. It is hoped, that the interpretation of § 221 German Civil Code by an English court is accepted in Germany as an important contribution to the task of removing the uncertainties surrounding this provision.

Der „Gotha Case“

Michael H. Carl*

Die nachfolgende Darstellung des Verfahrens soll einen Überblick über die in Beutekunstverfahren häufig auftauchenden rechtlichen und praktischen Aufgaben geben, und zwar aus der Sicht des zurückfordernden Klägers. Zudem soll auf Ereignisse und Entscheidungen im Zusammenhang mit dem Hauptverfahren eingegangen werden, die aus dem Sachurteil selbst nicht ersichtlich sind, entweder, weil sie Teil des Vorverfahrens waren, weil sie sich vor oder in dem Hauptverfahren erledigt haben oder weil sie erst im Kostenverfahren relevant wurden.

Die Gelegenheit zur Klärung dieser Fragen ergab sich kurz vor der auf den 1. April 1992 angesetzten Versteigerung eines kleinen frühmanieristischen Bildes des Utrechter Malers Joachim Wtewael (Die heilige Familie mit Engeln und Heiligen) durch Sotheby's in London. Das Bild prangte stolz auf dem Einbanddeckel des Katalogs. Schon ein flüchtiger Blick auf die im Inneren des Katalogs beschriebene Provenienz („*acquired as a gift by Adolf Kozlenkov in Germany circa 1945*“)[1] und die dort angeführte Literatur („*M. Bernhard, Verlorene Werke der Malerei*“)[2] ließ Kenner der Nachkriegsverhältnisse stirnrunzelnd aufhorchen. Im Auftrag der Stadt Gotha (Rechtsträgerin des Museums Friedenstein) wurden sofort auf der Grundlage der damals verfügbaren Informationen Untersuchungen über die Eigentums- und Besitzlage nach englischem, deutschem und sowjetisch-russischem Recht durchgeführt. Sotheby's wurden aufgefordert, das Bild aus der Auktion herauszunehmen. Falls dies nicht freiwillig geschehe, wurde mit einer einstweiligen Verfügung gedroht. Nach Austausch der beiderseitigen Grundpositionen willigten Sotheby's ein, nahmen das Bild aus der Versteigerung heraus und versicherten, das Bild bis zur Klärung der Rechtslage nicht an den Einlieferer, die panamaische Gesellschaft Cobert Finance S. A., herauszugeben. Als Sotheby's später jedoch von Cobert Finance unter Druck gesetzt wurden, ihnen das Bild wieder auszuhändigen, wurde eine einstweilige Verfügung erwirkt, nach der Sotheby's das Bild bis zur endgültigen Entscheidung des Gerichts über Eigentum und Besitz im Auftrag des High Court aufzubewahren hatte.

---

* Rechtsanwalt und Solicitor, Eversheds, London.

1 Sotheby's. Old Master Paintings, London, Wednesday 1st April 1992, S. 16.

2 *Bernhard/Martin/Rogner* Verlorene Werke der Malerei, München 1965.

Der weitere Fortgang kann nur mit dem Blick durch ein sich ständig weiterdrehendes Kaleidoskop verglichen werden. Die akribische Erforschung der Geschichte des kleinen Wtewael-Bildes führte, Etappe für Etappe, mit vielen Adrenalinstößen für die Beteiligten zur langsamen Vervollständigung eines Mosaiks, zur Entdeckung von Geschichten in der Geschichte.

So steht am Anfang die Vermutung, daß das Bild schon einmal kurz nach seiner Entstehung Kriegsbeute wurde. Nach Ansicht des früheren Gothaer Museumsdirektors Hebecker soll es kurz nach dem Ende des Dreißigjährigen Krieges von dem damaligen Chef des Hauses Sachsen-Gotha in München gekauft worden sein. Das rechtliche Schicksal der herzoglichen Gemäldesammlung im 19. Jahrhundert und die Vermögensauseinandersetzung zwischen Staat und Fürstenhaus nach 1918, die noch bis 1945 ungeklärte Fragen bereithielt, ließen sich nur durch Einbeziehung auch der damaligen sozialen und politischen Verhältnisse einigermaßen richtig erfassen. Dem Verfasser, der kurz vor der drohenden Versteigerung beauftragt wurde, kam hierbei seine Erfahrung aus den in den 60er und 70er Jahren in Deutschland und den USA geführten Prozessen der Erbgroßherzogin von Sachsen-Weimar-Eisenach um ein Selbstbildnis von Rembrandt, einen Tischbein und einen Terborch[3] sowie um zwei Portraits (Hans und Felicitas Tucher) von Dürer[4] zugute. Lücken in der Dokumentation waren mühsam und mit hohem Zeitaufwand zu füllen. Jede neue Information, jeder neue Zeuge veränderte das Gesamtbild.

I. Fürstliche Seitenstiche

Hinzu kam die unbekannte Größe der ursprünglich zugesagten, jedoch später trotz großzügiger Zugeständnisse der Bundesrepublik zurückgezogenen Unterstützung der früher in Gotha, nunmehr in Coburg ansässigen und 1967 in Westdeutschland wiederbelebten Herzog von Sachsen-Coburg-Gotha'schen Stiftung für Kunst und Wissenschaft (im folgenden „Stiftung"). Dieser Nebenkriegsschauplatz, auf dem die Stiftung nie offen als Partei auftrat, wirkte bis in den ersten Verhandlungstag hinein, als der Richter einen im Auftrag der Stiftung an ihn

---

[3] BGH 28.11.1973, WM 1974, 11 = IPRspr. 1973 Nr. 114.
Hierzu vgl. *F. A. Mann* Another Agreement between States under National Law?: Am.-J. Int.L. 68 (1974) 490–496.

[4] *Kunstsammlungen zu Weimar v. Elicofon*, 536 F. Supp. 829 (E. D. N. Y. 1981), 678 F.2d 1150 (2d Cir. 1982).
Hierzu *Drobnig* Amerikanische Gerichte zum internationalen Sachenrecht auf dem Hintergrund der Teilung Deutschlands: IPRax 1984, 61–65; *Richard/Junker* Hans und Felicitas Tucher in New York – Deutsches Sachenrecht vor amerikanischen Gerichten: Jura 1985, 415–23.

gerichteten sogenannten „*amicus curiae-brief*" (im englischen Prozeßrecht unbekannt) mit einer langen Liste von Einwendungen ungelesen dem Barrister der Klägerin übergab. Ein ungebetener Freund des Gerichts (*amicus curiae*) wird allzu leicht zum Feind des Gerichts (*inimicus curiae*). Wären diese Aktionen der Stiftung erfolgreich gewesen, hätte dies nicht nur zum Verlust des Bildes für das Gothaer Museum, sondern auch zu einem Signal an das „Milieu" geführt, daß es sich lohnt, einen Prätendentenstreit zu entfachen. Warum das herzogliche Haus unter seinem Chef, Prinz Andreas, diese kulturpolitisch nicht vertretbare Haltung einnahm, ist schwer nachzuvollziehen. Die Satzung der herzoglichen Stiftung sieht selbst vor, daß das Bild wieder in Schloß Friedenstein gezeigt werden muß. Dort ist es jetzt. Nichts anderes hatten von Anfang an die Stadt Gotha, das Land Thüringen oder die Bundesrepublik beabsichtigt.

II. Der Schatten der Enteignung

Die seit Mai 1945 erfolgte Kette von Beschlagnahmen, Sequestrierungen und Enteignungen durch die russische Militäradministration und ihre deutschen Akteure stellte ein weiteres schwer aufklärbares Kapitel dar. Zu diesem gesellte sich dann noch die Wirkung der im Jahre 1950 erfolgten zivilrechtlichen Auflösung der Stiftung in der DDR. Während der gesamten Verfahrensdauer lag über diesem Aspekt der Zweifel an der verfassungsrechtlichen Bestandskraft dieser Eingriffe. Zur Entschärfung der Atmosphäre war dem herzoglichen Haus von der Bundesrepublik ein Verzicht auf jede Präjudizwirkung einer englischen Entscheidung auf dessen Rückgabeverfahren in Deutschland zugesagt worden.

Wegen der gegebenen oder nicht gegebenen Erstreckung der territorialen Wirkung dieser Eingriffe auf das Bild erhielt auch das exakte Datum seiner Verbringung nach Rußland entscheidende Bedeutung. Je nachdem, ob es zum Zeitpunkt eines Enteignungsvorganges in oder außerhalb Thüringens oder der sowjetischen Besatzungszone belegen war, konnte es von der Enteignung erfaßt sein oder nicht. Hier lag zunächst viel Historisches im Dunklen.

In den ersten Monaten nach der Besetzung durch die Sowjets hatten sich die neuen Verwaltungsorgane gegenseitig mit Beschlagnahme- und Enteignungsmaßnahmen überboten, die zunächst hauptsächlich gegen frühere prominente Mitglieder der NSdAP gerichtet waren. Zu diesen hatte auch der damalige Chef des Hauses Sachsen-Coburg-Gotha gezählt. Sein persönliches Vermögen, aber auch das der herzoglichen Familien- und das der Kunststiftung wurde am 6. Juli 1945 beschlagnahmt, wobei die Beschlagnahme nach einem Landesgesetz vom 9. Oktober 1945 Enteignungswirkung haben sollte. Da man jedoch offenbar im Hochgefühl der neuen Macht auch nach eigener Auffassung zu weit gegangen war,

wurde das Gesetz vom 9. Oktober 1945 durch ein Gesetz vom 4. Dezember 1945 teilweise wieder aufgehoben. Als im Anschluß Unklarheiten über die Reichweite beider Gesetze auftraten (aus jetziger Sicht nicht verwunderlich), griff die sowjetische Militärverwaltung mit dem übergeordneten SMAD Befehl 124 vom 30. Oktober 1945 und dem ergänzenden SMA Befehl 38 vom 25. Januar 1946 ein.[5]

III. Die fehlende Brücke

Der SMA Befehl 38 war trotz intensiver allzeitiger Bemühungen bis zum Oktober 1996 noch nicht wieder aus seiner archivarischen Versenkung aufgetaucht und bis dahin auch den Klägern unbekannt. Als seine Bedeutung zur Schließung der plötzlich klaffenden Lücke kritisch wurde, sanken die Erfolgserwartungen wieder einmal auf null. Eine allerletzte Suche des Rechtsamts der Stadt Gotha förderte im Weimarer Staatsarchiv das verschwunden geglaubte Dokument zutage, und die Brücke war geschlagen.

Auch die Rechtsnachfolge in die Position der DDR blieb lange verschwommen, da im Jahre 1992 noch keine überzeugende Interpretation der einschlägigen Vorschriften des Einigungsvertrages[6] und des Vermögensgesetzes[7] verfügbar war und auch keine Zuordnungsverfügung nach dem Vermögenszuordnungsgesetz[8] für das Museum Friedenstein und die Kunstsammlung vorlag.

IV. Die Beweislast für die „cause of action"

Über der Klärung der eigenen Rechtsposition durfte die Falsifizierung der von Cobert Finance behaupteten faktischen und rechtlichen Lage nicht vergessen werden. Dem Kläger obliegt es auch nach englischem Recht, den Schlüssigkeitsbeweis zu führen, angefangen von der Aktivlegitimation über das Eigentum, das Recht zum Besitz, die Grundlagen der Besitzentziehung („conversion") bis hin zu den Tatsachen, welche die angekündigte Verjährungseinrede zu Fall bringen könnten.

---

5 All diese frühen Dokumente lagen häufig nur in maschinenschriftlichen Kopien vor.

6 Vertrag vom 31.8.1990 zwischen der Bundesrepublik Deutschland und der Deutschen Demokratischen Republik über die Herstellung der Einheit Deutschlands (Einigungsvertrag), BGBl. 1990 II 889.

7 Gesetz zur Regelung offener Vermögensfragen (Vermögensgesetz) i.d.F. vom 2.12.1994, BGBl. I 3611.

8 Gesetz über die Feststellung der Zuordnung von ehemals volkseigenem Vermögen vom 23.3.1991.

Die englischen Beweislastregeln erfordern vom Kläger wegen der im internationalen Vergleich eingeschränkten Freiheit des Richters bei der Beweiswürdigung das Überwinden erhöhter Hindernisse. Die ausgeprägte Parteiautonomie gibt dem Richter kaum Ansätze zu eigener Sachaufklärung. Diese ist hauptsächlich Aufgabe der Parteien und ihrer Anwälte. Im Gotha-Fall war von den Klägern die gesamte Besitzkette, die von Cobert Finance vorgetragen war, durch die Vernehmung von Zeugen aus Riga, Moskau, Lomé, St. Petersburg, New York, Toronto, Berlin, Gotha und London zu hinterfragen. Angesichts der Besonderheiten des Milieus verweigerten mehrere bekannte Zeugen das Gespräch. Zeugen, die nicht in Großbritannien ansässig waren, konnten nicht zwangsweise vernommen werden.

V. Das Milieu

Die große Zahl von betrogenen Betrügern machte die Suche nach der Wahrheit hoch brisant. Bei näherer Beleuchtung begannen die *dramatis personae*, wie Mr. Justice Moses sie nennt, zu schillern: Ihre Beschäftigungen reichten vom Kunstschmuggel über Bordellbetrieb, Drogenhandel und Diamantenbergbau im Kongo bis zur Waffenschieberei mit ukrainischen Piloten in Zaire und Angola. Während des Monats, in dem die wesentlichen Befragungen in Berlin durchgeführt wurden, verloren dort drei (hier nicht involvierte) russische Ikonenhändler durch Mordanschläge ihr Leben. Ein Berliner Ikonenhändler, der das Bild nach seiner Ankunft aus Moskau „übernommen" hatte, ließ sich in seinem als Schallplattenladen getarnten Lokal im türkischen Wedding nur unter Schutz von orientalischen Leibwächtern vernehmen. Zur gleichen Zeit verbrachten zwei spätere russische Verfahrenszeugen ihre Tage in sibirischen Gefängnissen, nachdem sie wegen Kunstschmuggels, unter anderem wegen ihrer Beihilfe bei der unerlaubten Ausfuhr des Wtewael-Bildes, zu fünf Jahren Haft verurteilt worden waren. Hier galt es, über Mittelsmänner an eine Abschrift des Moskauer Strafurteils zu gelangen, ein damals äußerst schwieriges und riskantes Unterfangen.

VI. Der Wtewael in Berlin

Auch zeigten die Beamten des damaligen Berliner Kultursenators und der Berliner Justizbehörden keine sonderliche Bereitschaft, an der Aufklärung der Episode im Jahre 1987 mitzuwirken, die nur als traurige Ironie zu verstehen ist. Das vom Dahlemer Museum (Stiftung Preußischer Kulturbesitz) als aus Gotha verschwunden erkannte und bereits von der Staatsanwaltschaft beschlagnahmte Bild wurde auf Antrag eines bekannten Berliner Anwalts der Kulturszene recht

plötzlich wieder an das Milieu zurückgegeben. Auf Bitte des gleichen Anwalts, der auch für einen Londoner Kunsthändler im Zusammenhang mit dem Wtewael tätig war, hatte man in Berlin das Bild großzügig auch gleich wieder von der Liste der geschützten Kulturgüter heruntergenommen, ohne Gotha zu benachrichtigen. Beides sind Vorgänge, ohne die das zeitraubende englische Verfahren nicht erforderlich gewesen und die damit verbundenen Kosten nicht angefallen wären. Wie man sich erinnert, war es im Jahr 1987 die Hauptaufgabe der Stiftung Preußischer Kulturbesitz, Kunstwerke aus der damaligen DDR für den Fall der Wiedervereinigung zu sammeln und zu sichern. Christie's, denen das Bild von einem Berliner Händler gezeigt wurde, zeigten sich zwar desinteressiert an einem Geschäft, hielten sich aber gegenüber Gotha damals und später diskret bedeckt.

Ebenso erwarb sich die Kulturstiftung der Länder kein Ruhmesblatt in der Wtewael-Geschichte. Während sie später jede finanzielle Unterstützung der Stadt Gotha bei der gerichtlichen Geltendmachung des Eigentumsanspruches verweigerte, sah sie kein Problem darin, vor 1992 westdeutschen Museen Finanzhilfe beim Ankauf des Bildes zum vollen Marktwert anzubieten, obwohl ihr über Sotheby's die Herkunft des Bildes aus Gotha bekannt war. Die angesprochenen Museen lehnten dankend ab, ebenso wie der übrige internationale Kunsthandel, dem das *„alter ego"* von Cobert Finance S. A., Mr. Douglas Montgomery, das Bild in London und New York anzutragen versuchte.

VII. Das Problem der deutsch-rechtlichen Verjährung

Nachdem ein Gutachten des russischen Akademiemitgliedes Prof. Suhkanov die Mitteilung von Prof. Rudden (Oxford) bestätigt hatte, daß weder das (von Cobert angeführte) litauische, russische, noch das sowjetische Recht eine Ersitzung durch Privatpersonen kannte und dort auch keine Verjährungseinrede erhoben werden konnte, konzentrierte sich die weitere faktische Aufklärung auf die Rolle der als Kurier eingesetzten Kerim Tekeni („Big Mamma"), der Frau des damaligen togolesischen Botschafters in Moskau, die nach einigem Suchen von einer findigen deutschen Diplomatin in Lomé kontaktiert werden konnte und sich zu ihrer Rolle bekannte. Sie hatte als Kurier das Bild für den Deutschen Helmut Fürst nach Berlin bringen sollen. Nach Erhalt des Bildes wendete sie sich zur Eigenbesitzerin, in welcher Eigenschaft es ihr dann in Berlin abhanden kam. Ihre Rolle gab einen Ansatzpunkt, mit dem die strikten Regeln der traditionell interpretierten deutschen Verjährungsvorschriften in ihrer Wirkung gemäßigt werden konnten.

Wenn sich herausstellen sollte, daß sie selbst in Deutschland wieder von einem Dritten bestohlen worden war, gab es an einer Unterbrechung der 30jährigen

Verjährungsfrist keinen Zweifel. Selbst wenn aber auch „nur" eine Veruntreuung durch „Big Mamma" oder durch einen Nachfolger im Besitz in Deutschland nachgewiesen werden konnte, gab es die Hoffnung auf einen mutigen Richter, der das ungeschmiedete Eisen des § 221 BGB[9] in die nach hiesiger Ansicht richtige Form bringen würde. Die schwierige Aufgabe würde darin liegen, diese Aufgabe außerhalb des deutschen Rechts- und Sprachgebietes einem Richter zuzumuten, dem das anwendbare deutsche Recht als Tatsache bewiesen werden mußte und dessen Maxime ohnehin *iura non novit curia* lautet.

VIII. Der Kampf mit der Zeit: Das englische Prozeßrecht im Wandel

Der englische Zivilprozeß ist gegenwärtig großen Veränderungen unterworfen, die sich schon in der Mitte der 90er Jahre ankündigten. Die von Lord Woolf eingeleiteten Reformen, die unter anderem eine Einschränkung der sogenannten „Discovery" und ein strikteres Fristen-Regime vorsehen, traten wenige Tage nach der letzten gerichtlichen Entscheidung des Prozesses um den Wtewael in Kraft.[10] Die nachfolgend geschilderten prozessualen Vorgänge können daher nur mit einigen Einschränkungen in die Gegenwart übertragen werden.

Vor den sogenannten Woolf-Reformen ging die Parteiautonomie so weit, daß Kläger mit dem Einverständnis des oder der Beklagten Prozesse praktisch unbegrenzt in die Länge ziehen konnten, ohne daß der Richter eingriff. Selbst ohne die Duldung des Beklagten, konnte ein Kläger das Verfahren weitgehend seinen zeitlichen Bedürfnissen anpassen. Sogenannte „Striking-Out-Orders" wurden nur in Fällen schuldhafter und wiederholter Verschleppung erlassen. Diese Gestaltungsfreiheit in der terminlichen Planung war in dem Gotha-Fall ein entscheidungserheblicher Vorteil, da bei der Komplexität der Materie eine ausreichende Sachaufklärung einen großen und flexiblen Zeitrahmen erforderte. Doch wurde es sehr bald nach Prozeßbeginn klar, daß dieser Spielraum schon im Vorgriff auf die Reformen immer enger werden würde. Die noch vorhandenen Möglichkeiten, Zugriff auf das bei Cobert Finance S. A. und Sotheby's vorhandene Material zu bekommen, mußten daher schnell und mit sorgfältiger Einschätzung des noch vorhandenen traditionellen Regelwerks genutzt werden.

---

[9] Zu dieser Vorschrift gibt es keine veröffentlichten deutschen Gerichtsentscheidungen.

[10] Die Civil Procedure Rules 1998 traten am 26.4.1999 in Kraft. Vgl. hierzu die wöchentliche Rubrik „Woolf Watch" in New Law Journal 1999 und 2000.

IX. Die „Discovery" als Teil des „Pre-Trial"-Verfahrens

Der englische Zivilprozeß unterliegt grundsätzlich dem Prinzip der Herrschaft der Parteien. Er beginnt mit der Streitankündigung, gefolgt von der Erklärung der Verteidigungsbereitschaft, weiterhin gefolgt von der Auflistung von Klage- und Verteidigungspositionen und, bei komplizierteren Fällen, einer Serie von Anforderungen an die andere Partei, diese Positionen genauer zu präzisieren. Dieses gegenseitige „Abklopfen" erfolgt ohne Beteiligung des Gerichts. Der Richter wird erst kurz vor der mündlichen Verhandlung bestimmt und kennt bis dahin den Fall überhaupt nicht. Die „discovery" gehört in diese Zwischenphase, auch „interlocutory proceedings" genannt, die ganz von den Parteien und deren Anwälten beherrscht wird. Falls es hier zu Streitigkeiten kommt, entscheidet ein „Master", ein Hilfsrichter für Verfahrensfragen.

In dem hiesigen Fall währte allein diese Zwischenphase fünf Jahre. Fünf Jahre, in denen ein Labyrinth von Fakten akribisch aufgeklärt sowie unter Beweis gestellt und eines der raffiniertesten Lügengebilde Stein um Stein gegen den Widerstand der Beklagten abgetragen werden mußte. Für diese Aufgaben der gründlichen Sachaufklärung sind die englischen Prozeßregeln sehr viel besser geeignet als die meisten kontinental-europäischen, da sie den Parteien den erforderlichen Spielraum für Strategie, Taktik und zeitliche Planung bieten.

Nachdem für die Stadt Gotha eine akzeptable Präzisierung des Streitstoffes erreicht war, wurde die Phase der „discovery" formell eröffnet, und zwar mit Anträgen an die jeweils andere Partei auf Auflistung und Offenlegung der eigenen Unterlagen. Während ein solches Verlangen in Deutschland als Ausforschungsbeweis unzulässig wäre, wird diese Pflicht zur gegenseitigen Information in England als Grundbestandteil des ethischen Parteienverständnisses sehr ernst genommen. Jeder Versuch, eigene Unterlagen zu unterdrücken, kann als „contempt of court" auch für die Anwälte zu Gefängnisstrafen führen.[11] Viele englische Prozesse enden in dieser Phase durch die plötzliche Konfrontation einer Partei mit ihrer eigenen Schwäche, bevor es überhaupt zur Hauptverhandlung kommt.

Im Gotha-Verfahren eröffnete sich darüber hinaus noch die Möglichkeit, Discovery nicht nur von Cobert Finance, sondern auch von Sotheby's zu bekommen, und zwar über Unterlagen, die zusätzliche Erkenntnisse über das Verhältnis dieser beiden Parteien zueinander erbringen würden. Hier ergab sich die Chance, Licht auf Absprachen und Handlungen von Personen zu werfen, die Cobert Finance S. A. und Sotheby's zuzurechnen sind. Würden sich bei Sotheby's Unterlagen finden, die bestätigen, daß das Auktionshaus in voller Kenntnis der Tatsa-

[11] *Schlosser P.* Common Law Undertakings aus deutscher Sicht, RIW 2001, S. 81 ff.

che, daß es sich um das in Gotha gestohlene Bild handelt, das Gemälde zunächst von Frau Breslav in Kommission genommen und nach seinem Verkauf (mit erfolgsabhängigen Zusatzzahlungen für Frau Breslav und Frau Leontiew) an Herrn Montgomery bzw. die Briefkastenfirma Cobert Finance S. A. zur Auktion ausgeschrieben hatte? Würde Sotheby's solche Unterlagen offenlegen müssen, mit denen sich beweisen ließ, daß das Auktionshaus zwei Jahre nach Einlieferung des Bildes in London ohne vorherige Kontaktaufnahme mit dem Museum in Gotha diesem Museum das Bild zum vollen Schätzpreis von £ 700.000 zurückverkaufen wollte (mit einer Bedenkfrist von 14 Tagen über Weihnachten), obwohl sich Zweifel an der Glaubwürdigkeit der behaupteten Provenienz und an der Gutgläubigkeit der Einlieferer aufdrängen mußten? Man vergleiche hierzu die Darstellung im Versteigerungskatalog vom 1. April 1992: „acquired as a gift by Adolf Kozlenkov in Germany ca. 1945".[12] Würden Aufzeichnungen Licht auf den Vorgang werfen, als das Auktionshaus lange vor der geplanten Auktion und zu einem Zeitpunkt, zu dem noch ein Privatverkauf zur Debatte stand, den Anwälten von Mr. Montgomery den Rat erteilte, der Stadt Gotha keine Mitteilung von dem Auftauchen des Bildes zu machen, damit man dort nicht auf die Sache aufmerksam werde („not to alert the Museum")? Wie wichtig diese Einsichtnahme werden würde, zeigte sich nicht nur in dem Hauptverfahren, in dem der Richter sein Befremden gegenüber Sotheby's Vorgehen ausdrückte, sondern auch in dem späteren spektakulären Kostenverfahren, in dessen mündlicher Verhandlung er noch erheblich deutlicher wurde.

Zunächst mußte eine Entscheidung des Masters erwirkt werden, wonach Sotheby's, die nach der Klageerhebung einen Antrag auf Entlassung aus dem Verfahren („interpleader") gestellt und nach einem Teilvergleich über den Umfang dieser Entlassung nicht mehr an dem Prozeß teilgenommen hatten, doch wieder in die Discovery einbezogen wurden.

X. „Common Interest Privilege"

Kaum war diese Hürde genommen, zeigte sich das nächste Hindernis: Schon bei dem ersten Vergleich der Listen der vorzulegenden Dokumente ergaben sich Widersprüche und Lücken, die nur durch das Vorhandensein weiterer Unterlagen zu erklären waren. So wurde die Lage schrittweise klarer, bis die Beklagten sich auf eine damals noch nicht eindeutig definierte Regel beriefen, wonach bei einer Mehrheit von Beklagten, die ein gemeinsames Interesse am Ausgang des Verfahrens haben, keine Unterlagen vorgelegt werden müssen, welche die jeweils andere

[12] S. oben Fn. 1.

Beklagte mitbelasten („common interest privilege"). Im Effekt konnte sich damit ein Beklagter hinter dem anderen verstecken, und der Kläger hatte das Nachsehen.

Diese Regel war durch mehrere Entscheidungen im Ansatz entwickelt worden, hatte jedoch noch keine feste Form gefunden. Die Bedeutung der bei Sotheby's vermuteten Unterlagen war für die Beweisführung so erheblich, daß zunächst vor dem Master, dann vor einem Richter des High Court und nach dessen Entscheidung vor dem Court of Appeal um die Einsichtnahme gekämpft wurde. Diese Verfahrensteile fielen genau in die Beratungsphase der Woolf-Reformen, deren erklärtes Ziel es war, aus Gründen der Prozeßökonomie die Discovery einzuschränken.[13] Die „interlocutory proceedings" entwickelten sich daher zu einem Rennen gegen die Uhr, dessen glücklicher Ausgang zwar nicht den vollen, aber einen wichtigen Teilerfolg brachte. Nachdem sich eine beschworene Aussage des damaligen Leiters der Rechtsabteilung von Sotheby's als falsch herausgestellt hatte, erfolgte im Court of Appeal eine vergleichsweise Einigung auf die Übergabe von Unterlagen, die bis auf wenige Ausnahmen alle bisher verweigerten einschlossen.

Die damit mögliche weitere Sachaufklärung und Beweisführung war von erheblicher Bedeutung für den späteren Erfolg im Hauptverfahren und bei dem anschließenden Verfahren um die Kosten. Die Entscheidung des Court of Appeal zu dem Umfang des „common interest privilege" ist zu einem seither häufig zitierten Präzedenzfall geworden.[14] Auch der Kostenaufwand lohnte sich. In dem Kostenurteil und der Kostenfestsetzung von Mr. Justice Moses wurden bis auf einen geringen Betrag, der die vom Court of Appeal gegen die Stadt Gotha entschiedene Frage betraf, den Klägern auch der Ersatz der gesamten Kosten der Discovery zugesprochen.[15]

XI. Beitritt der Bundesrepublik auf der Klägerseite

Unter den vielen Imponderabilien dieses Falles war die mangelnde Verläßlichkeit der Regeln über die Nachfolge in die früheren Rechtspositionen der DDR eine der gefährlichsten. Die Kette der in dem Londoner Verfahren zur Restitution Berechtigten führte nach den Enteignungsverfügungen der Jahre 1945/46 über das Land Thüringen zur DDR. In der Folge der Wiedervereinigung konnte der Rechtstitel auf die Stadt Gotha als Trägerin des Museums Friedenstein, auf das Land Thüringen oder auf die Bundesrepublik übergegangen sein. Nach den zu-

---

[13] Vgl. hierzu *Evans* Are you ready for the reform: N. L. J. 1999, 20 f.

[14] Times Law Reports vom 3.7.1997.

[15] Vgl. die Entscheidungen vom 30.10.1998 und 21.4.1999 unten auf S. 220 ff.

nächst verfügbaren Unterlagen hatte es nahegelegen, davon auszugehen, daß das Eigentum an den Sammlungen von Schloß Friedenstein und der Herausgabeanspruch bei der Stadt Gotha, Rechtsträgerin des Museums Friedenstein, liegen müßten. Ernsthafte Zweifel tauchten erst im Jahre 1997 auf, als sich die Auslegung des Einigungsvertrages[16] und des Vermögenszuordnungsgesetzes[17] in diesen Fragen zu verfestigen begann und die Auffassung allgemeine Anerkennung fand, daß zivilrechtliche Restitutionsansprüche, wie die hier verfochtenen, als Finanzvermögen dem Bund zuzuordnen seien.

Diese Erkenntnis bewirkte ein erneutes Rütteln im Kaleidoskop: Würde es möglich sein, fünf Jahre nach Prozeßbeginn die Bundesrepublik als neue, zusätzliche Klägerin in das Verfahren einzuführen? Welche Prozeßanträge waren zu stellen? War ein Beitritt auf der Klägerseite möglich, oder mußte ein neuer Prozeß in der Hoffnung begonnen werden, diesen mit dem Gothaer Verfahren zu verbinden? Wie würde sich das auf die Kosten auswirken? Nach eingehenden Beratungen mit den von der Klägerin beauftragten Barristern, Alexander Layton, Q. C., und Monica Carss-Frisk, wurde eine neue Klage für die Bundesrepublik erhoben und nach einem kurzen, aber heftigen Zwischenverfahren vor dem Master, deren Zulassung und Verbindung mit dem Gothaer Verfahren erwirkt.

XII. Die im Urteil nicht behandelten Streitfragen

Das Urteil befaßt sich naturgemäß nur mit den Aspekten, die am Ende der mündlichen Verhandlung noch streitig waren. Damit bleiben weite Bereiche unberücksichtigt, die teils schon vor Eröffnung der Hauptverhandlung, teils in der Hauptverhandlung selbst unstreitig wurden, weil insbesondere Cobert Finance entsprechende Zugeständnisse oder Einräumungen gemacht hatte. So wurden von Cobert Finance nach der Konfrontation mit den entsprechenden belastenden Dokumenten, schriftlichen Zeugen- und Sachverständigenaussagen wesentliche Einreden und Einwendungen zurückgezogen. Am ersten Tag der mündlichen Verhandlung wurden die folgenden Positionen der Verteidigung aufgegeben, um die vorher jahrelang in den Pre-Trial-Verfahren gekämpft worden war:

Cobert behauptete nun nicht mehr, selbst gutgläubig gewesen zu sein. Auch sei keiner der behaupteten Vorgänger im Besitz gutgläubig gewesen. Dies war einer der großen Wendepunkte in dem gesamten Verfahren. Im Endeffekt bedeutete dieser Rückzug, daß sich die Verteidigung in der sachenrechtlichen Argumenta-

[16] S. oben Fn. 6.

[17] S. oben Fn. 8.

tion nur noch auf ein einziges Rechtsinstitut, nämlich die Verjährung, stützen würde. Es bedeutete weiterhin, daß ein wichtiges Element für das Vorliegen einer englisch-rechtlichen „conversion" gegeben war („absence of good faith"). Die Nachforschungen in sowjetischen Archiven, die Untersuchung des Schicksals des Bildes in Moskau, Berlin und London sowie die Grabenkämpfe in der Discovery-Phase hatten sich gelohnt.

Weitere Einbrüche der Verteidigungslinie erfolgten im späteren Verlauf der mündlichen Verhandlung als Resultat der Zeugenbefragungen, insbesondere der Sachverständigen: Nachdem für die Kläger nicht nur das Gutachten von Professor Suhkanov (Lomonosov Universität, Moskau), sondern auch noch ein erheblich ausführlicheres Gutachten des amerikanischen Experten in russischem und sowjetischem Recht, Professor Butler, vorgelegt wurde, aus denen sich ergab, daß nach keinem dieser beiden Rechtssysteme eine Ersitzung oder auch nur Verjährung in Frage komme, nahm die Verteidigung mit Zustimmung des eigenen Zeugen für russisches Recht, Professor Brunner (Universität Köln), den gesamten bisherigen Vortrag zur Ersitzung und Verjährung nach russischem, sowjetischem und litauischem Recht zurück. Die Verteidigung erkannte an, daß das Bild während des gesamten Zeitraumes, in dem es in Rußland (oder angeblich Litauen) gewesen war, nicht im Wege der Ersitzung oder Verjährung den Eigentümer gewechselt haben konnte. Nach dem damals geltenden Recht war es nämlich nur dem Staat möglich gewesen, Eigentum an abhanden gekommenen Gegenständen zu beanspruchen. Dies erforderte jedoch ein Handeln des Staates (also keine Anwachsung), was im Fall des Wtewael-Bildes unterblieben war.

Ein dritter Rückzug erfolgte ebenfalls in der Hauptverhandlung, als auf der Grundlage der Gutachten und Zeugenaussagen von Professor Werner von der Universität Jena (Klägerseite) und Professor Brunner (für Cobert Finance) zur Frage der Aktivlegitimation der Bundesrepublik verhandelt wurde. Diese war seit der zusätzlichen Klage der Bundesrepublik und deren Vereinigung mit dem Gotha-Verfahren ein Gegenstand intensiver Auseinandersetzung gewesen. Gotha hatte aus Eigentum und Besitz geklagt, nunmehr klagte die Bundesrepublik aus Eigentum und Gotha aus Besitz. Über Monate war ein zusätzliches Discovery-Verfahren zur Offenlegung der verfügbaren Unterlagen aus laufenden Zuordnungsverfahren nach dem Vermögenszuordnungsgesetz und dem Einigungsvertrag geführt worden. Auch hier versuchte die herzogliche Stiftung wiederholt, sich einzuschalten, vermutlich um in London ein für deutsche Rückgabeverfahren verwendbares Präjudiz zu erhalten. Erst in einer Anschlußphase nach dem offiziellen Ende der dreiwöchigen Hauptverhandlung und nach ausführlicher „Examination" und „Cross-Examination" der sachverständigen Zeugen zog die Verteidigung ihre diesbezügliche Einrede zurück, als sich Professor Brunner einem Zusatzgutachten von Professor Werner anschloß.

Die Tatsache, daß die Oberfinanzdirektion des Landes Thüringen als zuständige Zuordnungsbehörde noch keinen die Gothaer Sammlungen betreffenden und damit auch das Bild erfassenden Zuordnungsbescheid erlassen hatte, schloß die Stadt Gotha als Klägerin aus Eigentum aus. Da es sich bei dem Anspruch auf Herausgabe des Bildes nunmehr anerkanntermaßen um Finanz- und nicht um Verwaltungsvermögen handelte (Artt. 21, 22 Einigungsvertrag), mußte das Eigentum bei der Bundesrepublik liegen. Diese hartumkämpfte Frage brauchte nach der Unstreitigstellung durch die Beklagte in letzter Minute vom Richter daher nicht mehr behandelt zu werden.

Der Ersatz der gesamten Kosten der unstreitig gestellten Prozeßteile wurde später in vollem Umfang den Klägern zugesprochen und, eine in England sehr seltene Folge, in der gesamten geltend gemachten Höhe festgestellt.

XIII. „The law is about words" (F. A. Mann)[18]

In Fällen, in denen ausländische Unterlagen relevant sind und, mehr noch, ausländisches Recht anzuwenden ist, kommt es auf jedes Wort an. Worte repräsentieren entweder Fakten oder begrifflich vereinbarte Konzepte. Hinter jedem Wort in einer Sprache steht ein Hof voller möglicher Assoziationen, je nach dem Zusammenhang und Zweck seiner Benutzung. Jeder Benutzer hat eine Vorstellung davon, was er vermitteln will, jeder Empfänger muß damit nach seinem eigenen Auffassungsvernögen fertig werden. Die Umsetzung in andere Sprach- und Rechtskulturen stellt erhebliche Anforderungen an die Kenntnisse und das Sprachgefühl des Übersetzers.

In dem Gotha-Fall waren von beiden Seiten hunderte von Dokumenten, von Rechtsvorschriften bis hin zu heute antiquiert klingenden Verwaltungsakten und Zeugenberichten so ins Englische zu übersetzen, daß der Richter, der glücklicherweise mehr Deutsch verstand, als er zugab, die exakt richtige Bedeutung vermittelt bekam. Wörterbücher, auch juristische, helfen hier oft nicht weiter. In vielen Fällen verleiten sie zu der Annahme, daß es für jedes Wort in der einen Sprache tatsächlich ein gleichbedeutendes in der anderen gäbe. Dieser Irrtum kann fatale

[18] Frederick Alexander Mann, Meister des Währungsrechts, Schüler von Martin Wolff, Honorarprofessor in Bonn, Solicitor in London, war einer der bedeutendsten der vielen bedeutenden deutsch-britischen Emigrantenjuristen. Als erster Solicitor erhielt er den Titel „Queen's Counsel" verliehen. Mehrere „seiner" Fälle und einschlägigen wissenschaftlichen Beiträge sind in diesem Urteil zitiert. Der Verfasser verdankt ihm einen großen Teil seines anwaltlichen Handwerkszeugs aus dreizehn Jahren gemeinsamer Tätigkeit. F. A. Mann war der ursprüngliche Berater von Mr. Montgomery und Cobert Finance gewesen, starb jedoch vor Prozeßbeginn.

Folgen haben, denn manches läßt sich nicht übersetzen, sondern lediglich in die andere Rechtskultur übertragen und beschreiben. Beide Seiten verwendeten große Mühe, Begriffe wie „Gesamtrechtsnachfolge“ und „Übergabe“, „Sequester“, „Treuhänder“, „Besitzdiener“, „Polizeiverordnung“ und „Polizeiverfügung“ in ihrer historisch richtigen und dem Zusammenhang gemäßen Bedeutung in englische Worte zu fassen. Bei vielen Dokumenten, später auch bei den mündlichen, im Gerichtssaal gedolmetschten Zeugenaussagen, wurde erbittert über die korrekte Übersetzung gestritten. Der Ausgang dieser Dispute war in vielen Fällen entscheidungserheblich. Mr. Justice Moses hat in seinem Urteil mehrfach deutlich gemacht, mit welchen Schwierigkeiten er und die Parteien zu kämpfen hatten, um aus der Sprachverwirrung eine sachlich korrekte Lösung zu erarbeiten.

XIV. Die Gothaer Symposien

Schon kurz nach dem Auftauchen des Bildes wurde deutlich, wie wenig die bei Beutekunstfällen betroffenen Berechtigten in der Regel auf die mit der Geltendmachung ihrer Ansprüche verbundenen Aufgaben vorbereitet waren. Der Mangel an gesammelter und koordinierter Erfahrung und das medienwirksame, aber teure Vorpreschen zur Sicherung spektakulärer Objekte, wie des Quedlinburger Domschatzes,[19] hatten die Preise für die Rückführung bedeutenden geraubten Kulturguts in solche Höhen getrieben, daß die Rückgewinnung der großen Masse durch Ankauf nicht mehr finanzierbar erschien.[20]

Durch die Initiative des damaligen Gothaer Rechtsanwalts, Christoph von Berg, des damaligen Museumsdirektors Hebecker und des damaligen Stadtkämmerers Laskowski wurde am 11./12. November 1993 das erste von mehreren Gothaer Symposien ins Leben gerufen, um Museumsfachleute (besonders von betroffenen Instituten wie Dresden, Leipzig und Bremen), Stiftungsvertreter, Verwaltungsbeamte und Juristen ihre Erfahrungen, Wünsche und Pläne austauschen zu lassen. Sinnigerweise traf man sich in Schloß Reinhardsbrunn, dem Auslagerungsort eines Großteils der Sammlungen aus dem Gothaer Schloß Friedenstein. Hier war vermutlich auch das Wtewael-Bild entwendet worden. Auf diesen Gothaer Symposien wurde der Plan erörtert und weitgehend gebilligt, eine Alternative zu den immer weniger erschwinglichen Rückkäufen zu entwickeln und den Handel mit Beutekunst durch gezielte juristische Präzedenzfälle zu erschweren, wenn nicht gar auszutrocknen.

---

19 Vgl. hierzu *Kogelfranz/Korte* Quedlinburg – Texas und zurück, München 1984; *Siehr*, Manuscript of the Quedlinburg Cathedral back in Germany: Int.J. Cult.Property 1 (1992) 215–217.

20 Cf. „Spoils of War“, International Newsletter (seit 19.12.1995) der Koordinierungsstelle der Länder für die Rückführung von Kulturgütern beim Senator für Bildung, Bremen.

Der Fall des Gothaer Wtewael-Bildes wurde auf dem Symposium als Gelegenheit erkannt, juristische Pflöcke einzuschlagen, an denen sich die Erwartungen anderer Besitzer solcher Objekte zu orientieren hätten. Statt des vollen Marktpreises sollte man einen anderen, angemesseneren Anreiz zur freiwilligen Rückgabe schaffen und eine Anerkennungsleistung in Höhe von etwa 10% bis 20% in Aussicht stellen. Es wurde angeregt, eine Koordinierungsstelle für Beutekunstfälle einzurichten, in der das Vorgehen in jedem Einzelfall unter Nutzung der gesammelten juristischen und verhandlungstechnischen Erfahrung beraten werden sollte. Insbesondere die Teilnehmer aus Bremen hatten aufgrund der dort schon geleisteten Arbeit wertvolle Beiträge zur Errichtung einer Datenbank[21] und der systematischen Ausarbeitung von Verhandlungsmustern eingebracht, die heute in vielen Aspekten der Arbeit des Magdeburger Beutekunstprojekts wiederzufinden sind.

Die Gothaer Symposien wurden auch zu einer wesentlichen motivierenden Kraft für alle an der Rückführung des Wtweael-Bildes beteiligten Personen. Hierfür soll den Initiatoren nochmals gedankt werden. Diese Motivation war umso wichtiger, als die Unterstützung durch die eigentlich Betroffenen, insbesondere die Stadt Gotha selbst, in den sieben Jahren Verfahrensdauer nicht immer gegeben war und wohl auch bei der finanziell angespannten Lage der Stadt nicht permanent sicher sein konnte. Daß auch auf dieser Ebene eine über-kommunale Koordinierung angebracht ist, wird sicher deutlich, wenn man sich einen Stadtratsbeschluß vor Augen nimmt, mit dem nach gewonnenem Prozeß ein früherer Stadtratsbeschluß aufgehoben wurde, der verlangte, das Verfahren (das inzwischen zu 90% von der Bundesrepublik und dem Land Thüringen finanziert wurde), aus Kostengründen einzustellen. Es sei nur nebenbei angemerkt, daß die zusätzlichen Kosten einer Klagerücknahme bei ca. DM 2 Millionen gelegen hätten. In Gotha selbst hatte das Gothaer Symposium offensichtlich wenig Einfluß gehabt.

Umso wichtiger war daher die Auswirkung der damals gewonnenen Einsichten auf die Entscheidungsträger in den Länderverwaltungen und bei den Bundesbehörden, hier insbesondere bei den Kulturabteilungen des Bundesinnenministeriums und des Auswärtigen Amtes. Nachdem Versuche, private Sponsoren für dieses Musterverfahren zu gewinnen, fehlgeschlagen waren, führten Vorstellungen beim Bundeskanzleramt zu einer Neubewertung des öffentlichen Interesses an der Sache. Hier wurden endlich die Zügel aufgenommen und ein Finanzierungsmodell entwickelt, bei dem Bund und Land Thüringen gleichermaßen eingebunden waren und die Stadt Gotha erheblich entlastet wurde. So kamen auch Richtung und Kontinuität in den Auftrag, was bekanntlich die Ausführung erleich-

21 *Franz* Datenbanken abhanden gekommener Kulturgüter am Beispiel der Koordinierungsstelle der Länder für die Rückführung von Kulturgütern: Kunstrecht und Urheberrecht 1 (1999) 345–351.

tert. Vor dem Hintergrund dieses Finanzierungsmodells erscheint es nachträglich ironisch, daß sich drei Jahre später der Bund als der wahre Eigentümer des Bildes herausstellen sollte. Eine Zuordnung nach dem Vermögenszuordnungsgesetz kann nunmehr in Ruhe erfolgen. Nach Auskunft des Rechtsamtes der Stadt Gotha steht der Bescheid bei Drucklegung allerdings noch aus.

XV. Vom Court-Room Drama zur Farce

Die englische durchgehende mündliche Verhandlung hat noch wirklich theatralischen Charakter. Auch im Zivilprozeß, auch ohne Jury, hängt vieles von der Qualität der Inszenierung, vom direkten Eindruck auf den Richter ab. Auch Richter wollen unterhalten werden und reagieren auf dramatische Höhepunkte, vor allem wenn sie mit Ironie und einer Mischung aus Komik und Tragik gewürzt sind.

Ein solcher Höhepunkt, der möglicherweise entscheidend für die Abwägung der Glaubwürdigkeit nicht nur des Zeugen Solomon Breslav, sondern der ganzen von der Verteidigung vorgetragenen Provenienz des Bildes war, machte sich bei allen im Gerichtssaal Anwesenden durch plötzlichen Adrenalinanstieg spürbar, als Alexander Machin und Solomon Breslav zu den gegenseitigen Vorwürfen der Bestechung gehört wurden. Cobert Finance S. A. hatten behauptet, Machin sei für seine Aussage Geld von den Klägern angeboten worden, was selbstverständlich als unwahr bestritten wurde. Dann stellte sich heraus, daß Machin auf Aufforderung von Breslav in das Nobelhotel Savoy gekommen war und dieser ihm dort unter Anwesenheit von Mr. Montgomery eine Liste mit Fragen zu seiner schriftlichen Aussage überreicht hatte, einschließlich eines Angebots, gegen Zahlung von zehntausend Dollar die Seite zu wechseln. Es folgten Verhör und Kreuzverhör beider Zeugen, vorsichtiges Herantasten an jedes Detail, endlose Versuche, dem Zwang zur klaren Antwort auszuweichen, bis schließlich der Druck zu stark wurde und der gebannte Gerichtssaal vernahm, wie Solomon Breslav gestand, sowohl Liste und Geld übergeben zu haben, auch die Anwesenheit von Mr. Montgomery bestätigte, während Machin die Frage, ob er seine Aussage geändert habe, verneinte, jedoch bereitwillig zugab, die zehntausend Dollar genommen und behalten zu haben. Es ist wohl kaum notwendig, weiter zu berichten, daß beide Zeugen als Motiv ihres Handelns eine Opferstory präsentierten.

XVI. Die historische Dimension

Die beiden Weimarer Dürer-Portraits von Hans und Felicitas Tucher waren 1945 aus dem thüringischen Schloß Schwarzburg noch von Amerikanern gestohlen

worden. Getreu den Verträgen von Yalta überließen die Amerikaner dann Wochen später Thüringen und die Thüringer den nachstoßenden Russen. Kurz darauf verschwand das Wtewael-Bild aus seinem Einlagerungsort Schloß Reinhardsbrunn bei Gotha.

Die Art und der genaue Zeitpunkt des Abhandenkommens wurden zu einem zentralen Thema der Sachaufklärung, da von der Antwort das anwendbare Recht und das Eingreifen von Beschlagnahme-, Sequestrations- und Enteignungsmaßnahmen abhingen. Hier galt es, dem Richter Handhaben zu geben, mit denen er den wahrscheinlichen tatsächlichen Ablauf feststellen konnte. Mit Professor Erickson von der Universität Edinburg stand ein Historiker zur Verfügung, der wie kein anderer ein Licht auf die minutiösesten Details der sowjetischen Truppenbewegungen, der Zusammensetzung und der Einzelaufgaben der Armeeteile werfen konnte. Professor Erickson war nach der „Perestroika" der erste westliche Militärhistoriker, der Zugang zu den sowjetischen Militärarchiven erhielt. Eines seiner Spezialgebiete war die Rolle von SMERSH, der militärischen Geheimpolizei mit Befehlsgewalt auch über hohe Armeeoffiziere und der Kompetenz zur sofortigen Exekution. Professor Erickson gab auch einen überzeugenden Grund für dieses auch für die Russen harte Regime an, das einen Diebstahl durch niedere Chargen, die SMERSH zu fürchten hatten, praktisch ausschloß. Die Elitetruppen und SMERSH waren von Stalin nach Thüringen befohlen worden, um die dortigen, für das sowjetische Atomwaffenprogramm benötigten thüringischen Uranvorkommen zu sichern. Die westlichen Alliierten hatten in Yalta übersehen, daß die meisten russischen Bergbaufachleute in deutschen Bergakademien ausgebildet worden waren und jeden Stollen kannten. So leuchtete im Gerichtssaal schlaglichtartig eine Verbindung auf zwischen dem Schicksal eines kostbaren Kunstobjekts und dem ersten Schritt zum Kalten Krieg.

XVII. Nachspiel – Kosten und Vollstreckung

Noch am Tage der Urteilsverkündung wurden die Einzelheiten der Übergabe des Bildes mit Sotheby's erörtert. Die Kläger hatten ursprünglich gehofft, daß der Wtewael noch ausreichend früh verfügbar würde, um ihn mit Applomb in der im Sommer 1998 in der Londoner National Gallery gezeigten Ausstellung „Masters of Light, Painters of the Utrecht School" wieder der Öffentlichkeit zugänglich machen zu können. Diese wunderbare Schau hatte die wohl größte Zahl von Werken von Wtewael aus aller Welt zusammengebracht, die je unter einem Dach gezeigt wurden. Zwar fiel dieser Plan dem Umfang und der Komplexität des von Mr. Justice Moses zu bewältigenden Materials zum Opfer, doch war die Szene damit erleuchtet.

Obwohl Mr. Montgomery beschlossen hatte, nicht mehr am Verfahren teilzunehmen und die Gefahr bestand, daß gegen ihn ein Strafverfahren wegen „perversion of the course of justice" eingeleitet würde, man also kaum annehmen konnte, daß gegen das Urteil Berufung eingelegt werden würde, warteten die Kläger die gesetzliche Ein-Monatsfrist ab, bevor sie das Bild von Sotheby's nach Gotha zurückholten. Die hierfür erforderliche Ausfuhrlizenz wurde ohne weiteres erteilt, das Bildchen vom Verasser mit spitzen Fingern bei Sotheby's in einen speziell angefertigten gefütterten Holzkoffer versenkt und per Spezialtransport zurück ins Schloß Friedenstein verbracht. Am 19. Februar 1999 fand die feierliche Übergabe-Zeremonie im Barocksaal des Schlosses Friedenstein statt. Eine Odyssee von 53 Jahren war zu Ende.

Während die heilige Familie nun wieder im angestammten Hause untergebracht war, galt es in London, die nicht unerhebliche Frage der Kosten zu regeln. Diese hatten sich über die Jahre auf der Basis der in England geltenden Bemessungsregeln in eine Höhe gesteigert, die den Schätzwert des Bildes übertraf. Während die Gerichtskosten in England bei Streitwerten dieser Höhe eher zu vernachlässigen sind, sind die Anwaltskosten, die sowohl von den Solicitors als auch von den Barristers nach Stundensätzen berechnet werden, kaum zu prognostizieren. Sie variieren nach der Komplexität des Stoffes und der Schwierigkeit der rechtlichen Materie und hängen wesentlich von der Taktik der anderen Seite ab. Wenn eine Partei agiert, muß die andere reagieren, um nicht zu verlieren. In einem „Kaleidoskop-Fall", wie dem hier dargestellten, in dem neue Streitthemen an jeder Ecke auftauchten und gelöst werden mußten, in dem die Sachaufklärung alleine sieben Jahre benötigte und bis in die Hauptverhandlung andauerte, wuchsen die Kosten beider Seiten unaufhaltsam und ohne einen anderen Ausweg als den der Klagerücknahme oder des Vergleiches.

Da diese Situation für deutsche Parteien, die keine regelmäßige Erfahrung mit ausländischen Prozessen haben, und hier insbesondere für öffentliche Körperschaften mit Bindungen an jährlich festgelegte Haushaltsmittel, überraschend und praktisch schwer mitzuvollziehen ist, ergab sich ein weiteres Dauerproblem. Dafür, daß in dem Gotha-Fall in diesem Bereich immer wieder auftauchende Engpässe gemeistert werden konnten, gebührt besonders dem Rechtsrat der Stadt Gotha, Herrn Brockhoff, Herrn Dr. Güttler vom Bundesministerium des Innern (jetzt Staatsministerium für Angelegenheiten der Kultur und der Medien) und den verständnisvollen Beiträgen des Auswärtigen Amtes Dank. Es sollte jedoch nicht unerwähnt bleiben, daß der Verfasser dem Oberbürgermeister der Stadt Gotha zweimal anbieten mußte, das Mandat zurückzureichen. Der Gerichtsstand London stand, wie Mr. Justice Moses in der Kostenentscheidung festhielt, nicht zur Disposition; und damit auch nicht das Kostenregime.

Unter dem Eindruck dieser Kostenlast wurde es als besondere Herausforderung empfunden, soviel wie möglich von den tatsächlich angefallenen Gebühren und

Auslagen erstattet zu bekommen. Hier bauten sich sofort weitere Barrieren auf. Zunächst sehen es die Prozeßregeln vor, daß die Entscheidung über die Kostenfolge nicht notwendigerweise von dem gleichen Richter gefällt wird, der auch das Sachurteil erlassen hat. Im Gotha-Fall, mit seinen weiten Verästelungen und Besonderheiten hinsichtlich der Kostenverursachung durch Parteiverhalten, war es von größter Wichtigkeit, Mr. Justice Moses dazu zu bewegen, auch die Entscheidung über die Kostenfolge, und zwar auch hinsichtlich aller Kosten aus den Zwischenverfahren und die Frage der Auswirkungen des relativ späten Beitritts der Bundesrepublik, selbst zu entscheiden. Mit einigem Glück wurde dies erreicht. Die Entscheidung selbst, hier ebenfalls mitabgedruckt, stellt eine kaum erhoffbare Traumlösung dar. Bis auf einen kleinen Teilbereich aus dem Verfahren um die Ausdehnung der Discovery auf Sotheby's wurde die Haftung für sämtliche Kosten sowohl der Stadt Gotha als auch der Bundesrepublik Deutschland (trotz deren späten Beitritts) gesamtschuldnerisch der Cobert Finance S. A. und Mr. Montgomery persönlich auferlegt.[22] Insbesondere der letzte Aspekt ist angesichts der Vermögenslosigkeit der panamaischen Gesellschaft von größter Bedeutung. Auch diese Entscheidung fand ein großes Echo in der englischen Tages- und Fachpresse.[23]

Der Schritt zur Verhängung der Durchgriffshaftung auf Mr. Montgomery führte kurz darauf zu weiteren Folgen. Es stellte sich heraus, daß Cobert Finance S. A. in Panama abgewickelt und im Register gelöscht worden war. Mr. Montgomery, der ein Vermögensverzeichnis vorlegen sollte, kam diesem Gerichtsbefehl nicht nach. Mehr noch, es stellte sich heraus, daß er sein gesamtes in Großbritannien befindliches Vermögen ins Ausland verbracht und Treuhändern übergeben hatte. Nach einigen erfolglosen Versuchen, ihm gerichtliche Verfügungen direkt zuzustellen, erfolgte die gesetzliche Zustellung, der Mr. Montgomery wiederum nicht Folge leistete. Seine bisherige Solicitorfirma, Herbert Smith, eine der angesehensten und in diesem Bereich kompetentesten der Londoner City, teilte mit, sie vertrete ihn nicht mehr. Bereits im Juni 1998 hatte er sein Londoner Haus, mehrere Millionen DM wert, verkauft, seine Frau ließ sich verleugnen und reichte wenig später die Scheidung ein. Als er die nächste gerichtliche Verfügung wiederum mißachtete, wurde er wegen „contempt of court", also Mißachtung des Gerichts, zu sechs Monaten Gefängnis verurteilt, und es wurde ein Haftbefehl gegen ihn erlassen.

Noch nicht festgestellt war zu diesem Zeitpunkt die Höhe der zu erstattenden Kosten. Dieses Verfahren liegt normalerweise in den Händen eines besonderen Hilfsrichters, eines „Taxing Master". Hier hätte wiederum ein aufwendiges streitiges Prozedere durchgearbeitet werden müssen, mit einem geschätzten zusätzli-

---

22 S. unten S. 220ff.

23 *Gascoigne/Savage* A proportional short-cut to costs assessment: International Commercial Litigation 1999, 59ff.

chen Kostenaufwand von ca. £ 120.000. Um diese zusätzlichen Ausgaben zu vermeiden, wurde ein abgekürztes, zum damaligen Zeitpunkt allerdings selten gewährtes Verfahren gewählt, bei dem der Richter des Sachurteils selbst die Kostenhöhe feststellt. Mit wiederum einigem Glück gelang es auch hier, Mr. Justice Moses dazu zu bewegen, sich wegen seiner intimen Kenntnis der Details der Sache in eigener Person anzunehmen. Das folgende Urteil, als letztes Dokument hiermit abgedruckt, stellt die vierte exemplarische Entscheidung in diesem Fall dar, und fand ebenfalls Eingang in die Liste der „reported cases“: Obwohl weder Cobert Finance noch Mr. Montgomery an dem Verfahren teilnahmen und auch nicht anwaltlich vertreten waren, obwohl der Richter aus diesem Grund eine stellvertretend ihre Interessen schützende Betrachtungsweise wählte, stellte er die geltend gemachten Kosten in voller Höhe fest, entgegen der üblichen Zweidrittel-Regel.[24] Nach besonders kritischer Prüfung der einzelnen Posten wurde, in England ganz außergewöhnlich, mit besonderem Hinweis auf die konservative Berechnungsweise der Kläger auf die volle Höhe erkannt.[25] Mehr konnten die Stadt Gotha und die Bundesrepublik in diesem Prozeß nicht erreichen.

Bei den Bemühungen, die Kostenurteile zu vollstrecken, wurden nach anfänglichen Schwierigkeiten wertvolle Hausgrundstücke in Colorado und Arizona gefunden, an denen Mr. Montgomery über Trusts beteiligt war. Die nächsten Schritte bleiben US-Attorneys überlassen. Mit Durchhaltevermögen und Konsequenz sollte auch die Vollstreckung zum Erfolg führen. Der englische Anwalt hat das seinige getan.

Das Signal, das mit diesem Prozeß an die Besitzer von Beutekunst und, wohl noch wichtiger, an künftige Trophäensammler gegeben werden sollte, erscholl laut und klar. Die Weltpresse und das Fernsehen berichteten ausführlich über den für die Beklagten katastrophalen Ausgang des Gotha-Falles: Hände weg von Beutekunst![26]

---

24 Vgl. die Entscheidung vom 21.4.1999, unten S. 223 ff.

25 Vgl. die Mitteilungen „Eversheds wins £ 1 m in art case“: Legal Business, June 1997, S. 76; „Auction houses change their way as art litigation mounts“: International Commercial Litigation, June 1999.

26 Vgl. u. a. die Pressemitteilungen: dpa: Beutekunst – Gotha gewinnt Prozeß in London: FAZ 11.9.1998, S. 41; *Barker* Looted Old Master Goes Back to Germany: ARTnewsletter of 22 September 1998, S. 1; *Crüwell* Hände weg von Beutekunst: FAZ 4.11.1998, S. 41; *Foster* Germany wins back looted Old Master: The Times 10.9.1998, S. 11; Aus Gotha geraubtes Gemälde Deutschland zugesprochen: NZZ 10.9.1998, S. 20; sowie das Echo in der Fachpresse: *Finkenauer* Zum Begriff der Rechtsnachfolge in § 221 BGB: JZ 2000, 241–247; *Franz* Beutekunst – Musterprozeß entschieden – Wtewael-Gemälde zurück in Deutschland: Kunstrecht und Urheberrecht 1999, 298–301; *Lomas/Orton* Potential Repercussions from the City of Gotha Decision: Art, Antiquity and Law 4 (1999) 159–165; *Mair* Misappropriation and Skulduggery in Germany and Russia – The Case of Wtewael's The Holy Family: Art, Antiquity and Law 3 (1998) 413–415; *Norman Palmer* Museums and the Holocaust, London 2000.

Verjährt ein Anspruch auf Herausgabe des Eigentums?

– Deutsches Verjährungsrecht vor englischem Gericht –

Kurt Siehr*

I. Englisches Recht als Ausgangspunkt

1. Herausgabeanspruch

Geklagt wurde in England auf Herausgabe einer Sache, die sich in England befand und an welcher die Klägerin das Eigentum für sich in Anspruch nahm.[1] In Deutschland ist das eine sachenrechtliche *rei vindicatio* und richtet sich nach § 985 BGB. Das ist anders in England. Der deutschen Vindikationsklage entspricht in England eine Deliktsklage, die heute „wrongful interference" oder „wrongful interference with goods" genannt wird,[2] aber auch „conversion" oder „trover". Die Klage ist ein „restitutionary proprietary claim",[3] also eine Klage auf Rückgabe des Eigentums, und führt zu einem Urteil auf Rückgabe der Sache.[4] Die

---

* Professor für Privatrecht, Internationales Privatrecht und Rechtsvergleichung an der Universität Zürich.

1 Die Entscheidung dieser Klage ist unten auf S. 78 ff. abgedruckt. Hierzu vgl. *Finkenauer* Zum Begriff der Rechtsnachfolge in § 221 BGB: JZ 2000, 241–247; *Franz* Beutekunst – Musterprozeß entschieden – Wtewael-Gemälde zurück in Deutschland: Kunstrecht und Urheberrecht 1999, 298–301; *Lomas/Orton* Potential Repercussions from the City of Gotha Decision: Art, Antiquity and Law 4 (1999) 159–165, *Mair* Misappropriation and Skulduggery in Germany and Russia – The Case of Wtewael's The Holy Family: Art, Antiquity and Law 3 (1998) 413–415.

2 Vgl. Torts (Interference with Goods) Act 1977 (c. 32), sect. 1. Sects.1 (a) und 2 (2) dieses Gesetzes lauten:
„1. In this Act „wrongful interference", or „wrongful interference with goods", means (a) conversion of goods (also called trover), ...2.(2) An action lies in conversion for loss or destruction of goods which a bailee has allowed to happen in breach of this duty to his bailor (that is to say it lies in a cause which is not otherwise conversion, but would have been detinue before detinue was abolished)."

3 So *Goff/Jones* The Law of Restitution (4. Aufl. London 1993) 75 f.; (5. Aufl. 1998) 76, sprechen jetzt von „restitutionary proprietary remedies".

4 Torts (Interference with Goods) Act 1977 (oben Fn 2) sect. 3 (1) und 2(a) lautet:
„(1) In proceedings for wrongful interference against a person who is in possession or in control of the goods relief may be given in accordance with this section, so far as appropriate. (2) The relief is (a) an order for delivery of the goods, and for payment of any consequential damages, or ...".

unerlaubte Handlung des Beklagten besteht darin, daß er eine fremde Sache gestohlen hat und/oder eine fremde Sache dem Eigentümer nicht zurückgibt. Die Qualifikation der Herausgabeklage als Deliktsklage (tort) hat weitreichende Konsequenzen für die Frage der Verjährung. Die Herausgabeklage hat dann Erfolg, wenn der Kläger sein Eigentum dartut und der Beklagte nicht nachweisen kann, daß der Herausgabeanspruch verjährt ist.

2. Eigentum der Klägerin

a) Verlust durch Rechtsgeschäft, Hoheitsakt oder Rechtsnachfolge von Todes wegen

Der schwierigste Teil des Prozesses ging um die Frage, wer Eigentümer des Gemäldes von Joachim Wtewael ist. Es bedurfte einiger Mühe um nachzuweisen, daß die Bundesrepublik klageberechtigt ist. Erst als diese Arbeit geleistet war, kam es zur Frage der Verjährung und damit auch zum Problem, ob die Klägerin ihr Eigentum durch Zeitablauf verloren hat.

b) Verlust durch Zeitablauf

Im englischen Recht kann ein Anspruch durch Verjährung (limitation for actions) erlöschen, ein Recht auf einen gutgläubigen Besitzer übergehen. Eine Verjährung hat insofern die Wirkung einer Ersitzung oder einer Verwirkung wie bei Art. 934 I schweizerisches ZGB. All dies ergibt sich heute aus section 3 (2) des Limitation Act 1980.[5] Dort heißt es:

> „Wo ein solcher Anspruch [auf Herausgabe einer Sache] einer Person entstanden und die Verjährungsfrist für diesen Anspruch abgelaufen ist und sie während dieser Zeit den Besitz an der Sache nicht wiedererlangt hat, erlischt das Recht dieser Person an der Sache."[6]

Die Verjährungsfrist der sect. 3 (1) Limitation Act 1980 beträgt sechs Jahre. Dies galt seit 1939 für alle Deliktsklagen auf Herausgabe,[7] also auch für Klagen aus

---

[5] Limitation Act 1980, c. 58.

[6] Limitation Act 1980 sect. 3 lautet im Original:
„(1) Where any cause of action in respect of the conversion of a chattel has accrued to any person and, before he recovers possession of the chattel, a further conversion take place, no action shall be brought in respect of the further conversion after the expiration of six years from the accrual of the cause of action in respect of the original conversion.
(2) Where any such case of action has accrued to any person and the period prescribed for bringing that action has expired and he has not during that period recovered possession of the chattel, the title of that person to the chattel shall be extinguished."

[7] Sect. 3 Limitation Act 1939, ch. 21, in Abänderung von *Spackman v. Foster* (1883) II Q. B. D. 99.

Diebstahl.[8] Dies hielt das Law Reform Committee im Jahre 1973 für unerträglich und drückte dies so aus:[9]

„Unsere Überprüfung dieses Artikels [sect. 3 des Limitation Act 1939] hat uns jedoch zu dem Schluss geführt, daß er zu einem unannehmbaren Ergebnis dort führt, wo ein wertvolles Objekt gestohlen worden ist und der Eigentümer es bis zum Ablauf von sechs Jahren seit dem Diebstahl nicht auffinden kann... Es scheint uns nicht richtig zu sein, daß ein Dieb oder sein Abnehmer, einerlei ob er angeklagt wird oder nicht, berechtigt sein soll, durch Verjährung einen gültigen Titel an der gestohlenen Sache zu erwerben... Deshalb schlagen wir vor, daß das Recht des Eigentümers einer Sache, sein Eigentum zurückzufordern (oder Schadenersatz wegen deren Veräußerung zu verlangen), niemals durch Zeitablauf gegenüber dem Dieb und dessen Abnehmer verloren geht."

Das Law Reform Committee schloß sich im Ergebnis dem schottischen Recht an[10] und fügte im Limitation Act 1980 eine section 4 ein, wonach die Klage gegen den Dieb und dessen bösgläubigen Abnehmer niemals verjährt.[11] Im Endergebnis bedeutet dies folgendes:[12]

- Ein gutgläubiger Erwerber erwirbt die Sache nach Ablauf der Verjährungsfrist von sechs Jahren. Dies ist heute nach Abschaffung des „sale on market overt"[13] die einzige Möglichkeit, gutgläubig Eigentum zu erwerben.

---

[8] So R. B. Policies at *Lloyd's v. Butler* [1950] 1 K. B. 76: hier wurde allerdings ein späterer gutgläubiger Erwerber geschützt.

[9] Law Reform Committee's Twenty – First Report, Pt. III (Final Report on Limitation of Actions) (London 1977) 32f.: „Our examination of the section has, however, led us to the conclusion that it can produce an unacceptable result where a valuable object has been stolen and the owner is unable to trace it until more than six years after the date of the theft. ... It does not seem to us right that a thief or receiver should, whether or not he has been prosecuted, be able to establish by limitation a valid title to the stolen goods. ... Accordingly, we propose that the right of an owner of goods to recover his property (or to claim damages for its conversion) should never be barred by lapse of time as against a thief or receiver."

[10] Nach Schedule 3 (g) des Prescription and Limitation (Scotland) Act 1973 (1973 c. 52) ist unverjährbar „any right to recover stolen property from the person by whom it was stolen or from any person privy to the stealing thereof." Die Anmerkung hierzu in der Gesetzessammlung sagt: „any right to recover stolen property: this confirms the common law principle that no lapse of time can ever give a good title to a thief or resetter noe extinguish the title of the true owner. The true owner's problem is always to find and identify the stolen property. The principle embodied in this sub-paragraph is presumably subject to the common law exception of bank-notes, money and negotiable instruments, which confer a good title by mere delivery provided that the recipient has taken in good faith, for value and without notice of any defect in the mode of acquisition from the true owner." Vgl. Current Law Statutes Annotated 1973 (London/Edinburg 1973) 52/Sch. 3.

[11] Vgl. die sect. 4 Limitation Act 1980 auf S. 210 des Urteils.

[12] Vgl. *A. S. Burrows* in: *Clerk & Lindsell on Torts* (17. Aufl. London 1995) 1592.

[13] Sect. 22 (1) des Sale of Goods Act 1979 (c. 54) wurde aufgehoben durch sect. 1 des Sale of Goods (Amendment) Act 1994 (c. 32).

- Der Anspruch des Bestohlenen gegen den Dieb und dessen bösgläubige Abnehmer ist unverjährbar und geht auf
  - Herausgabe der Sache, solange sie der Beklagte noch herausgeben kann und ein gutgläubiger Dritter sie nicht nach sechs Jahren erworben hat, oder
  - auf Schadenersatz.

Aus diesem Grunde konnte auch Justice Moses feststellen, daß nach englischem Recht keine Verjährung, also auch kein Rechtsverlust an gutgläubige Erwerber eingetreten ist. Unstreitig war, daß nach deutschem Recht ein Anspruch auf Herausgabe des Eigentums (§ 985 BGB) in 30 Jahren verjährt, aber keine dingliche Wirkung hat, also nicht dazu führt, daß der Besitzer Eigentümer wird.[14]

3. Verjährung der Herausgabeklage

a) Verjährung nach dem Limitation Act 1980

Aus dem oben Gesagten geht das hervor, was Justice Moses im Hinblick auf sect. 4 des Limitation Act 1980 sagt: „under English law the claim is not time barred."[15]

b) Verjährung nach dem Foreign Limitation Periods Act 1984

Die Verjährung ist nach traditioneller englischer Auffassung eine Klageverjährung und damit ein prozeßrechtliches Institut.[16] Es zählt, wie Tindal J. C. im Fall *Huber v. Steiner*[17] in Anlehnung an Jacobus Balduini aus Bologna (gestorben ca. 1235)[18] sagte, *„ad litis ordinationem"*. Dies sollte – auch im Hinblick auf Art. 10 I lit. d des EWG Übereinkommens vom 19.6.1980 über das auf vertragliche Schuldverhältnisse anzuwendende Recht (EVÜ)[19] – geändert und der kontinentaleuropäischen Auffassung angepaßt werden. Danach richtet sich die Verjährung eines Anspruchs nach der *lex causae*, also nach dem Recht, das den Anspruch selbst beherrscht. So auch der Art. 10 I lit. d EVÜ. Ergebnis der englischen Reform ist der Foreign Limitation Periods Act 1984.[20]

---

[14] Vgl. Urteil bei II. 3, S. 184f.

[15] Bei II 2 (S. 174 oben).

[16] The Law Commission Working Paper No. 75: Classification of Limitation in Private International Law (London 1980) 5.

[17] *Huber v. Steiner* (1835) 2 Bing. N. C. 202, 210f. = 132 E. R. 80, 83.

[18] *Friedrich Karl von Savigny* Geschichte des römischen Rechts im Mittelalter V (2. Aufl. Nachdruck Aalen 1986) 99–114; *Karl Neumeyer* Die Gemeinrechtliche Entwicklung des internationalen Privat- und Strafrechts bis Bartolus II (München u. a. 1916) 85–88.

[19] ABl. EG 1980 Nr. L 266/1; BGBl. 1986 II 810; 1995 II 307; im Vereinigten Königreich Anhang (Schedule) zum Contracts (Applicable Law) Act 1990 (c. 36).

[20] 1984 c. 16.

Im Prozeß ist nicht zur Sprache gekommen, in welchem Verhältnis dieses Gesetz zu Art. 10 I lit. d EVÜ steht. Denn aus dieser völkervertraglichen Vorschrift ergibt sich bereits die Pflicht, die Verjährung materiellrechtlich zu qualifizieren. Doch was heißt dies bei einer Herausgabeklage, die englischem Recht untersteht? Muß auch dort ausländisches Recht beachtet werden? Das war zwischen den Anwälten der Klägerin und dem Gericht streitig. Die Anwälte meinten, der Foreign Limitation Periods Act 1984 komme wegen der englischen *lex causae* gar nicht zur Anwendung, Justice Moses war anderer Auffassung.[21]

Das neue Gesetz ist nicht gerade ein Muster rechtlicher Klarheit und Präzision. Man kann es eigentlich nur verstehen, wenn man schon vorher weiß, was es eigentlich will. Irritierend ist eine Vermischung kollisions- und sachrechtlicher Regelungen mit fehlenden Angaben, was nun eigentlich zu geschehen habe. Aus dem Gesetz ergibt sich, daß Justice Moses Recht haben dürfte. Bei einer Klage auf Herausgabe einer Sache muß nicht nur das sachenrechtliche Schicksal der Sache unter jeder *lex rei sitae* geprüft, sondern auch festgestellt werden, ob ein dingliches Recht entstanden und als wohlerworben von den folgenden *leges rei sitae* anerkannt wird. Bei einer Verjährung mit sachenrechtlichen Wirkungen ist dies offensichtlich. Deshalb zitierte Justice Moses den unveröffentlichten Fall *The Cintas Foundation Inc. v. Sotheby's Ltd.*[22], in der eine solche verwirkende Verjährung entscheidungsrelevant war. Außerdem sind nach dem Foreign Limitation Periods Act 1984 ausländische Vorschriften über Beginn, Unterbrechung und Verlängerung der Verjährung zu beachten: sections 1(3) und 4(1)(a). Im deutschen Prozeßrecht könnte man diese schuldrechtlichen Fragen dahingestellt sein lassen; denn bei einem nach englischem Recht unverjährbaren Anspruch spielen die Frage der Unterbrechung, Hemmung oder Verlängerung keine Rolle. Wenn im Prozeß trotzdem auf diese Frage eingegangen wird, so hat das vor allem einen Grund. Die Parteien sind Herr des Verfahrens und bestimmen – u.U. nach Erörterungen mit dem Richter – auch hinsichtlich der Rechtsfragen das Prozeßgeschehen. Wenn die Beklagte geltend macht, die Verjährung nach deutschem Recht sei erheblich, muß hierauf eingegangen werden. Erst im Urteil, nach Anhörung der Sachverständigen wird der Richter zur Erheblichkeit der aufgeworfenen und erörterten Rechtsfragen endgültig Stellung nehmen.

4. Zwischenergebnis

Die Beklagten konnten nicht widerlegen, daß die Klägerin den Herausgabeanspruch geltend machen kann. Streitig blieb schließlich die Frage, ob der Anspruch nach deutschem Recht verjährt ist.

---

[21] Urteil bei II 2, S. 182–184.

[22] *The Cintas Foundation Incorporated v. Sotheby's (Unlimited) and Fondarm International Establishment* vom 11.2.1995.

II. Deutsches Verjährungsrecht

1. Verjährung eines dinglichen Herausgabeanspruchs

Zwischen den Parteien waren folgende Fragen zum deutschen Recht unstreitig:[23]

- Ein Anspruch auf Herausgabe des Eigentums (§ 985 BGB) verjährt in 30 Jahren seit seinem Entstehen durch Besitzverlust (§§ 195, 198 BGB).
- Diese Verjährung läuft auch dann, wenn sich die Sache außerhalb Deutschlands befindet, und ist nicht davon abhängig, daß der Eigentümer von seinem Anspruch weiß oder den Schuldner kennt.
- Der Herausgabeanspruch entsteht bei jedem Besitzer aufs neue.
- Eine Verjährung des Herausgabeanspruchs hat keine dingliche Wirkung, überträgt das Eigentum also nicht auf den Besitzer.

Daß diese Fragen unstreitig waren, bedeutet nicht, daß die Parteien all diese Rechtsauffassungen für richtig halten. Das Gericht selbst hat keine Möglichkeit, die für unstreitig erklärten Äußerungen der Parteien zum ausländischen Recht von sich aus nachzuprüfen und richtigzustellen. Denn, wie so häufig, gilt ausländisches Recht im englischen Prozeß als Tatsache und ist bei unstreitigem Parteivortrag für den Richter bindend.[24] Hier jedoch sei kurz auf die erste und die letzte Frage eingegangen.

a) Verjährung

Streitig ist in Deutschland, ob ein dinglicher Herausgabeanspruch nach § 985 BGB verjährt. Die wohl größte Zahl der Autoren bejaht die Frage mit dem kurzen Hinweis, der Herausgabeanspruch sei auch ein Anspruch (Recht, von einem anderen ein Tun oder ein Unterlassen zu verlangen) i. S. des § 194 BGB und unterliege deshalb der Verjährung.[25] Rechtsprechung zum Problem fehlt fast ganz.[26]

---

[23] S. Urteil bei II 3, S. 184.

[24] Hierzu *Dicey/Morris/Collins* The Conflict of Laws I (13. Aufl. London 2000) 221: „Rule 18-(1) In any case to which foreign law applies, that law must be pleaded and proved as a fact to the satisfaction of the judge by expert evidence or sometimes by certain other means. (2) In the absence of satisfactory evidence of foreign law, the court will apply English law to such a case."

[25] *Baur/Stürner* Lehrbuch des Sachenrechts (16. Aufl. München 1992) 100; *Enneccerus/Nipperdey* Allgemeiner Teil des Bürgerlichen Rechts II (15. Aufl. Tübingen 1960) § 231 I (S. 1402 f.); *Erman (-Hefermehl)* Handkommentar zum BGB I (9. Aufl. Münster 1993) § 194 Rn 4; *von Feldmann* in: Münchner Kommentar zum BGB I (3. Aufl. 1993), § 194 Rn 21; *Gursky* bei: Staudinger, Kommentar zum BGB und EG mit Nebengesetzen, §§ 985–1011 BGB (13. Aufl. Berlin, Neubearbeitung 1999) § 985 Rn 84; *Heck* Grundriß des Sachenrechts (Tübingen 1930) 125 f.; *Joerges* in: Kommentar zum BGB IV (Neuwied 1983) § 985 Rn 43; *Johannsen* in: RGR-Kommentar zum BGB I (12. Aufl. Berlin 1982) § 194 Rn 2;

Die Frage der Verjährung des dinglichen Herausgabeanspruchs ist bei den Vorarbeiten zum BGB ausführlich diskutiert worden.[27] Die Diskussion entspann sich im Verjährungsrecht bei der Ausarbeitung des heutigen § 194 BGB und den Zweifeln, ob auch dingliche Ansprüche „Ansprüche" i. S. des § 194 BGB sind. Beanstandet wurde insbesondere die Konsequenz der Verjährbarkeit eines Herausgabeanspruchs, nämlich die Entstehung eines *dominium sine re*, das Herabsinken zu einem „Scheinrecht" und die Schaffung der Halbheit Eigentum ohne Besitzrecht.[28] Vier verschiedene Modelle zur Lösung des Problems wurden diskutiert:

Kegel Von wilden Tieren, zerstreuten Leuten und versunkenen Schiffen. Zum Verhältnis von Besitz und Eigentum beweglicher Sachen, in Festschrift Ernst von Caemmerer (Tübingen 1978) 169–178 (176); *Larenz/Wolf* Allgemeiner Teil des bürgerlichen Rechts (8. Aufl. München 1997) § 17 II 1; *Mager* Besonderheiten des dinglichen Anspruchs: AcP 193 (1993) 68–85 (74); *Medicus* in: Münchner Kommentar zum BGB VI (3. Aufl. München 1997) § 985 Rn 24; *Palandt (-Heinrichs)* BGB (58. Aufl. München 1999) § 194 Rn 4; *C. Peters* Die Ansprüche aus dem Eigentum: AcP 153 (1954) 454–465 (465); *F. Peters* bei: Staudinger, Kommentar zum BGB und EG nebst Nebengesetzen, §§ 164–240 (13. Aufl. Berlin 1995) § 194 Rn 19; *Pikart* in: BGB-RGR Kommentar zum BGB III/1 (12. Aufl. Berlin/New York 1979) § 985 Rn 48; *Planck* Kommentar zum BGB I (4. Aufl. Berlin 1913) § 195 Nr. 3; *Plambeck* Die Verjährung der Vindikation (Frankfurt u. a. 1997) 13 ff.; *Soergel (-Mühl)* BGB VI (12. Aufl. Stuttgart 1990) § 985 Rn 26; *Wieling* Sachenrecht I (Berlin u. a. 1990) 7 und 525. A. A., d. h. gegen Verjährbarkeit, lediglich *K. Müller* Sachenrecht (4. Aufl. Köln u. a. 1997) Rn 455 (S. 162 f.); zweifelnd *Pawlowski* Allgemeiner Teil des BGB (5. Aufl. Heidelberg 1998) 144 und, de lege ferenda, *F. Peters/R. Zimmermann* Verjährungsfristen, in: Bundesministerium der Justiz (Hrsg.), Gutachten und Vorschläge zur Überarbeitung des Schuldrechts I (Köln 1981) 77–373 (186); anders dagegen § 197 I Nr. 1 BGB des Entwurfes für ein Schuldrechtsmodernisierungsgesetz: „In 30 Jahren verjähren, soweit nicht ein anderes bestimmt ist: 1. Herausgabeansprüche aus absoluten Rechten, ..." (vgl. *http://www.bmj.bund.de/ggv/eschurmo.pdf.*). – Hierzu *Müller-Katzenburg*, Besitz- und Eigentumssituation bei gestohlenen und sonst abhanden gekommenen Kunstwerken: NJW 1999, 2551–2558 (2557 f.).

26 Die zitierten Entscheidungen enthalten zur Verjährbarkeit der Vindikationsklage nur *obiter dicta*: RG 27.10.1932, RGZ 138, 296, 299 f. (Auflassungsanspruch); BGH 23.2.1973, BGHZ 60, 235 = NJW 1994, 1960 (Beseitigungsanspruch aus § 1004 BGB bei Grundstück); LG München I 8.12.1993, IPRspr. 1993 Nr. 52 (Klees „Sumpflegende"; eine Verjährung des Vindikationsanspruchs wurde nur hilfsweise bejaht, nachdem vorher bereits ein gutgläubiger Erwerb und eine Ersitzung nicht widerlegt werden konnte). Das Reichsgericht hat zwar 1922 in einem IPR-Fall entschieden, daß alle Ansprüche (damals die unverjährbare Forderung aus einem schweizerischen Verlustschein nach Art. 149 V SchKG a.F.; heute verjährt sie in 20 Jahren: Art. 149a I SchKG n.F.) verjährten (RG 19.12.1922, RGZ 106, 82). Damit ist jedoch nicht gesagt, daß auch die Herausgabeklage verjähren müßte.

27 Vgl. *Mugdan* Die gesammten Materialien zum Bürgerlichen Gesetzbuch für das Deutsche Reich I (Berlin 1899) 513 f. (Motive 292–294), 770–773 (Protokolle 390–396), 840 (Denkschrift 33). Hierzu vgl. *Erik Jayme* Gutachten: Schloßmuseum zu Gotha vs. Sotheby's in re „Joachim Wtewael, Heilige Familie mit Heiligen und Engeln", bei: *Jayme* Nationales Kunstwerk und Internationales Privatrecht. Vorträge, Aufsätze, Gutachten (Heidelberg 1999) 225–235 (230 f.).

28 *Mugdan* (vorige Fn) 513 (Motive 292).

- Verjährung nur zugunsten Gutgläubiger (Corpus iuris canonici c. 5 20 X 2, 26, und im Anschluß daran verschiedene Gesetze in Hannover, Braunschweig, Rudolstadt, Sondershausen, Lippe, Lübeck)
- Rechtserwerb nach 30jähriger Verjährung (prescription acquisitive: Code civil Artt. 2262, 2180)
- Unverjährbarkeit dinglicher Ansprüche (Hessischer Entwurf Art. II)
- Normale Verjährung dinglicher Ansprüche ohne Rechtserwerb (gemeines Recht, § 170 Sächs. GB, bayr. Entwurf. arg. III 80; Rechtsprechung in Österreich und Preußen).

Um ein *dominium sine re* möglichst auszuschließen, wurde folgende Regelung in einem § 942 a vorgeschlagen:[29]

„Der Eigenthumsanspruch auf Herausgabe einer beweglichen Sache unterliegt der Verjährung nicht, wenn derjenige, gegen welchen sich der Anspruch richtet, die Sache durch Diebstahl oder widerrechtliche Gewalt (durch eine vorsätzlich begangene strafbare Handlung) oder in Kenntnis solchen Erwerbes des Rechtsvorgängers erworben hat."

Ein § 184 a ergänzt:

„Wer eine bewegliche Sache während der zur Verjährung des Eigenthumsanspruches erforderlichen Frist besessen hat, erwirbt mit dem Eintritte der Verjährung des Anspruchs das Eigenthum an der Sache. Die Vorschriften der §§ 882 und 883 [heute §§ 949 und 938 BGB über Rechtsnachfolge und Vermutung des Eigenbesitzes bei Ersitzung] finden entsprechende Anwendung."

Diese Vorschläge wurden aus Rücksicht auf die allgemeine Problematik der Verjährung, auf andere Ansprüche und aus Sorge um die Rechtssicherheit abgelehnt, die Anomalie eines *dominium sine re* hingenommen und Restprobleme auf die Beratung des Sachenrechts verschoben. Bei den Beratungen des Sachenrechts jedoch kam man nicht wieder auf die Verjährung zurück.[30]

Fazit der Beratungen zum BGB ist: Man ging von einer Verjährung des Herausgabeanspruchs des Eigentümers gegen den Besitzer aus, ohne das Problem des *dominium sine re* zu lösen und die stoßende Folge zu vermeiden, daß der Eigentümer die gestohlene und verheimlichte Sache nach 30 Jahren nicht mehr herauszugeben braucht, ohne selbst Eigentümer oder berechtigter Besitzer zu sein. Im Endergebnis blieb man bei einer Verlegenheit. Eine Klarstellung unterblieb. Dieser hätte es aber bedurft, und zwar aus zunächst vier Gründen:

- Im Sachenrecht werden gutgläubige Erwerber und Besitzer von Sachen durch den gutgläubigen Erwerb (§§ 932–934, 935 II BGB) und die Ersitzung (§§ 937 ff. BGB) geschützt. Das gibt es nicht bei anderen Anspruchsobjekten.

---

29 *Mugdan* (oben Fn 27) 770 (Protokolle 390).

30 *Mugdan* (oben Fn 27) Bd. 1 I 772 (Protokolle 394–396); 840 (Denkschrift 33). *Mugdan* (oben Fn 27) Bd. 3, S. 666–671.

- Ein Hauptmangel des § 194 BGB besteht darin, daß er verschiedene Ansprüche nicht unterscheidet. Zum Beispiel werden selbständige und unselbständige Ansprüche[31] ebensowenig unterschieden wie Ansprüche, bei denen der Schuldner – wie bei der Vindikation – einen Zahlungsnachweis gar nicht zu führen hat.
- Bei einer Verjährung des Herausgabeanspruchs fallen Recht und dessen Ausübung auseinander: Der Besitzer braucht die Sache nicht herauszugeben, obwohl er kein Eigentum hat; der Eigentümer ist Inhaber des Vollrechts ohne das Recht, es auszuüben.
- Im Ergebnis schützt die Verjährung des Vindikationsanspruchs den Dieb und diejenigen, denen das Recht keinen Gutglaubensschutz (§§ 932ff., 937ff. BGB) angedeihen läßt.

Besonders der dritte Grund hat die Phantasie beflügelt. Um das eigenartige sachenrechtliche Ergebnis (Besitzer mit Abwehrpanzer, entrechteter Eigentümer mit nacktem Vollrecht) zu korrigieren, soll die Verjährung des Herausgabeanspruchs ausnahmsweise dinglich wirken und zum Eigentumswechsel führen, so daß der Besitzer die Sache durch blossen Zeitablauf erwerben würde.[32] Die meisten Autoren ziehen diese Schlußfolgerung nicht. Sie nehmen die Anomalie eines *dominium sine re* oder *nudum ius* hin, obwohl sie die Abtretbarkeit des Herausgabeanspruchs ohne Eigentumsübertragung (§ 931 BGB) dort mit dem richtigen Argument begründen, dieser Anspruch aus Eigentum sei vom Eigentum selbst nicht zu trennen. Deshalb sollte es auch ein Eigentum ohne durchsetzbaren Herausgabeanspruch nicht geben.

Ich bin mir nicht sicher, ob sich dieser ganze Aufwand lohnt; denn es besteht kein Bedürfnis, diejenigen zu schützen, denen nicht die Gutglaubensvorschriften der §§ 932ff., 937 BGB zugute kommen. Das zeigen zwei Beispiele.

Der Domschatz von Quedlinburg wurde bei der Besetzung Deutschlands vom amerikanischen Soldaten Jack Meador als „Souvenir" eingepackt und 1945 nach Hause (Texas) geschickt. Dorthin zurückgekehrt, versteckte er die Kostbarkeiten bei sich und erfreute sich ihrer, bis seine Erben sie im Jahre 1990 verkaufen wollten. Nach verbreiteter deutscher Auffassung wäre eine Herausgabeklage gegen Meador aussichtslos. Er bliebe im Besitz des Domschatzes, weil der Herausgabeanspruch im Jahre 1975 verjährt wäre. Daß Deutschland den Schatz „zurückkaufte" und nicht klagte, hatte besondere Gründe.[33] – Sollte das Bernstein-

---

[31] *Pawlowski* (oben Fn 25) 144.

[32] So allerdings nur *Wieling* (oben Fn 25) 7; *ders.* „Nuda proprietas", in: Sodalitas, Scritti in onore di Antonio Guarino (Neapel 1984) V 2519–2531 (2528).

[33] Vgl. *Kurt Siehr* Manuscript of the Quedlinburg Cathedral back in Germany: Int.J. Cultural Property I (1992) 215–217.

Zimmer aus dem Katharinenpalais in Zarskoje Selo oder Teile von ihm bei einem bösgläubigen Erwerber in Deutschland gefunden werden,[34] könnte er nach herrschender Meinung die Herausgabe verweigern. Die Bundesrepublik müßte die Gegenstände erwerben, um sie vertragsgemäß dem russischen Staat zurückzugeben.[35] Hier müßte sogar die Allgemeinheit dafür zahlen, daß nach herrschender Meinung Personen geschützt werden, die den Schutz gar nicht verdienen.

Schon der Rechtsverlust durch gutgläubigen Erwerb seitens Dritter ist rechtspolitisch nicht über jeden Zweifel erhaben.[36] Darauf hat Frank Peters dankenswerterweise erneut hingewiesen[37] und sollte denjenigen zu denken geben, die den Gutglaubensschutz zu einem stilprägenden Merkmal nationaler Rechtskultur zählen.[38] Selbst wenn man diesen Schutz Gutgläubiger gelten läßt, sollte man nicht auch noch den Dieb und seine Komplizen schützen. Das englische Law Reform Committee hat dies im Jahr 1973 deutlich ausgesprochen,[39] so daß die Herausgabeklage gegen den Dieb heute nach common law, englischem und schottischem Recht unverjährbar ist.[40] Justice Moses ließ sogar durchblicken, jede andere Regel verstoße gegen den englischen Ordre public.[41] Ob deutsche Gerichte wohl einen unverjährbaren Herausgabeanspruch nach englischem Recht als offensichtlich unvereinbar mit den „wesentlichen Grundsätzen des deutschen Rechts“ (Art. 6 EGBGB) erachten würden?[42] Ich glaube es nicht. Ich möchte den deutschen Richter sehen, der einem auf Herausgabe der Diebesbeute verklagten Dieb die Einrede der Verjährung zugesteht! Er wird an Rechtsmißbrauch

---

34 Vgl. *Wolfgang Schneider* Die neue Spur des Bernsteinzimmers (Leipzig 1994); *Günter Wermusch* Die Bernsteinzimmer-Saga (München 1991).

35 Vgl. Art. 16 des Vertrags vom 9.11.1990 über gute Nachbarschaft, Partnerschaft und Zusammenarbeit zwischen der Bundesrepublik Deutschland und der Union der Sozialistischen Sowjetrepubliken, BGBl. 1991 II 703, 1992 II 1016f.: „Die Bundesrepublik Deutschland und die Union der Sozialistischen Sowjetrepubliken werden sich für die Erhaltung der in ihrem Gebiet befindlichen Kulturgüter der anderen Seite einsetzen.
Sie stimmen darin überein, daß verschollene oder unrechtmäßig verbrachte Kunstschätze, die sich auf ihrem Territorium befinden, an den Eigentümer oder seinen Rechtsnachfolger zurückgegeben werden.“

36 Vgl. *Karl Binding* Die Ungerechtigkeit des Eigentumswerts von Nicht-Eigentümer nach BGB § 932 und § 935 und ihre Reduktion auf das kleinstmögliche Maß (Leipzig 1908).

37 *Frank Peters* Der Entzug des Eigentums an beweglichen Sachen durch gutgläubigen Erwerb (Tübingen 1991).

38 *Frank Vischer* Unidroit-Konvention und schweizerisches Recht. Gut gemeint – aber weit übers Ziel hinausschiessend: Neue Zürcher Zeitung 10.4.1996, S. 17.

39 S. oben bei und in Fn 9.

40 S. oben Fn 10 und 11.

41 S. Urteil bei II 4, S. 212ff.

42 Vgl. RG 19.12.1922, RGZ 106, 82: Unverjährbarkeit eines schweizerischen Verlustscheins verstoße gegen den deutschen Ordre public.

denken. Doch ist dies das richtige Hilfsmittel? Ist es rechtsmißbräuchlich, sich auf einen absurden Rechtssatz (Verjährung des Anspruchs gegen den Dieb auf Herausgabe der Diebesbeute) zu berufen? Nein, der Rechtssatz selbst ist falsch und sollte vergessen werden. Mut hierfür bietet die uns so verwandte und ähnliche schweizerische Rechtsordnung. Dort hat sich das Bundesgericht klar entschieden, daß ein Anspruch auf Herausgabe des Eigentums nicht verjährt.[43] Zusätzlich mag die deutliche Sprache des englischen Law Reform Committee zeigen,[44] daß die Schlußfolgerung der deutschen herrschenden Meinung bedenklich, wenn nicht gar „unannehmbar" (unacceptable) ist.

Dieser Wertung werden sich diejenigen nicht leicht anschließen, die in der Verjährung eine Garantie für Rechtssicherheit sehen oder aus systematischen Gründen nicht zwischen Herausgabe- und Schadenersatzansprüchen differenzieren wollen. Die Verjährung behandelt den faulen Schuldner besser als den nachlässigen oder gutmütigen Gläubiger. Obwohl jeder anständige Schuldner auch eine verjährte Schuld zahlt (deswegen nur die Einrede der Verjährung), erlaubt sie dem Schuldner, sich auf Zeitablauf zu berufen. Das mag im täglichen Rechtsverkehr zulässig sein, weil der Schuldner wissen muß, wie lange er Unterlagen aufbewahren muß. Aber muß deswegen der Dieb ohne dieses legitime Schuldnerinteresse gegen eine Herausgabeklage geschützt werden? Hierauf gibt es nur eine Antwort: nein! Auch das folgende systematische Bedenken führt zu keiner anderen Antwort: Wenn der Dieb die gestohlene Sache veräußerte, haftete er längstens dreissig Jahre lang auf Schadenersatz (§ 852 I BGB). Wieso sollte er dann länger als dreissig Jahre die gestohlene Sache selbst herausgeben müssen? Die Gegenfrage könnte auch lauten: Müßte der Dieb nicht auch unverjährbar auf Schadenersatz haften? Da uns aber durch § 852 I BGB die Hände gebunden sind, muß die Gegenfrage anders lauten: Wieso wird zugunsten des Diebes (also zulasten des Bestohlenen) die Verjährungsfrage stets in *favorem furis* beantwortet und nicht in *favorem laesi*? Wenn – wie hier – eine Angleichung nicht gelingt, muß der Dieb eben die Sache immer herausgeben, ihren Wert jedoch nur dreissig Jahre lang erstatten. Das ist sinnvoller als eine schematische Gesetzesharmonisierung zugunsten eines sehr unharmonischen Zeitgenossen.

---

43 BGer. 15.2.1922, BGE 48 II 38 (Quadri c. Hôtel Brissago). Hierbei half der engere Wortlaut des Art. 127 OR, wonach nicht Ansprüche, sondern „Forderungen" verjähren. Da jedoch das OR auch für das ZGB gilt (Art. 7 ZGB), mußte sich das Bundesgericht auch mit der Verjährung der Vindikation auseinandersetzen. Vier Argumente sprachen für die Unverjährbarkeit: der Schutz durch Ersitzung; die „strana ed artificiosa soluzione tedesca"; die kurze Verjährung nach 10 Jahren (Art. 127 OR); geringe Angst vor unverjährbaren Ansprüchen, Hierzu *Spiro* Die Begrenzung privater Rechte durch Verjährungs-, Verwirkungs- und Folgefristen II (Bern 1975) 1362f.

44 S. oben bei und in Fn 9.

b) Wirkung der Verjährung

Ein verjährter Anspruch kann befriedigt werden, das Geleistete darf nicht zurückgefordert werden (§ 222 II BGB), jedoch kann die Leistung mit der Einrede der Verjährung verweigert werden (§ 222 I BGB). Wird darüber im Prozeß entschieden, wird die Klage als unbegründet angewiesen, und damit hat der Streit ein Ende. Nicht so bei einem angeblich verjährten Anspruch auf Herausgabe einer Sache nach § 985 BGB. Das Eigentum bleibt trotz der Verjährungseinrede beim Gläubiger. Er behält ein nacktes Eigentum, muß es vielleicht sogar versteuern, hat jedoch für ihn keinen Wert mehr, es sei denn, er „entwendete“ es dem Besitzer. Anstatt diese komische Situation einer unnötigen Quasi-Enteignung durch Verjährung zum Anlaß zu nehmen, die Verjährbarkeit eines Vindikationsanspruchs zu verneinen, wird wieder nach der *harmonia mundi* für eine angeblich chaotische Situation geforscht und vorgeschlagen, einen neuen Grund für Erwerb und Verlust von Eigentum zu kreieren, nämlich durch Verjährung des Herausgabeanspruchs.[45] Ich habe nichts gegen Rechtsfortbildung. Hier ist sie jedoch unnötig; denn Ansprüche auf Herausgabe einer Sache verjähren nicht.

c) Zwischenergebnis

Angesichts dieser unsicheren Situation im deutschen Recht ist es verständlich, daß die Parteien nicht versucht haben, deutsches Recht im High Court of Justice klären zu lassen. Ausgehend von einer nicht dinglich wirkenden Verjährung des Vindikationsanspruchs, konzentrierten sie sich auf die Verjährungsfristen und deren Anwendung bei Rechtsnachfolge (§ 221BGB).

2. Verjährung bei Rechtsnachfolge (§ 221 BGB)

a) Wortlaut und Sinn des § 221 BGB

§ 221 BGB lautet:

„Gelangt eine Sache, in Ansehung deren ein dinglicher Anspruch besteht, durch Rechtsnachfolge in den Besitz eines Dritten, so kommt die während des Besitzes des Rechtsvorgängers verstrichene Verjährungszeit dem Rechtsnachfolger zustatten.“

Diese Vorschrift hat kein Gegenstück im englischen Recht; denn bei einer prozeßrechtlichen Qualifikation der Verjährung kann es keine Anrechnung von Verjährungsfristen geben. Deshalb ist bereits die englische Übersetzung des § 221 BGB schwierig, und ohne Erläuterung ihres Sinns einem Engländer unverständlich. Einem deutschen Juristen ist klar, daß bei einer Rechtsnachfolge (unter Lebenden oder von Todes wegen) ein neuer Anspruch entstehen kann und dann die Frage

---

[45] S. oben Fn 32.

zu beantworten ist, ob damit auch eine neue Verjährungsfrist zu laufen beginnt. Bei rein obligatorischen Ansprüchen ändert sich der Anspruch selbst nicht dadurch, daß auf der Seite des Gläubigers oder des Schuldners eine Rechtsnachfolge eintritt. Die Anspruchsberechtigung und Anspruchsverpflichtung gehen unverändert auf die Rechtsnachfolger über. Das ist anders bei sachenrechtlichen Ansprüchen, insbesondere dann, wenn beim Anspruchsgegner eine Rechtsnachfolge eintritt; § 221 BGB gilt für verjährbare selbständige dingliche Ansprüche (z. B. aus §§ 861 f., 1004 BGB). Aus seiner Existenz ergibt sich daher nicht, daß der dingliche Herausgabeanspruch verjährbar sein muß.

b) Konkrete Rechtsnachfolge

Das Gericht ging bei seiner Anhörung der Gutachter zum deutschen Recht von folgender Situation aus: Unterstellt, ein Herausgabeanspruch verjähre in dreißig Jahren gemäß § 194 BGB, kommt dem untreuen Rechtsnachfolger, der die Sache entgegen dem Willen des Rechtsvorgängers für sich behalten will und veräußert, die beim Rechtsvorgänger abgelaufene Verjährungsfrist zustatten? Anders ausgedrückt: Liegt eine Rechtsnachfolge i. S. des § 221 BGB auch dann vor, wenn der unmittelbare Fremdbesitzer einer Sache sich zum Eigenbesitzer aufschwingt und entgegen seinem Besitzmittlungsverhältnis zum mittelbaren Eigenbesitzer die Sache veräußert?

c) Analyse des deutschen Schrifttums zu § 221 BGB

Rechtsprechung zu § 221 BGB fehlt vollständig. Es gibt nur eine höchstrichterliche Entscheidung zu einer Frage, bei welcher der § 221 BGB gerade nicht gilt.[46] Also mußte im Zeugen- und Sachverständigenstand die Literatur zu § 221 BGB einem englischen Richter vermittelt und erläutert werden. Es gibt fast nur Kommentarliteratur von unterschiedlicher Ausführlichkeit. Bei der Analyse dieser Kommentarliteratur sind vier verschiedene Fragen auseinanderzuhalten.

(1) Sinn des § 221 BGB

Die Verjährung gibt dem Schuldner eine Einrede als Leistungsverweigerungsrecht. Schuldrechtliche Ansprüche verjähren – wie bereits gesagt (oben II 2 a) – ohne Rücksicht auf eine Rechtsnachfolge auf Seiten des Gläubigers oder Schuldners; denn der Anspruch bleibt derselbe, und für diesen sind bestimmte Verjährungsfristen vorgesehen. Diese Fristen laufen seit dem Beginn der Verjährung (§§ 198–201 BGB) und enden nach Ablauf der jeweiligen Verjährungsfrist. Was

---

[46] BGH 23.2.1973, s. oben Fn 26 (zu § 1004 BGB und einer Rechtsnachfolge auf der Seite des Gläubigers als des Verjährungsgegners).

für schuldrechtliche Ansprüche gilt, soll auch für sachenrechtliche Ansprüche zutreffen. Dazu bedurtfe es aber nach Auffassung des Gesetzgebers einer besonderen Vorschrift.

(2) Notwendigkeit des § 221 BGB

Im Sachenrecht gibt es nur einen Fall der unmittelbaren Rechtsnachfolge, nämlich beim Erbfall. Dies sagt der kürzeste Paragraph des BGB, nämlich § 857 BGB: „Der Besitz geht auf den Erben über." In vielen anderen Fällen der sog. Rechtsnachfolge gehen Ansprüche gegen den alten Schuldner unter und neue entstehen gegen den neuen Schuldner. So ist es z. B. wenn der Eigentümer das störende Grundstück verkauft oder – wenn man von der Verjährbarkeit des Herausgabeanspruchs nach § 985 BGB ausgeht – bei § 985 BGB. Wegen dieser häufig fehlenden Anspruchsidentität im Sachenrecht, erschien § 221 BGB als notwendig und eine Verweisung auf den sehr ähnlichen § 943 BGB für die Ersitzungsfrist als nicht genügend.

(3) Willentliche Rechtsnachfolge

Alle Autoren stimmen darin überein, daß – abgesehen vom Erbfall – der Rechtsnachfolger mit Wissen und Willen des Rechtsvorgängers in den Besitz der Sache gekommen sein muß.[47] Dieses Erfordernis, das nicht im Gesetz steht, ergibt sich aus folgenden Überlegungen. Wenn man von § 857 BGB absieht, gibt es, streng genommen, keine „Rechtsnachfolge in den Besitz" durch Rechtsgeschäft. Der Besitz wird erst durch „Erlangung der tatsächlichen Gewalt über die Sache" erworben (§ 854 I BGB). Aus dieser Ungenauigkeit des Gesetzgebers ergibt sich nur dann ein Sinn, wenn – wie bei einem Rechtsgeschäft – der Besitz mit Willen und Wissen des Rechtsvorgängers in die Hände des Rechtsnachfolgers übergegangen ist. Dieses Erfordernis der willkürlichen Besitzeinräumung bei Rechtsnachfolge unter Lebenden schränkt also den § 221 BGB nicht ein, sondern sagt nur das aus, was das Gesetz undeutlich ausgedrückt meint.

Negativ gefaßt, bedeutet das, daß kein Rechtsnachfolger ist, wer sich den Besitz eigenmächtig durch Diebstahl, Raub oder Okkupation verschafft hat. Wer diese

---

[47] *Coing* bei: Staudinger, Kommentar zum BGB mit EG und Nebengesetzen I (11. Aufl. Berlin 1957) § 221 Rn 5; *Dilcher* bei: Staudinger (oben) I/2 (12. Aufl. Berlin 1980) § 221 Rn 5; *v. Feldmann* in: Münchner Kommentar zum BGB I (3. Aufl. München 1993) § 221 Rn 2; *Palandt (-Heinrichs)* BGB (58. Aufl. München 1999) § 221; *Hefermehl* in: *Erman* Handkommentar zum BGB I (9. Aufl. Münster 1993) § 221 Rn 4; *Johannsen* in: RGR-Kommentar zum BGB I (12. Aufl. Berlin 1982) § 221 Rn 4; *F. Peters* bei: Staudinger (oben) §§ 164–240 (13. Aufl. Berlin 1995) § 221 Rn 5; *Soergel (-Walter)* BGB I (12. Aufl. Stuttgart 1988) § 221 Rn 2.

Eigenmacht begeht, kann nur in eigener Person die abgelaufene Verjährungsfrist in Anspruch nehmen.

(4) Besitzmittlungsverhältnis

Der unmittelbare Fremdbesitzer (im englischen ein bailee) ist nicht Rechtsnachfolger des mittelbaren Eigenbesitzers (bailor). Er leitet seinen Besitz vom mittelbaren Besitzer ab, der auch noch im mittelbaren Besitz der Sache bleibt. Viele Kommentatoren sagen deswegen ausdrücklich, daß durch Besitzmittlungsverhältnisse (Miete, Pacht, Leihe, Auftrag) keine Rechtsnachfolge begründet wird,[48] der Rechtsnachfolger müsse dieselbe Art von Besitz erhalten wie der Vorgänger.[49] Der unmittelbare Fremdbesitzer könne allenfalls über § 986 BGB ein Besitzesrecht geltend machen, wenn die Verjährung gegenüber dem mittelbaren Besitzer eingetreten sei.[50]

Diese Argumentation leuchtete dem englischen Richter ein; denn auch für ihn ist es schwer nachvollziehbar, einen *bailee* als Rechtsnachfolger oder Besitznachfolger des *bailor* anzusehen, mit dem er gerade die Berechtigung zum Besitz teilen will, er wird unmittelbarer Besitzer, der andere mittelbarer Besitzer (§ 868 BGB). Deshalb blieben die Stimmen, die bei § 221 BGB nicht zwischen unmittelbarem und mittelbarem Besitz unterscheiden wollen,[51] unbeachtet.

(5) Untreuer Besitzer

Selbst wenn ein unmittelbarer Fremdbesitzer von § 221 BGB nicht profitiert, bleibt die Frage, ob er sich auf die Verjährung berufen kann, die in der Person des mittelbaren Besitzers weiterlief und ihm die Einrede der Verjährung verschaffte. Ich bin nicht der Meinung, daß die Verjährung ein Recht zum Besitz verschafft, das über § 986 BGB auch dem unmittelbaren Besitzer zugute kommt. Ein anständiger Schuldner gibt zurück, andere berufen sich auf Verjährung und brauchen deshalb nicht herauszugeben, erhalten dadurch jedoch kein Recht zum Besitz gegenüber dem Eigentümer. Das steht nirgends und ist auch keine notwendige Konsequenz der Verjährung.

---

48 *Coing* (oben Fn 47) Rn 6; *Dilcher* (oben Fn 47) Rn 7; *Erman (-Hefermehl)* (oben Fn 47) Rn 3; *Soergel (-Walter)* (oben Fn 47) Rn 4.

49 *Johannsen* (oben Fn 47) Rn 3; sehr einschränkend auch *Ordemann* Zur Auslegung des § 221 BGB: JR 1961, 93f.

50 Vgl. z. B. *Soergel (-Walter)* (oben Fn 47) Rn 4.

51 *v. Feldmann* (oben Fn 47) Rn 4; *Peters* (oben Fn 47) Rn 7.

Wenn jedoch angenommen wird, über § 986 BGB komme auch die Verjährung des Herausgabeanspruchs gegenüber dem mittelbaren Besitzer dem unmittelbaren Besitzer zustatten, muß geprüft werden, ob dies auch für den untreuen Besitzer gilt, der in Verletzung seiner vertraglichen Pflichten die Sache unterschlägt und verkauft. *Helmut Coing* verneint als einziger die Frage klar und deutlich.[52] Andere bejahen sie und begründen das mit der Schwierigkeit, den Zeitpunkt der Unterschlagung festzustellen, und der fehlenden Rechtfertigung, die Verjährung schon mit dem Zeitpunkt der Willensübereinstimmung neu beginnen zu lassen.[53] Interessant an dieser Begründung ist ein typisches Argumentationsmuster des Verjährungsrechts. Obwohl die Verjährung nur eine Einrede gibt und die Beweislast für alle Verjährungsvoraussetzungen dem Schuldner obliegt, wird jede faktische Schwierigkeit und jedes rechtliche Hindernis zugunsten des Schuldners überwunden. Die Begründung hierfür fehlt. Die allgemeinen Floskeln über Rechtssicherheit und den Rechtsfrieden klingen sarkastisch, wenn dem Dieb nach 30jährigem Verbergen des Diebesgutes auf Kosten des Bestohlenen eine vermögensrechtliche „Resozialisierung" ermöglicht wird und er von der grausamen Unsicherheit befreit wird, ob er das Diebesgut zurückgeben muß oder nicht. Er soll nun auf fremde Kosten Frieden haben und der Eigentümer sogar rechtsmißbräuchlich handeln, wenn er sich die eigene Sache vom Dieb wiederbeschafft.[54]

Die Argumentation von *Helmut Coing* überzeugte das englische Gericht und konnte sich trotz „need for judicial comity" der Meinung von Richter B. v. Feldmann nicht anschließen.[55] So blieb Justice Moses eine Kontrolle des deutschen Rechts am englischen ordre public erspart: „Had I concluded that the plaintiffs' claim was barred under German Law, it would have been necessary to consider whether that law conflicted with English public policy."[56]

3. Zusammenfassung

Soweit das deutsche Verjährungsrecht überhaupt eine Rolle spielte, ging das Gericht in Übereinstimmung mit den Parteien davon aus, daß dingliche Herausgabeansprüche nach deutschem Recht verjähren. Es blieb die Frage, ob die deutsche Verjährungsfrist von 30 Jahren (§ 195 BGB) abgelaufen ist. Da der Besitz mehrfach gewechselt hatte, mußte § 221 BGB geprüft werden, eine still vor sich hin blühende Vorschrift, die bisher noch niemals Anlaß zu gerichtlichen Ausein-

---

52 *Coing* (oben Fn 47) Rn 5.

53 *v. Feldmann* (oben Fn 47) Rn 3.

54 Vgl. *Peters* (oben Fn 47) Rn 9.

55 Urteil S. 196ff.

56 Urteil bei II 4, S. 200.

andersetzungen gegeben hatte. Das englische Gericht folgte der deutschen Auslegung, wonach sie bei einem Besitzmittlungsverhältnis nicht anwendbar ist und von einem untreuen Besitzer, der die Sache unterschlagen hat, nicht angerufen werden kann.

III. Rückblick und Ausblick

1. Verfahren

a) Parteiherrschaft

Die Parteien bestimmen den Ablauf des Prozesses zu einem erheblichen Teil. Sie stellen Beweisanträge und stimmen sich sogar häufig untereinander ab, ob sie über eine Tat- oder Rechtsfrage streitig verhandeln wollen. Der Richter hört sich alles geduldig an und stellt selbst Fragen, um das ausländische Recht zu begreifen. Auch das führt zu einer sehr ausführlichen Aufklärung der Tat- und Rechtsfragen. Der Richter hat kaum die Möglichkeit, den Parteien Beweisanträge mit der Begründung zu untersagen, auf gewisse Beweise komme es gar nicht an, sie könnten dahin gestellt bleiben.

b) Verfahren

Anders als in Deutschland ist im englischen Zivilprozeß der Nachweis ausländischen Rechts Sache der Parteien. Diese benennen ihre Sachverständigen, die als „expert witnesses" dem Gericht und der Gegenpartei im Kreuzverhör Rede und Antwort zu stehen haben. Das hat Vor- und Nachteile. Die Vorteile eines Kreuzverhörs sind offensichtlich:

- Nicht persönliche Auffassungen des Gutachters sind gefragt, sondern der akribische nachprüfbare Nachweis des geltenden Rechts.
- Verlangt wird absolute Objektivität. Wer nicht die Gegenargumente ernst nimmt und sie selbst zur Sprache bringt, muß spätestens im Kreuzverhör zu ihnen Stellung nehmen.
- Wer nicht genau genug Stellung nimmt, hat es im Zeugenstand schwer, aus dem Stegreif ein objektives Gutachten zu liefern.
- Wer sich in Widersprüche verwickelt, büßt an Glaubwürdigkeit ein.
- Ausländern fällt es schwer, die Köstlichkeiten kontinentaleuropäischer Dogmatik zu genießen. Wer nicht trotzdem eine plausible und einleuchtende Lösung anbietet, wird einen schweren Stand haben.

Die Nachteile einer solchen Vernehmung von Gutachtern liegen auf der Hand: sie ist sehr teuer.

Was sich aus dem Urteil nicht ergibt, ist der Verfahrensablauf. Wenn der Gerichtstermin angesetzt wird, haben „solicitors" und dann „barristers" bereits jahrelang sich mit dem Fall beschäftigt, Tatsachen abgeklärt, Rechtsfragen beantwortet, mit den Gegenanwälten Schriftsätze ausgetauscht. Deshalb kann für das Gerichtsverfahren ein ziemlich genauer Zeitplan aufgestellt werden, so daß dann an zwei, drei, vier aufeinander folgenden Tagen die Anhörung der Sachverständigen erfolgen kann und die Plädoyers stattfinden können. Nicht bei Gericht zieht sich das Verfahren in die Länge, allenfalls bei den Anwälten, die dann zur Verhandlung mit Gepäckkarren voller Aktenordner erscheinen, damit diese jederzeit griffbereit sind.

c) Urteil

Nichts spiegelt die typische Atmosphäre im High Court of Justice im allgemeinen und über ein Gemälde von Joachim Wtewael aus Kupfer im besonderen wider als der Satz von Justice Moses in seiner Zusammenfassung über die beteiligten Rechtsanwälte: „Ihr Vortrag, ihre Übersetzungen und ihre Führung durch unvertrautes Gelände leuchteten, als wären sie auf Kupfer gemalt."[57]

2. Rechtsfindung

a) Englisches Recht

Wichtig ist die Entscheidung für zwei Rechtsprobleme: Zum einen wird jetzt festgestellt, daß auch die im Ausland gestohlenen Gegenstände zurückzugeben sind, wenn sie in der Zwischenzeit nicht gutgläubig erworben worden sind. Zum anderen ist für das Foreign Limitation Periods Act 1984 klargestellt worden, daß ausländische Verjährungsvorschriften auch dann eine Rolle spielen, wenn die Herausgabeklage englischem Recht unterliegt.

b) Deutsches Recht

Die englische Entscheidung ist das erste Urteil überhaupt, das sich ausführlich mit § 221 BGB beschäftigt. Es gibt kein deutsches Urteil, das Ähnliches getan hätte. Das englische Gericht ist zu dem m. E. richtigen Ergebnis gekommen:

- § 221 BGB gilt nicht für eine „Rechtsnachfolge" oder Besitznachfolge durch einen Fremdbesitzer (bailee). Er teilt den Besitz mit dem mittelbaren Besitzer, ist nicht dessen Nachfolger.
- Einem untreuen Besitzer, der die Sache unterschlägt, kommt der Ablauf der Verjährungsfrist beim mittelbaren Besitzer nicht zustatten

---

[57] Urteil bei „Conclusions", S. 216f.

Nicht entschieden zu werden brauchten die Fragen, ob ein Herausgabeanspruch nach § 985 BGB überhaupt verjährbar ist und, sollte dies der Fall sein, welche Wirkung eine Verjährung hat. Beide Fragen sind dem Gericht nicht zur Entscheidung unterbreitet worden. Der Richter mußte von dieser Situation ausgehen und die beiden entschiedenen Fragen beantworten, und zwar unter der als richtig unterstellten Voraussetzung, daß ein Herausgabeanspruch verjähren kann.

3. Rechtsvergleichende Bemerkungen

Wie bereits gezeigt, verjährt eine Herausgabeklage weder im Vereinigten Königreich[58] noch in der Schweiz[59] Doch wie sieht es in anderen Rechtsordnungen aus? Eine umfassendere Umschau in unseren Nachbarstaaten kann nicht schaden.

a) Frankreich

Der französische Code civil von 1803/04 unterscheidet bei der Verjährung diejenige mit erlöschender Wirkung (la prescription extinctive) von derjenigen mit erwerbender Wirkung (la prescription acquisitive). Letzte wird auch Ersitzung (l'usucapion) genannt. Für Mobilien fehlt eine Vorschrift für die Ersitzung. Der gutgläubige Erwerb (Art. 2279 I Code civil: „En fait de meubles la possession vaut titre.") ist – wie das titulus-Erfordernis zeigt – eine Art sofortige Ersitzung kraft guten Glaubens. Im übrigen fragt sich, ob eine Sache durch dreissigjährige Verjährung des Herausgabeanspruchs erworben wird.[60] Die Rechtsprechung verneint generell eine Verjährung des Anspruchs auf Herausgabe jeder Sache mit erlöschender Wirkung,[61] und einige Autoren folgen dieser Rechtsprechung.[62] Doch scheint diese Auffassung nicht unumstritten zu sein.[63] Sicher jedoch ist, daß Kunstwerke, die zum „domaine public" gehören, nicht veräussert und ersessen werden können und daß die Ansprüche auf Herausgabe dieser Gegenstände nicht verjähren.[64]

---

58 S. oben bei Fn 11.

59 S. oben bei Fn 43.

60 Art. 2262 Code civil lautet: „Toutes les actions, tant réelles que personnelles, sons prescrites par trente ans, sans que celui qui allègue cette prescription soit obligé d'en rapporter un titre, ou qu'on puisse lui opposer l'exception déduite de la mauvaise foi."

61 Cass. 2.6.1993, D. 1994, 582, 593 = Rep. Defrénois 1994, 414 = Rev.trim.dr.civ. 1994, 389 = Gaz.Pal. 1993, Panor. 269 (Goldfinger c. Sebastien): „La propriété ne s'éteignant pas par le non-usage, l'action en revendication n'est pas susceptible de prescription extinctive."

62 *Bouloc* Revendication, in: Répertoire de droit civil, Bd. VIII (Paris 1997) No. 5; *Terré/Simler* Droit civil, les biens (5. Aufl. Paris 1998) 362 bei Fn 4.

63 Vgl. *Ferid/Sonnenberger* Das französische Zivilrecht, 2. Aufl. Bd. 1 (1994) 1 C 199 bei Fn 325; Bd. 2 (1986) 3 A 213 bei Fn 17.

64 Art. L 52 des Code du domaine de l'Etat: „Les biens du domaine public sont inaliénable et imprescriptibles."

b) Österreich

Das österreichische ABGB von 1811 läßt den gutgläubigen Erwerb beweglicher Sachen zu (§ 367 ABGB) und die Ersitzung von Mobilien binnen dreier Jahre (§§ 1452, 1462 ABGB). Außerdem bestimmen §§ 1459 Satz 1, 1481 ABGB, daß Eigentumsrechte nicht verjähren. Diese Vorschriften lauten:

„§ 1459 Die Rechte eines Menschen über seine Handlungen und über sein Eigentum, z. B. eine Ware da oder dort zu kaufen, seine Wiesen oder sein Wasser zu benutzen, unterliegen, außer dem Falle, daß das Gesetz mit der binnen einem Zeitraume unterlassenen Ausübung ausdrücklich den Verlust derselben verknüpft, keiner Verjährung.

§ 1481 Die in dem Familien- und überhaupt in dem Personenrecht gegründeten Verbindlichkeiten ... sowie diejenigen, welche dem oben (§ 1459) angeführten Rechte, mit seinem Eigentum frei zu schalten, ... können nicht verjährt werden."

Ansprüche auf Herausgabe einer Sache unterliegen deshalb keiner Verjährung.[65] Gutgläubiger Erwerb und Ersitzung nehmen alleine die Befriedungsfunktion wahr.

c) Italien

Eindeutig ist der Codice civile von 1942. Nach Art. 948 III Codice civile verjährt der Anspruch auf Herausgabe des Eigentums (l'azione di rivendicazione) nicht.[66] Dort heißt es:

„L'azione di rivendicazione non si prescrive, salvi gli effetti dell'acquisto della proprietà da parte di altri per usucapione."

Ebenfalls hier genügen der gutgläubige Mobiliarerwerb (Artt. 1153ff. Codice civile) und die zehnjährige gutgläubige Ersitzung (Art. 1161 Codice civile), um die Rechtssicherheit zu gewährleisten. Eine bösgläubige Ersitzung nach Art. 1161 II Codice civile ist bei fehlerhaftem Besitz eines Diebes (Art. 1163 Codice civile) nicht möglich. Im übrigen sind Kunstwerke des „demanio pubblico" unveräußerlich (Artt. 823 I, 826 Codice civile) und können auch nicht ersessen werden.

d) Niederlande

Nach dem neuen Burgerlijk Wetboek (BW), dessen Buch 3 über das allgemeine Vermögensrecht am 1.1.1992 in Kraft getreten ist, gibt es einen Eigentumserwerb durch Verjährung [BW 3: 80 (3)]. Im Rahmen des Herkömmlichen bewegt sich

---

65 *Koziol/Welser* Grundriß des bürgerlichen Rechts I (9. Aufl. Wien 1992) 186; *Rummel (-Schubert)* Kommentar zum ABGB II (2. Aufl. Wien 1992) § 1481 ABGB Rz. 2; *Schwimann (-Mader)* ABGB V (Wien 1987) § 1479 ABGB Rn 2.

66 Vgl. *Cian/Trabucchi (-Belloni Peressutti)* Commentario breve al Codice civile (5. Aufl. Padova 1997) Art. 948 Anm. I 2.

noch der gutgläubige Erwerb [BW 3: 99 (1)]. Dann jedoch sagt BW 3: 105 (1) mit der Marginalie „Verkrijging door extinctieve verjaring“:

„1. Hij die een goed bezit op het tijdstip waarop de verjaring van de rechtsvordering strekkende tot beëindiging van het bezit wordt voltooid, verkrijgt dat goed, ook al was zijn bezit niet te goeder trouw.“[67]

Die in dieser Vorschrift genannte Frist beträgt 20 Jahre (BW 3: 306), und zwar bei Besitzentziehung seit diesem Zeitpunkt BW 3: 314 (2)]. Folge dieser Situation ist, daß man die Niederlande als „Paradies für Diebe“ nennt[68] und darüber nachdenkt, wie man – gerade im Hinblick auf Kunstdiebstähle[69] – über das Strafrecht diesen Mißstand korrigieren kann.[70]

e) Zwischenergebnis

Ob der Anspruch gegen den Dieb auf Herausgabe des Eigentums verjähren kann, ist nicht gerade ein häufig auftretendes Problem. Manche Rechtsordnungen verneinen klar diese Frage (Italien, Österreich, Schweiz, Vereinigtes Königreich), andere legen sich nicht fest (Frankreich). Wo die Frage eindeutig verneint wird wie in den Niederlanden, ist man – gerade im Hinblick auf Kunstdiebstähle – betroffen und sucht diesem Mißstand abzuhelfen, so gut es geht. Niemand will zu recht in einem „Paradies für Diebe“ leben.

4. Ausblick

a) Gestohlenes Kulturgut

Der Prozeß ist von der Bundesrepublik geführt und finanziert worden, um ein englisches Präjudiz zur Rückgabe von Beutekunst zu erhalten. Dieses Ziel hat sie erreicht. Doch auch aus einem anderen Grund muß uns das Urteil zu denken geben.

---

[67] „1. Derjenige, der eine Sache in dem Zeitpunkt besitzt, in dem die Frist der Verjährung des Anspruchs auf Herausgabe des Besitzes abläuft, erwirbt die Sache auch dann, wenn er den Besitz nicht gutgläubig erworben hatte.“

[68] *Neleman* Thieves' paradise revisited, in: Brunner-Bundel. Opstellen of 15 april 1994 aangeboden aan prof. mr. C. J. H. Brunner (Deventer 1994) 192–302; Vgl. *Wissink* De reikwijdte van het cultuurgoederen-regime in Boek 3 BW: Weekblad voor privaatrecht, notariaat en registratie 1998, 455–462 (458); *Wiersma* Geen verjaring zonder redelijkheid, in: Privaatrecht en Gros. Opstellen F. W. Grosheide (Antwerpen/Groningen 1999) 39–51 (46–48).

[69] *Brunner* Dief wordt eigenaar, in: Quod licet. Kleijn-Bundel. Bundel aangeboden aan prof. mr. W. M. Kleijn (Deventer 1992) 45–53.

[70] Vgl. *Huyten* (On')eerlijk duurt haet langst' of hoe het Burgerlijk Wetboek een gelegenheid tot (kunst)diefstal schept: Ars aequi 1995, 454–460.

b) Verjährbarkeit von Herausgabeansprüchen

Das Ergebnis, zu dem die Verjährung von Herausgabeansprüchen führt, wird charakterisiert als *dominium sine re*,[71] „Übelstand“,[72] „Rechtskrüppel“,[73] „leerlaufendes“ Eigentum,[74] „sonderbare und gekünstelte Lösung“ (strana ed artificiosa soluzione[75]). Damit nicht genug. Gefragt wird, ob der Eigentümer doch noch Rechte hat, z. B. auf Schadenersatz bei Zerstörung seiner Sache,[76] ob der Eigentümer die Sache dem Besitzer wegnehmen darf[77] und dann eine neue Verjährungsfrist beginnt, ob sich der Eigentümer dann darauf berufen dürfe. Angesichts dieser Bilanz muß man sich fragen, wie absurd eigentlich Ergebnisse sein müssen, damit man von der unsinnigen Annahme, Herausgabeansprüche verjährten, Abschied nimmt. Wenn wenigstens ein Bedürfnis für diese Annahme bestünde. Selbst daran fehlt es. Gutgläubige werden nach §§ 939 II, 932, 937 BGB geschützt. Übrig bleiben der Dieb und seine Konsorten. Wohl bei keiner Frage des Zivilrechts macht man sich so viel Sorgen um das Wohl, die Sicherheit, den Seelenfrieden dieser Spitzbuben. Man fühlt sich ins Sozialrecht versetzt, wenn man die Ausführungen zum Bedürfnis nach Rechtssicherheit beim Dieb liest.

Zum Schluß muß darauf hingewiesen werden, daß die ganze Problematik, die bisher nur die Phantasie der Autoren beflügelt hat, von großer Aktualität ist. Der Gotha – Fall zeigt es, und ich möchte nicht wissen, wie deutsche Gerichte entschieden hätten. In anderen Ländern sind Kulturgüter als *res extra commercium* unverkäuflich, unersitzbar und unverjährbar, und wir machen uns Sorgen um die Rechtssicherheit des Diebes! Bereits oben wurde darauf hingewiesen,[78] daß uns das teuer zu stehen kommen kann. Die Verjährbarkeit der *rei vindicatio*

---

71 Vgl. etwa *F. Peters* (oben Fn 47) § 194 Rn 19; *Planck* (oben Fn 25) § 194 Anm. 3.

72 *v. Feldmann* (oben Fn 47) § 194 Rn 21.

73 *Heck* (oben Fn 25) 128.

74 *Palandt (-Heinrichs)* (oben Fn 47) § 194 Rn 4.

75 BGer. 15.2.1922 (oben N. 43) 45 (Quadri c. Hôtel Brissago). Dort heißt es: „Non è lecito ammettere che il CCS abbia inteso accettare questa strana ed artificiosa soluzione che invero, nell'ipotesi di possesso derivato, è quella del diritto civile germanico secondo il quale, trascorso il termine di prescrizione (che è, in quella legislazione, di anni 30), rimane al proprietario un cosidetto dominium in re, vale a dire un diritto di proprietà sui generis, che è imprescrittibile, ma spoglio dell'attributo essenziale di rivendicazione.“ Zu deutsch: „Es kann nicht angenommen werden, daß das ZGB diese sonderbare und gekünstelte Lösung übernehmen wollte, die aber in der Tat im Fall eines abgeleiteten Besitzes die Lösung des deutschen Privatrechts ist, wonach bei Ablauf der Verjährungsfrist (die in dieser Rechtsordnung 30 Jahre beträgt) dem Eigentümer das sogenannte *dominium in re* bleibt, also ein Eigentumsrecht *sui generis*, das unverjährbar ist, dem das Hauptmerkmal des Herausgabeanspruchs aber fehlt.“

76 *Gursky* (oben Fn 25) § 985 Rn 91.

77 Verneinend *Heck* (oben Fn 25) 128.

78 S. oben bei Fn 34.

ist nicht nur „strana ed artificiosa“, sie ist unsinnig und sollte als begriffsjuristischer Irrtum anerkannt sowie als Ursache grotesker Konsequenzen begraben werden. Trotzdem sehe ich diesem Begräbnis mit einer gewissen Trauer entgegen. Es verschwänden scharfsinnige, abenteuerliche und manchmal kabarettreife Erörterungen über die Konsequenzen einer unzulänglich motivierten Verirrung der Motive zum BGB. Kabarettreif deswegen, weil man nie ganz sicher ist, ob die Autoren wirklich ernsthaft meinen, was sie zu Papier bringen. Dahin wäre auch die Verwunderung ausländischer Gerichte über unsere Lösung und das Überleben einer Diskussion, an der *Rudolf von Jhering* mit seinem Cerebrarium seine Freude gehabt hätte.

IV. Summary

In the Gotha case the problem of statute of limitations, the running of limitation periods and the provision of § 221 BGB were of utmost importance. It was taken for granted that under German law also the right of recovery (Vindikation according to § 985 BGB) is statute barred after a period of thirty years (§ 195 BGB), but no title is transferred to the person in possession by the expiry of the limitation period of thirty years. In the present paper the author challenges the time limitation of the right of recovery (§ 985 BGB). He advocates that a thief cannot take advantage of any statute of limitations and that against him there is an unlimited right of recovery of the stolen object.

Urteile

Urteil des Londoner *High Court of Justice* vom 9. September 1998 (englisch / deutsch)

Case No: 1993 C 3428
Case No: 1997 G 185

IN THE HIGH COURT OF JUSTICE
QUEEN'S BENCH DIVISION

BEFORE **MR JUSTICE MOSES**

BETWEEN	**CITY OF GOTHA** (A Body Corporate) **– and –**	**Plaintiff**
	(1) SOTHEBY'S (an unlimited company) **(2) COBERT FINANCE S. A.**	**Defendants**
AND BETWEEN	**THE FEDERAL REPUBLIC OF GERMANY** **– and –**	**Plaintiff**
	(1) SOTHEBY'S (an unlimited company) **(2) COBERT FINANCE S. A.**	**Defendants**

Mr Alexander Layton QC and Miss Monica Carss-Frisk (instructed by Messrs Frere Cholmeley Bischoff) appeared on behalf of the Plaintiffs.

Mr Michael Brindle QC and Mr Bankim Thanki (instructed by Messrs Herbert Smith) appeared on behalf of the second Defendants.

This is the official judgment of the court and I direct that no further note or transcript be made

The Hon Mr Justice Moses **9th September 1998**

Fall Nr. 1993 C 3428
Fall Nr. 1997 G 185

IM HIGH COURT OF JUSTICE
QUEEN'S BENCH DIVISION

VERHANDELT VOR MR. JUSTICE MOSES

ZWISCHEN **STADT GOTHA** **Kläger**
(einer Gebietskörperschaft)
– und –
(1) SOTHEBY'S **Beklagte**
(einer Kapitalgesellschaft mit unbeschränkter Haftung)
(2) COBERT FINANCE S. A.

UND ZWISCHEN **BUNDESREPUBLIK DEUTSCHLAND** **Kläger**
– und –
(1) SOTHEBY'S **Beklagte**
(einer Kapitalgesellschaft mit unbeschränkter Haftung)
(2) COBERT FINANCE S. A.

Mr. Alexander Layton QC und **Miss Monica Carss-Frisk** erschienen (im Auftrag der Anwaltskanzlei Frere Cholmeley Bischoff) im Namen der Kläger.

Mr. Michael Brindle QC und Mr. Bankim Thanki erschienen (im Auftrag der Anwaltskanzlei Herbert Smith) im Namen der Beklagten zu zwei.

Dies ist das amtliche Urteil des Gerichts, und ich ordne an, daß keine weitere Aufzeichnung oder Abschrift angefertigt wird.

Der Ehrenwerte Mr. Justice Moses **9. September 1998**

Introduction

In 1603 Joachim Wtewael painted The Holy Family with Saints John and Elizabeth; at their side are three angels playing music. A young callipygian St John supports a book read by his mother, St Elizabeth. Flaunting the style of Correggio which, like other Dutch artists before him, the painter had admired during his travels in Italy, he crowds the copper surface of only 21 × 16 cm. with descending putti, fragments of a Corinthian column and classical ruins in the background. The picture is a notable example of Dutch mannerism, a style which Wtewael adopted when he returned to Utrecht in parallel to others in Haarlem who had responded to the Italian influence.

The size of the painting is not merely such as to permit its owner to enjoy its sensuous and spiritual delights by holding it for closer examination. A cabinet painting attracts the thief and smuggler. As in the pillage of Rome, so Gibbon records, "just preference" was given to that which "contained the greatest value in the smallest compass and weight". At the end of the Second World War it disappeared from the collection in the gallery of the Ducal Family of Saxe-Coburg-Gotha in the city of Gotha. It was smuggled from Moscow in the mid 1980s, emerged briefly in West Berlin in 1987, and disappeared, only to reappear when offered for sale by Sotheby's in 1992.

The plaintiffs claim the return of the painting in conversion against a Panamanian Corporation, Cobert Finance S. A. ("Cobert"). An earlier action was brought by the City of Gotha against Sotheby's. The two actions have been consolidated. Sotheby's has taken no further part in the proceedings pending resolution of the dispute between the plaintiffs and Cobert. The Federal Republic of Germany claims ownership of the painting. The City of Gotha asserts a possessory title to it. The plaintiffs claim declaratory relief, an order for delivery up and/or damages on the grounds that Cobert converted the painting by taking constructive delivery of it in March 1989, by consigning it to Sotheby's for sale at that time, by offering it for sale through Sotheby's to the City of Gotha in October 1991 and/or by demanding its return from Sotheby's in August 1993.

Einleitung

Im Jahre 1603 malte Joachim Wtewael die Heilige Familie mit dem heiligen Johannes und der heiligen Elisabeth; seitlich von ihnen befinden sich drei musizierende Engel. Ein junger kalipygischer heiliger Johannes hält ein Buch, das von seiner Mutter, der heiligen Elisabeth, gelesen wird. Den Stil Correggios imitierend, den er, wie andere niederländische Maler vor ihm, auf seinen Reisen in Italien bewundert hatte, bevölkert er die Kupferoberfläche von nur 21 × 16 cm dicht mit herabsteigenden Putti, Bruchstücken einer korinthischen Säule und klassischen Ruinen im Hintergrund. Das Bild ist ein beachtenswertes Beispiel des niederländischen Manierismus, dessen Stil Wtewael sich nach seiner Rückkehr nach Utrecht zu eigen machte, ebenso wie andere Maler in Harlem, die auf den italienischen Einfluß reagiert hatten.

Die Größe des Gemäldes ermöglicht es nicht nur seinem Besitzer, sich an seiner sinnlichen und geistlichen Schönheit zu erfreuen, indem er es zur näheren Betrachtung in der Hand hält. Ein kleinformatiges Gemälde zieht Diebe und Schmuggler an. Wie beispielsweise bei der Plünderung Roms, nach Gibbon, solchen Objekten „gut begründeter Vorzug" gegeben wurde, die „den größten Wert beim kleinsten Ausmaß und Gewicht" aufwiesen. Am Ende des Zweiten Weltkrieges verschwand das Gemälde aus der Sammlung in der Galerie der herzoglichen Familie von Sachsen-Coburg und Gotha in der Stadt Gotha. Es wurde Mitte der achtziger Jahre aus Moskau herausgeschmuggelt, erschien 1987 kurz in Westberlin, verschwand von neuem und tauchte erst wieder auf, als es 1992 von Sotheby's zum Verkauf angeboten wurde.

Die Kläger fordern die Rückgabe des Gemäldes von einer panamaischen Gesellschaft Cobert Finance S. A. („die Firma Cobert"), aufgrund von verbotener Eigenmacht (conversion – im englischen Recht ein Tort, also Teil des Deliktsrechts – Anm. d. Übersetzers). Die Stadt Gotha hatte bereits vorher ein Verfahren gegen Sotheby's eingeleitet. Die beiden Klagen sind miteinander verbunden worden. Sotheby's hat bis zur Entscheidung über den Streit zwischen den Klägern und der Firma Cobert nicht weiter an dem Verfahren teilgenommen. Die Bundesrepublik Deutschland erhebt Anspruch auf das Eigentum an dem Gemälde. Die Stadt Gotha macht ein Besitzrecht darauf geltend. Die Kläger fordern feststellenden Rechtsschutz, einen Gerichtsbeschluß auf Herausgabe und/oder Schadenersatz mit der Begründung, die Firma Cobert habe verbotene Eigenmacht an dem Gemälde begangen, indem im März 1989 eine mittelbare Besitzverschaffung an sie stattgefunden habe, sie das Gemälde damals bei Sotheby's zum Verkauf eingeliefert habe, es durch Sotheby's der Stadt Gotha im Oktober 1991 zum Kauf angeboten und/oder im August 1993 von Sotheby's seine Rückgabe gefordert habe.

The case is as packed with different characters and issues as the images in the painting. I have been introduced to SMERSH, trophy brigades, the art smugglers of Moscow and "Big Mamma" in order to resolve disputes of fact and to the learning of commentators on the German civil code in order to resolve disputes of German law. The two crucial disputes are: –

(I) Whether the Federal Republic of Germany can establish title to the painting; and

(II) Whether, if it can, its claim is time-barred under the German law of limitation.

Under Section I relating to the Federal Republic of Germany's claims to title, the following issues arise: –

I.1 Whether as a matter of fact it can be established that the painting was in Thüringia in 1945 and 1946;

I.2 Whether title to the painting passed to the Land of Thüringia by virtue of the confiscation police order of 6 July 1945 read with the expropriation Law of 9 October 1945 or, if the painting was still in Thüringia in July 1946, by the operation of the Law of 24 July 1946;

I.3 Whether title to the painting passed to the Land of Thüringia by virtue of the dissolution of the Art Foundation on 14 October 1950;

I.4 Whether an English Court will recognise or enforce the Federal Republic of Germany's title to the painting under German law;

I.5 Whether the arrival of the painting in West Berlin, allegedly via East Germany in 1987 perfects an inchoate expropriation;

I.6 Whether the City of Gotha has a right to possession of the painting.

Under Section II in relation to limitation, the following issues arise: –

Dieser Rechtsstreit ist genauso dicht bevölkert mit eigenartigen Persönlichkeiten und Themen wie die Detaildarstellungen in dem Gemälde. Ich wurde zur Klärung strittiger Tatbestandsfragen mit dem SMERSH, Beutekunstbrigaden, den Kunstschmugglern von Moskau und „Big Mamma" vertraut gemacht und bei der Klärung von strittigen Fragen des deutschen Rechts habe ich die Gelehrsamkeit von Kommentatoren des Bürgerlichen Gesetzbuchs kennengelernt. Die zwei entscheidenden Streitpunkte sind die folgenden:

(I) Kann die Bundesrepublik Deutschland Eigentum an dem Gemälde nachweisen?
und

(II) wenn dies der Fall ist, ist ihr Anspruch (auf Herausgabe) nach deutschem Verjährungsrecht verjährt?

Unter Abschnitt I, der sich auf den Anspruch der Bundesrepublik Deutschland aus Eigentum bezieht, ergeben sich folgende Streitpunkte:

I.1 Kann tatbestandlich nachgewiesen werden, daß sich das Gemälde in den Jahren 1945 und 1946 in Thüringen befunden hat?

I.2 Ist das Eigentum an dem Gemälde kraft der polizeilichen Beschlagnahmeverfügung vom 6. Jui 1945 in Verbindung mit dem Enteignungsgesetz vom 9. Oktober 1945, oder, falls sich das Gemälde im Juli 1946 noch in Thüringen befand, kraft des Gesetzes vom 24. Juli 1946 auf das Land Thüringen übergegangen?

I.3 Ist das Eigentum an dem Gemälde infolge der Auflösung der Kunststiftung am 14. Oktober 1950 auf das Land Thüringen übergegangen?

I.4 Wird ein englisches Gericht das Eigentum der Bundesrepublik Deutschland an dem Gemälde nach deutschem Recht anerkennen oder durchsetzen?

I.5 Vervollständigt das Auftauchen des Gemäldes in Westberlin im Jahre 1987, angeblich über Ostdeutschland, eine noch unvollständige Enteignung?

I.6 Hat die Stadt Gotha ein Besitzrecht an dem Gemälde?

Unter Abschnitt II, der sich auf die Verjährung bezieht, ergeben sich folgende Streitpunkte:

II.1 (dealt with in this judgment after the findings of fact in relation to title) Whether as a matter of fact the painting was misappropriated by a subsequent possessor after it had been stolen from Gotha;

II.2 Whether the German limitation period is relevant pursuant to Section 1 of The Foreign Limitation Periods Act 1984;

II.3 Whether, if German law is relevant, the right to recovery is statute barred under German law;

II.4 Whether pursuant to Section 2 (1) of the Foreign Limitation Periods Act 1984 I should disapply German law, if it bars the claim, on the grounds that it conflicts with English public policy.

Background Facts

The following facts are not in dispute. Duke Ernst the Pious started to buy paintings in 1656. The painting was in the possession of the Ducal Family of Saxe-Coburg-Gotha for many years. It appears in the 1826 catalogue of the paintings in the Ducal gallery in Gotha. In 1855 by a settlement between the reigning Duke and His Royal Highness the Prince Albert, by then married and abroad, and the Ducal State Ministry of Gotha, the art collection was acknowledged as property of the Dynastic House of the Duke. The painting remained in the Ducal picture gallery at Schloss Friedenstein, the history of which was described in a catalogue in 1883. It appears that the painting was available for public view at least from the time when the museum was opened in 1879. In July 1905, pursuant to an Act partitioning state property and a related settlement between the Duke and the Duchy, the art collection was declared part of the entailed estate.

On 9th November 1918 the workers' and soldiers' council of Gotha deposed the Duke of Saxe-Coburg-Gotha. The constitution of the German Reich of 11th August 1919 required the dissolution of entailed estates, the assets of which included the art collection.

Faced with the revolutionary zeal of the socialist Weimar Republic, the entailed estate was voluntarily dissolved. In November 1927 a settlement agreement be-

II.1 (Dieser Aspekt wird hier nach der Tatbestandsfeststellung zum Eigentum behandelt) Ob tatbestandlich verbotene Eigenmacht an dem Gemälde durch einen späteren Besitzer verübt wurde, nachdem das Gemälde aus Gotha gestohlen worden war;

II.2 ob die deutsche Verjährungsfrist gemäß Section 1 des Foreign Limitation Periods Act von 1984 (englisches Gesetz bezüglich ausländischer Verjährungsfristen, Anm. d. Übers.) zu berücksichtigen ist;

II.3 ob, wenn deutsches Recht zu berücksichtigen ist, das Recht auf Herausgabe nach deutschem Recht verjährt ist;

II.4 ob ich, wenn der Anspruch nach deutschem Recht verjährt wäre, nach Section 2(1) des Foreign Limitation Periods Act von 1984 die Anwendung des deutschen Rechts mit der Begründung ausschließen sollte, daß es gegen den englischen *ordre public* verstößt.

Zum Verständnis wichtige Tatsachen

Die folgenden Tatbestandsbereiche sind unstreitig. Herzog Ernst der Fromme begann 1659 damit, Gemälde zu kaufen. Das streitbefangene Gemälde war viele Jahre lang im Besitz der herzoglichen Familie von Sachsen-Coburg und Gotha. Es wird im Katalog der Gemälde der herzoglichen Galerie in Gotha von 1826 aufgeführt. 1855 wurde die Kunstsammlung durch eine Übereinkunft zwischen dem regierenden Herzog und Seiner Königlichen Hoheit Prinz Albert, der zu diesem Zeitpunkt bereits verheiratet und außer Landes war, und dem herzoglichen Staatsministerium von Gotha als herzogliches Hausvermögen anerkannt. Das Gemälde verblieb in der herzoglichen Bildergalerie in Schloß Friedenstein, deren Geschichte 1883 in einem Katalog beschrieben wurde. Das Gemälde scheint mindestens von 1879 an, als das Museum eröffnet wurde, für die Öffentlichkeit zugänglich ausgestellt gewesen zu sein. Im Juli 1905 wurde die Kunstsammlung aufgrund eines Gesetzes zur Aufteilung von Staatsvermögen und einer damit in Zusammenhang stehenden Schiedsvereinbarung zwischen dem Herzog und dem Herzogtum als zum Fideikommiß gehörig deklariert.

Am 9. November 1918 setzte der Gothaer Arbeiter- und Soldatenrat den Herzog von Sachsen-Coburg und Gotha ab. Die Verfassung des Deutschen Reiches vom 11. August 1919 verlangte die Auflösung von Fideikommissen; die Gemäldesammlung zählte zu den davon betroffenen Vermögenswerten.

Angesichts des revolutionären Eifers der sozialistischen Weimarer Republik wurde der Fideikommiß freiwillig aufgelöst. Im November 1927 wurde durch

tween the Ducal House and the Land of Thüringia provided for the establishment of: –

> "The Duke of Saxe-Coburg-Gotha Foundation for Art and Science".

The Foundation (to which I will refer as the "Art Foundation") was to have its seat in the city of Gotha. Its purpose was to be the perpetual preservation and further enhancement of, amongst other things, the Art Collection. Since subsequent documents may confuse in their references to Ducal Foundations it is important to note that a distinct Foundation was formed known as the Family Foundation. That Foundation was obliged to pay annuities to the Art Foundation. In January 1928, a Thüringian law gave effect to the agreement of November 1927 and in March 1928 the Art Foundation was established.

The charter of the Art Foundation stated that it was located in Gotha (section 1). It was to preserve and enlarge the collections and to further art, science and national education. It was stated that the collections would be made available for public use to the same extent and in the same manner as previously (section 3). The Ministry for National Education and Justice was responsible for supervision (section 4).

On mobilisation the museum was closed and the most valuable and irreplaceable pieces were brought to a place of safety at Reinhardsbrunn, a hunting lodge about fourteen kilometres east of Gotha. Baron Dr von Schenk zu Schweinsberg, the museum director, reported in the annual report for the Art Foundation (July 1938 to 31st December 1939) that the selection had to be "considerably restricted". Further paintings were stored and protected from splinters in a ground level room at the home of the museum, Schloss Friedenstein. It is clear from the catalogue that the painting was one of the more distinguished pieces within the Art Collection. It continued to attract interest even during the war and, in 1942, in reply to a correspondent in Holland who wanted a photograph of the painting, it was reported that it was in safe keeping. A reply, in May 1942, to a further inquiry from the editor of the artist lexicon in Leipzig stated that: –

> "The picture by Wtenwael (an alternative spelling) is, as ever, located in the Ducal Museum. ... I believe to have seen the pictures and will keep you informed. Heil Hitler".

eine Schiedsvereinbarung zwischen dem herzoglichen Haus und dem Land Thüringen die

> „Herzog von Sachsen-Coburg und Gotha'sche Stiftung für Kunst und Wissenschaft"

eingerichtet.

Die Stiftung (die ich nachstehend als „Kunststiftung" bezeichnen werde) sollte ihren Sitz in der Stadt Gotha haben. Ihr Zweck sollte die immerwährende Bewahrung und weitere Vergrößerung (unter anderem) der Kunstsammlung sein. Da spätere Dokumente in ihren Verweisen auf herzogliche Stiftungen nicht immer eindeutig sind, ist es wichtig, festzuhalten, daß noch eine andere Stiftung gegründet wurde, die als „Familienstiftung" bekannt ist. Diese Stiftung war verpflichtet, an die Kunststiftung jährliche Zahlungen zu leisten. Im Januar 1928 setzte ein thüringisches Gesetz das Abkommen vom November 1927 in Kraft, und im März 1928 wurde die Kunststiftung eingerichtet.

In der Gründungsurkunde der Kunststiftung wurde festgelegt, daß die Stiftung ihren Sitz in Gotha hatte (§ 1). Sie sollte die Sammlungen erhalten und erweitern und Kunst, Wissenschaft und Bildung fördern. Es wurde festgelegt, daß die Sammlungen für die Nutzung durch die Öffentlichkeit in dem selben Umfang und der selben Weise wie vorher zugänglich gemacht werden würden (§ 3). Das Ministerium für Volksbildung und Justiz war die Aufsichtsbehörde (§ 4).

Bei Beginn des Zweiten Weltkrieges wurde das Museum geschlossen und die wertvollsten und unersetzlichen Stücke wurden nach Reinhardsbrunn, ein etwa vierzehn Kilometer östlich von Gotha gelegenes Jagdschloß, in Sicherheit gebracht. Herr Dr. von Schenk zu Schweinsberg, der Museumsdirektor, berichtete im Jahresbericht für die Kunststiftung (Juli 1938 bis 31. Dezember 1939), daß die Auswahl „erheblich eingeschränkt" werden mußte. Weitere Gemälde wurden in einem im Erdgeschoß des Stammsitzes des Museums, Schloß Friedenstein, gelegenen Raum gelagert und vor Bombensplittern geschützt. Aus dem Katalog geht klar hervor, daß das Gemälde eines der bedeutenderen Stücke in der Kunstsammlung war. Selbst während des Krieges blieb es Gegenstand des Interesses. Im Jahr 1942 wurde als Antwort auf eine schriftliche Anfrage aus Holland, in der um eine Fotografie des Gemäldes gebeten wurde, mitgeteilt, daß es in sicherer Verwahrung sei. Die Antwort auf eine weitere Anfrage seitens des Herausgebers eines Künstlerlexikons in Leipzig lautete wie folgt:

> „Das Bild von Uttenwael (eine alternative Schreibweisse, Anm. des Richters) befindet sich nach wie vor im herzoglichen Museum. ... Ich glaube, die Bilder gesehen zu haben und gebe Ihnen darüber noch weiteren Bescheid. Heil Hitler."

Thus the painting was still within the collection during the war although it is not clear whether it had been moved to Reinhardsbrunn.

I.1 The location of the painting in 1945 and 1946 (facts in issue relating to title)

It is not disputed that the painting was taken from Gotha to the Soviet Union in the 1940s. Nor is there now any dispute that the painting was stolen from the art collection which had formerly belonged to the Ducal Family. The issue is: when did it leave Thüringia? This issue is central to the resolution of the question whether the Federal Republic of Germany is the owner of the painting, because, in order to establish its ownership, it must rely upon laws which only had effect within Thüringia or, although there is no relevant difference, in the territory over which the Soviet Military Administration had jurisdiction. It is only if the Federal Republic of Germany can rely upon the dissolution of the Foundation that the location of the painting in the Soviet Union may not matter.

Cobert submits that such was the chaos in Germany both before the arrival of the American army in Gotha in April 1945 and after Thüringia was ceded to Soviet occupation, in consequence of the Allies agreement at the Yalta Conference in July 1945, that the Federal Republic of Germany is unable to prove that the painting was within the Soviet occupied zone even in July 1945, let alone in July 1946. The evidence relevant to this issue consists of documents, vividly illustrating the situation within Thüringia at the time, evidence from Professor Erickson Honorary Fellow in Defence Studies and Professor Emeritus at the University of Edinburgh, an expert in Soviet Military History, called on behalf of the plaintiffs, and historical material produced by a recognised expert on the fate of European art in the Third Reich, a respected academic, Lynn Nicholas. The Federal Republic of Germany contends that the painting did not leave the Soviet occupied zone until after July 1946 and probably not until about 1947 to 1948. The significance of the dates will become apparent when I examine the legislation upon which the Federal German Republic relies to prove its title.

Das Gemälde befand sich also während des Krieges noch in der Sammlung, obwohl nicht klar ist, ob es nach Reinhardsbrunn verbracht worden war.

I.1 Verbleib des Bildes in den Jahren 1945 und 1946 (streitige Tatbestandsaspekte mit Relevanz für das Eigentum)

Es ist unstreitig, daß das Gemälde in den vierziger Jahren von Gotha aus in die Sowjetunion gebracht wurde. Es ist jetzt auch unstreitig, daß das Gemälde aus der Kunstsammlung, die früher der herzoglichen Familie gehört hatte, gestohlen worden war. Streitig ist: wann hat das Gemälde Thüringen verlassen? Dieser Streitpunkt ist von zentraler Bedeutung für die Klärung der Frage, ob die Bundesrepublik Deutschland Eigentümerin des Gemäldes ist, denn um ihr Eigentum nachzuweisen, muß sie sich auf Gesetze stützen, die nur innerhalb Thüringens bzw. -obwohl hier kein Unterschied besteht, der von Belang wäre – in dem Gebiet galten, über das die Sowjetische Militäradministration staatliche Gewalt ausübte. Nur wenn sich die Bundesrepublik Deutschland auf die Auflösung der Kunststiftung stützen kann, ist die Tatsache, daß das Gemälde sich in der Sowjetunion befand, nicht von Belang.

Die Firma Cobert bringt vor, daß sowohl vor der Ankunft der amerikanischen Armee in Gotha im April 1945 als auch, nachdem Thüringen als Folge des von den Alliierten auf der Konferenz von Jalta erzielten Absprache im Juli 1945 der sowjetischen Besatzungsmacht übergeben wurde, in Deutschland ein solches Chaos herrschte, daß die Bundesrepublik Deutschland nicht nachweisen könne, daß sich das Gemälde im Juli 1945 überhaupt innerhalb der sowjetischen Besatzungszone befand, und daß sie diesen Nachweis erst recht nicht für den Juli 1946 führen kann. Die Beweismittel, die für diesen Streitpunkt von Belang sind, bestehen aus Dokumenten, die ein anschauliches Bild von der Situation in Thüringen zur damaligen Zeit geben, aus der Aussage von Professor Erickson, Honorary Fellow in Defence Studies (Ehrenmitglied der britischen Gesellschaft für Verteidigungswissenschaft, Anm. d. Übers.) und emeritierter Professor der Universität Edinburgh, ein Experte in sowjetischer Militärgeschichte, der im Namen der Kläger als Sachverständiger angerufen wurde, und aus historischen Unterlagen, die von Lynn Nicholas, einem angesehenen Universitätslehrer und anerkannten Experten auf dem Gebiet des Schicksals der europäischen Kunst im Dritten Reich, vorgelegt wurden. Die Bundesrepublik Deutschland behauptet, das Gemälde habe die sowjetische Besatzungszone erst nach dem Juli 1946, wahrscheinlich erst etwa 1947 bis 1948, verlassen. Die Bedeutung dieser Daten wird ersichtlich werden, wenn ich die Gesetzesmaterialien untersuche, auf die sich die Bundesrepublik Deutschland zum Nachweis ihres Eigentums stützt.

Even before Allied Forces crossed the Rhine wandering bands of foreign workers scoured the countryside, looting. But I accept Professor Erickson's evidence that it is pure speculation whether the painting was looted by foreign workers or casually by a local German. Contemporary documents show that some items belonging to the Art Foundation were taken to Coburg by the Americans when they were in occupation in Thüringia. However, there is evidence that, at least the important items from the collection which had been removed to Coburg, were properly recorded. A note from Rentmeister Doetschel in Coburg, dated 27th March 1945, records that three Rubens, one Hals and nine manuscripts were handed to him for safe keeping. That items taken to Coburg arrived safely was also confirmed in a letter to the Lord Mayor in Gotha dated 4 July 1945. Although American Forces were guilty of looting, (soldiers stole two Dürers from a castle in Thüringia), in relation to the Art Foundation it appears that the Americans acted with a sense of responsibility and concern, all the more remarkable in the light of the military situation. A memorandum of 16 July 1945 recorded that the author had been ordered by the American Military Administration to take an inventory and to note possible damage. He said that an American officer visited the exhibition rooms at the palace shortly before the Russian occupation. By chance, the former Duchess of Saxe-Coburg-Gotha was also there with the Director von Schenk. The Duchess asked that the American Military Administration provide two freight trains to transport some of the collection to Coburg, to save them before the Russians moved in. The American officer refused. The Duchess said she would approach the General. There is no evidence he was more compliant. Further, when a Canadian physician, Morton Shulman, with a particular interest in the museum of the Art Foundation, heard of the painting in 1982 he spoke to Dr von Schenk and asked him what had happened to the contents of the museum. Dr von Schenk replied that when the Russians had arrived nothing was missing. Dr von Schenk is no longer alive but wrote in June 1982 that he had left his books and papers in Gotha saying: –

> "We were glad enough to save our souls!"

Much later, on 12th June 1950, it was stated that approximately one hundred and twenty-six large crates of art objects stored at Schloss Reinhardsbrunn were

Noch bevor alliierte Truppen den Rhein überschritten, durchstreiften umherziehende Banden von Fremdarbeitern plündernd die ländlichen Regionen. Ich akzeptiere jedoch Professor Ericksons Aussage, daß es reine Spekulation ist, ob das Gemälde von Fremdarbeitern oder von einem ortsansässigen Deutschen bei günstiger Gelegenheit erbeutet wurde. Aus zeitgenössischen Dokumenten geht hervor, daß einige Gegenstände, die der Kunststiftung gehörten, von den Amerikanern nach Coburg gebracht wurden, als sie Thüringen besetzt hielten. Es gibt jedoch Beweise dafür, daß zumindest die wichtigen Stücke aus der Sammlung, die nach Coburg verbracht worden waren, ordnungsgemäß schriftlich festgehalten wurden. Aus einer Notiz von Rentmeister Doetschel in Coburg vom 27. März 1945 geht hervor, daß ihm drei Gemälde von Rubens, ein Gemälde von Hals und neun Manuskripte zur sicheren Verwahrung übergeben worden waren. Daß Gegenstände, die nach Gotha gebracht worden waren, dort heil ankamen, wurde auch in einem Brief an den Oberbürgermeister von Gotha vom 4. Juli 1945 bestätigt. Obwohl Angehörige der amerikanischen Streitkräfte auch Plünderungen begingen (Soldaten stahlen zwei Gemälde von Dürer aus einem Schloß in Thüringen), scheinen die Amerikaner, was die Kunststiftung angeht, verantwortungsbewußt und rücksichtsvoll gehandelt zu haben, was angesichts der militärischen Lage ganz besonders bemerkenswert ist. Aus einem Memorandum vom 16. Juli 1945 geht hervor, daß der Verfasser von der amerikanischen Militäradministration angewiesen worden war, ein Inventar aufzustellen und etwaige Schäden festzuhalten. Er sagte, daß ein amerikanischer Offizier die Ausstellungsräume im Schloß kurz vor der russischen Besetzung besuchte. Zufällig war die frühere Herzogin von Sachsen-Coburg und Gotha zusammen mit Direktor von Schenk ebenfalls anwesend. Die Herzogin bat darum, die amerikanische Militäradministration möge zwei Güterzüge bereitstellen, um einen Teil der Sammlung nach Coburg zu transportieren, um sie vor dem Einmarsch der Russen zu retten. Der amerikanische Offizier lehnte dies ab. Die Herzogin erwiderte, sie werde sich an den General wenden. Es gibt keine Anhaltspunkte dafür, daß dieser sich der Bitte gegenüber geneigter zeigte. Des weiteren sprach Morton Shulman, ein kanadischer Arzt mit besonderem Interesse an dem Museum der Kunststiftung, als er 1982 von dem Gemälde hörte, mit Dr. von Schenk und fragte ihn, was mit den Beständen des Museums geschehen sei. Dr. von Schenk erwiderte, daß nichts gefehlt habe, als die Russen gekommen seien. Dr. von Schenk ist bereits verstorben, im Juni 1982 schrieb er jedoch, er habe seine Bücher und Papiere in Gotha zurückgelassen und dabei bemerkt:

> „Wir waren schon froh, daß wir unsere Seelen retten konnten!“

Viel später, am 12. Juni 1950, wurde berichtet, daß etwa einhundertsechsundzwanzig große Kisten mit Kunstgegenständen, die in Schloß Reinhardsbrunn gelagert worden waren, erst nach 1945 geöffnet wurden, und daß die Amerikaner,

not opened before 1945 and when the Americans opened them they removed nothing from the crates but re-closed them properly.

For these reasons I agree with the conclusion of Heinz Wiegand, museum director until 1986, that the painting did not go missing during the occupation of Thüringia by the American forces. It thus remained, probably in Reinhardsbrunn, until the arrival of Russian forces on 2nd or 3rd July 1945. Moreover, if it had been taken by a member of the American forces it is unlikely to have been taken to Moscow. It is speculation to suggest that a member of the American forces took it to Berlin. By 26th April 1945, as Professor Erickson points out, Germany had been cut in half, after Soviet and American troops had met at Torgau on the Elbe the day before, and it would have been virtually impossible to travel from Gotha to Berlin.

Soviet Military Occupation 3rd July 1945 to 24th July 1946

The most serious losses from the museum occurred when "official" trophy brigades, probably under the control of Professor Major Alexeyev, looted the museum in January 1946. According to Professor Erickson it is unlikely that unofficial looting occurred earlier. From the very outset of Soviet occupation in July 1945 members of SMERSH were in Thüringia. SMERSH was the pre-cursor of the KGB; it was formed in 1942/3 by Stalin and represented the most formidable and dangerous element in the Soviet military structure. It had power of life and death over all ranks in what was then the Red Army. The effectiveness of its control was such, says Professor Erickson, that it is unlikely that any Soviet soldier, even if he had been interested in a painting, which is to be doubted, would have risked severe punishment or death by looting an art treasure which would have been regarded as state property. Thus, Professor Erickson concludes that the painting is likely only to have been taken either as part of an official consignment or by a senior officer with the agreement of SMERSH. The trophy brigades set out from the beginning of their occupation not only to recover Soviet treasures but also to seize paintings and other "cultural artefacts" as trophies of war. Russian historians, Akinsha and Kozlov, record that, under the control of the operational representative of the counter-intelligence department of SMERSH, art valuables were removed from Schloss Friedenstein on 4th March 1946 and that Alexeyev received authorisation from the main trophy department of the Red Army, to confiscate the castle's "museum objects" at the end of January 1946. Professor Erickson thought that the removals had occurred earlier in the year and that the trophy brigade assignment in Thüringia and Saxony was probably completed by January 1946. According to Akinsha and

als sie sie öffneten, nichts aus den Kisten herausnahmen, sondern sie ordentlich wieder verschlossen.

Deshalb stimme ich der Schlußfolgerung von Heinz Wiegand, Museumsdirektor bis 1986, zu, der zufolge das Gemälde nicht während der Besatzung Thüringens durch die amerikanischen Streitkräfte verlorenging. Es verblieb also vermutlich bis zur Ankunft russischer Truppen am 2. oder 3. Juli 1945 in Reinhardsbrunn. Wenn es von einem Angehörigen der amerikanischen Streitkräfte weggenommen worden wäre, ist es darüber hinaus unwahrscheinlich, daß es nach Moskau gebracht worden wäre. Die These, ein Angehöriger der amerikanischen Streitkräfte habe das Gemälde nach Berlin gebracht, ist Spekulation. Wie Professor Erickson ausführt, war Deutschland am 26. April 1945 zweigeteilt worden, nachdem am Tag zurvor die sowjetischen und die amerikanischen Truppen in Torgau an der Elbe aufeinandergetroffen waren, und es wäre praktisch unmöglich gewesen, von Gotha nach Berlin zu reisen.

Sowjetische Militärbesatzung 3. Juli 1945 bis 24. Juli 1946

Die schwerwiegendsten Verluste aus dem Museum traten ein, als „offizielle" Beutekunstbrigaden, die wahrscheinlich Major Professor Alexejew unterstellt waren, im Januar 1946 das Museum plünderten. Nach Aussage von Professor Erickson ist es unwahrscheinlich, daß vor diesem Zeitpunkt inoffizielle Plünderungen stattfanden. Gleich zu Anfang der sowjetischen Besatzung im Juli 1945 befanden sich Mitglieder des SMERSH in Thüringen. Der SMERSH war der Vorläufer des KGB; er wurde 1942/43 von Stalin gegründet und stellte das furchterregendste und gefährlichste Element in der sowjetischen Militärstruktur dar. Er hatte Macht über Leben und Tod über alle Dienstgrade der damaligen Roten Armee. Die Effizienz seiner Kontrolle war nach Aussage von Professor Erickson so groß, daß es unwahrscheinlich ist, daß irgendein sowjetischer Soldat, selbst wenn er, was bezweifelt werden muß, an einem Gemälde interessiert gewesen wäre, durch die Plünderung eines Kunstschatzes, der als Staatseigentum angesehen worden wäre, eine schwere Bestrafung oder den Tod riskierte hätte. Professor Erickson zieht daraus die Schlußfolgerung, daß das Gemälde wahrscheinlich nur entweder als Teil einer offiziellen Aktion oder durch einen höheren Offizier mit Zustimmung des SMERSH weggenommen worden sein kann. Von Anfang ihrer Besatzung an machten sich die Beutekunstbrigaden daran, nicht nur sowjetische Kunstschätze wiederzuerlangen, sondern auch Gemälde und andere „kulturelle Artefakte" als Kriegstrophäen zu beschlagnahmen. Die russischen Historiker Akinscha und Koslow berichten, daß unter der Kontrolle des Einsatzleiters des Spionageabwehrdienstes des SMERSH am 4. März 1946 wertvolle Kunstgegenstände aus Schloß Friedenstein entfernt wurden, und daß Major Alexejew Ende Januar 1946 von der Hauptabteilung Beutekunst der Roten Armee die Genehmi-

Kozlov, the "rich haul" included fifty-three paintings from Danzig and Reinhardsbrunn. They were taken to Leipzig where they remained for some ten days, during which sixty soldiers filled nineteen carriages with two hundred tons of objects and books. The train left Leipzig on 11th March 1946. Major Alexeyev accompanied the train. This account by those historians is confirmed in contemporary documents referring to the "official" looting in January 1946. On 16th January 1946 the director Dr von Schenk wrote: –

> "On Monday 7.1.1946, about midday, Major and Professor Alexeyev and 1st Lieutenant Lutscheweit ... appeared at the library, with directives from the Commandant of Gotha, to look over the museum, castle and library premises. On Wednesday, I was called to the museum, where I was informed of the directive of General Kolesnitschenko that all the objects from the museum that were already packed up were to be taken away."

The director complains that receipts he was promised were not given. On 28th January 1946 the Director of Administration requested orders from the Presidential Chancellery at Weimar to prevent the depredation saying that if that was not successful total loss would be unavoidable. No inventory of the heavy losses was made until 1965 when the "Verlorene Werke der Malerei" identified lost works and paintings including the missing Wtewael Holy Family.

The Federal German Republic, however, deny that this painting was part of the rich haul taken from the museum in January 1946. Professor Erickson's view is that it is unlikely that it was taken other than as part of that haul or by a senior officer with the agreement of SMERSH. His reasons are the same as those which applied in relation to the period before the beginning of 1946. Casual theft was unlikely under the watchful eye of SMERSH. If the painting was taken as a trophy of war, it would have left the area of Soviet military occupation and been taken to Russia at the beginning of 1946. I must, therefore, consider whether there is any evidence that it did not form part of the official collection of trophies.

According to Akinsha and Kozlov, the Gotha collections were shared between the Committee on Cultural Education or Institutions of the Council of Peoples

gung erhielt, die „Museumsgegenstände" des Schlosses zu beschlagnahmen. Professor Erickson war der Auffassung, die Entnahmen hätten zu einem früheren Zeitpunkt in diesem Jahr stattgefunden, und der Einsatz der Beutekunstbrigaden in Thüringen und Sachsen sei wahrscheinlich Ende Januar 1946 abgeschlossen gewesen. Nach Akinscha und Koslow umfaßte der „reiche Fang" dreiundfünfzig Gemälde aus Danzig und Reinhardsbrunn. Sie wurden nach Leipzig gebracht, wo sie etwa zehn Tage verblieben, in denen sechzig Soldaten neunzehn Güterwagen mit zweihundert Tonnen Kunstgegenständen und Büchern beluden. Der Zug verließ Leipzig am 11. März 1946. Major Alexejew begleitete den Zug. Diese Darstellung der genannten Historiker wird durch zeitgenössische Dokumente bestätigt, die sich auf die „offizielle" Plünderung im Januar 1946 beziehen. Am 16. Januar 1946 schrieb der Museumsdirektor, Dr. von Schenk:

> „Am Montag, den 7.1.1946 mittags erschienen die Herren Major und Professor Alexejew und Oberleutnant Lutscheweit mit einem dritten Herrn in der Bibliothek mit Ausweisen des Herrn Kommandanten von Gotha und erhielten auf ihren Wunsch Einblick in Bibliotheks-Schloß- und Museumsräume. Am Mittwoch wurde ich ins Museum gerufen, wo – wie mir mitgeteilt wurde – auf Anweisung des Herrn Generals Kolesnitschenko alle noch verpackten Museumsgüter abtransportiert werden sollten."

Der Museumsdirektor beklagt, daß ihm die Quittungen, die ihm versprochen worden waren, nicht gegeben wurden. Am 28. Januar 1946 bat der Verwaltungsdirektor die Kanzlei des Regierungspräsidenten in Weimar um Verfügungen, um die Plünderung zu verhindern, und sagte dazu, daß, wenn dies keinen Erfolg haben werde, der vollständige Verlust unvermeidlich sei. Erst 1965 wurde eine Aufstellung der schwerwiegenden Verluste gemacht, als in dem Buch „Verlorene Werke der Malerei" abhanden gekommene Kunstwerke und Gemälde listenmäßig beschrieben wurden, einschließlich der verschollenen Heiligen Familie von Wtewael.

Die Bundesrepublik Deutschland bestreitet jedoch, daß dieses Gemälde Teil der reichen Ernte war, die im Januar 1946 in dem Museum eingesammelt wurde. Professor Erickson ist der Ansicht, es sei unwahrscheinlich, daß es zu einer anderen Gelegenheit als bei diesem Beutezug oder durch einen höheren Offizier mit Zustimmun des SMERSH weggenommen wurde. Seine Begründung ist dieselbe, die in bezug auf den Zeitraum vor Anfang 1946 galt. Ein Gelegenheitsdiebstahl war unter dem wachsamen Auge des SMERSH unwahrscheinlich. Wäre das Gemälde als offizielle Kriegsbeute weggenommen worden, hätte es das Gebiet der sowjetischen Militärbesatzung verlassen und wäre Anfang 1946 nach Rußland gebracht worden. Ich muß deshalb erwägen, ob es irgendeinen Beweis dafür gibt, daß es nicht Teil der offiziellen Einsammlung von Trophäen war.

Nach Akinscha und Koslow wurden die Gothaer Sammlungen zwischen dem Komitee für Kulturpädagogische Einrichtungen oder Institutionen des Rates der

Commissars of the Russian Federation and the Arts Committee, which received the best works of art. There is no evidence of this painting forming any part of their collection. Of particular importance is the list of thirty-seven paintings which had been in the Soviet Union and which were returned to the museum at Gotha in December 1958. Although I received no expert evidence from an art historian or curator, I think it is open to me to observe that, whilst amongst the paintings returned were a Jan Brueghel and a Cranach, some of those returned were of no greater distinction than the Wtewael. Yet the Wtewael was not returned on that occasion. Moreover, whatever account of the history of how the painting came to light in the 1980s is accepted, both sides assert that the painting was transferred from the possession of a Russian officer. If the painting was not part of the official haul, then I accept Professor Erickson's evidence that it is likely it could only have been taken by a senior officer who had made an arrangement with SMERSH or even a senior officer who was a member of SMERSH. Professor Erickson's evidence is that it is unlikely that an officer in the Red Army could have left Thüringia until late 1946 at the earliest. I accept Professor Erickson's evidence on this point. Thüringia was of particular importance to the Soviet Union because of uranium deposits. The Soviet Army was and remained in a state of operational readiness to protect that area from attack. It would only be under special circumstances, on orders, that Soviet officers would have been allowed to leave Thüringia in 1946. Soviet officers remained in that area as the army changed from the Red Army to the Soviet Army in 1946 because they were being prepared for admission to higher military academies. Attestation took place in the area of Soviet military occupation; movement was very restricted and carefully controlled. In those circumstances I conclude that only in rare circumstances would a senior officer have left the area of Soviet military occupation in 1946 and the chance that, among the few officers directed to return to the Soviet Union, there was one who had taken the painting is, in my judgment, remote.

But that, of itself, does not establish that the painting remained in the area of Soviet military occupation during 1946. There is no evidence that the painting was taken by a senior officer other than as part of the official collection of trophies. Nor is there any clear evidence as to what happened to all the paintings taken as part of the official collection in January 1946. I am unable to conclude that because the painting was not returned to Gotha in 1958 that it was not part

Volkskommissare der Russischen Föderation und dem Kunstkomitee aufgeteilt; letzteres erhielt die besten Kunstwerke. Es gibt keinerlei Beweis dafür, daß dieses Gemälde Teil ihrer Sammlungsaktion war. Von besonderer Wichtigkeit ist die Liste von siebenunddreißig Gemälden, die sich in der Sowjetunion befunden hatten und die dem Museum in Gotha im Dezember 1958 zurückgegeben wurden. Auch wenn mir keine Sachverständigenaussage eines Kunsthistorikers oder Kurators vorliegt, bin ich der Auffassung, daß die Bemerkung meinerseits zulässig ist, daß, wenn sich auch unter den zurückgegebenen Gemälden ein Jan Brueghel und ein Cranach befanden, einige der zurückgegebenen Gemälde von keinem größeren künstlerischen Wert waren als der Wtewael. Der Wtewael wurde jedoch bei dieser Gelegenheit nicht zurückgegeben. Darüber hinaus behaupten beide Seiten, unabhängig davon, welche Darstellung der Umstände man akzeptiert, unter denen das Gemälde in den achtziger Jahren wieder ans Licht kam, daß das Gemälde aus dem Besitz eines russischen Offiziers transferiert wurde. Wenn das Gemälde nicht Teil des offiziellen Beutezugs war, akzeptiere ich Professor Ericksons Aussage, daß es wohl nur von einem höheren Offizier in Abstimmung mit SMERSH oder sogar von einem Angehörigen von SMERSH weggenommen worden sein könne. Nach Professor Ericksons Aussage ist es unwahrscheinlich, daß ein Offizier der Roten Armee Thüringen früher als gegen Ende 1946 verlassen hat. Ich stimme Professor Ericksons Aussage zu diesem Punkt zu. Thüringen war aufgrund von Uranvorkommen für die Sowjetunion von besonderer Bedeutung. Die sowjetische Armee war und blieb im Zustand der Einsatzbereitschaft, um dieses Gebiet vor einem Angriff zu schützen. Nur unter besonderen Umständen und unter Befehl hätten sowjetische Offiziere im Jahre 1946 Thüringen verlassen dürfen. Sowjetische Offiziere blieben in diesem Gebiet, als die Armee 1946 von der Roten Armee zur Sowjetarmee wurde, weil sie zu dieser Zeit auf die Aufnahme in höhere Militärakademien vorbereitet wurden. Die Aufnahmeformalitäten fanden in der sowjetischen Besatzungszone statt; die Bewegungsfreiheit war sehr eingeschränkt und wurde sorgfältig überwacht. Angesichts dieser Umstände ziehe ich den Schluß, daß ein höherer Offizier 1946 nur unter außergewöhnlichen Umständen das sowjetische Besatzungsgebiet verlassen hätte, und die Möglichkeit, daß sich unter den wenigen Offizieren, die angewiesen wurden, in die Sowjetunion zurückzukehren, einer befand, der das Gemälde mitgenommen hätte, ist meines Erachtens verschwindend gering.

Dies allein beweist jedoch nicht, daß das Gemälde während des Jahres 1946 im sowjetischen Besatzungsgebiet verblieben ist. Es gibt keinen Beweis dafür, daß das Gemälde von einem höheren Offizier auf andere Weise und nicht als Teil der offiziellen Trophäensammlung weggenommen wurde. Es gibt auch keinen eindeutigen Nachweis darüber, was mit all den Gemälden geschehen ist, die als Teil der offiziellen Trophäensammlung im Januar 1946 weggenommen wurden. Ich fühle mich nicht in der Lage, hieraus zu schließen, daß das Gemälde, da es nicht 1958 nach Gotha zurückgegeben wurde, nicht Teil der offiziellen Trophäen-

of the official collection of trophies sent to the Soviet Union from Leipzig at the beginning of 1946. I conclude that the most likely explanation for the loss of the painting is that it was taken at the time the trophy brigade, under Alexeyev, was collecting trophies of war from Gotha. By July 1946 the painting had gone.

II.1 Facts relating to Limitation; the arrival of the painting in West Berlin from Moscow, 1987–1989

The following facts are common ground: –

i. The painting was taken from the Soviet Union to West Berlin in the 1980s;
ii. The painting was acquired by Mina Breslav in 1988 and received by Sotheby's in London on 29th November 1988.
iii. It was bought by Cobert from Mina Breslav in March 1989.

There is a substantial difference between the accounts given by the witnesses on behalf of the plaintiffs and those on behalf of Cobert as to when and how the painting arrived in West Berlin and as to who was involved. The important dispute is whether, after it came into the hands of the person who smuggled it out of the Soviet Union, (a Mrs Sunguza or a Mrs Dikeni) she misappropriated the painting or whether it was misappropriated by a subsequent possessor. The issue is of importance because the plaintiffs argue that, if there was a misappropriation, the claim is not barred by effluxion of time under the German law of limitation, if it applies. Cobert contends that even if its account of how the painting came into Mina Breslav's hands is not accepted, the plaintiffs' account is so flawed and inconsistent that I should not be satisfied that any misappropriation took place. There is little of the Mannerist chiaroscuro to be expected in the world of art contraband, more a prevailing gloom.

Cobert's account of how the painting came to West Berlin

Cobert's account of how the painting came into the hands of Mina Breslav has an unpromising start. Until the first day of this trial it was Cobert's case that a German family had given the painting as a gift in return for food and other assistance to a colonel in the Soviet Army, Adolf Kozlenkov. He had taken it to Latvia. From 1955 it was in the possession of the Nowakowski family, friends of the Kozlenkovs. In March 1982, when Adolf Kozlenkov died, a Mrs Gambourger, a member of the Nowakowski family, gave the painting to Kozlenkov's

sammlung war, die Anfang 1946 von Leipzig aus in die Sowjetunion geschickt wurde. Ich komme zu dem Ergebnis, daß die wahrscheinlichste Erklärung für den Verlust des Gemäldes darin besteht, daß es zu der Zeit weggenommen wurde, als die Trophäenbrigade unter Alexejew Beutestücke aus Gotha einsammelte. Im Juli 1946 war das Gemälde nicht mehr da.

II.1 Für die Verjährung relevante Fakten; die Ankunft des Gemäldes aus Moskau in Westberlin, 1987–1989

Die folgenden Tatsachen sind unstreitig:

i. Das Gemälde wurde in den achtziger Jahren von der Sowjetunion aus nach Westberlin gebracht.
ii. Das Gemälde wurde 1988 von Mina Breslaw erworben und am 29. November 1988 von Sotheby's in London in Empfang genommen.
iii. Es wurde Mina Breslaw im März 1989 von der Firma Cobert abgekauft.

Es besteht eine erhebliche Diskrepanz zwischen den Darstellungen, die von den Zeugen auf Klägerseite und den Zeugen auf der Seite der Firma Cobert darüber abgegeben wurden, wann und wie das Gemälde in Westberlin ankam und welche Personen daran beteiligt waren. Der wesentliche Streit besteht darüber, ob, nachdem das Gemälde in die Hände der Person gelangte, die es aus der Sowjetunion herausschmuggelte (eine Frau Sunguza oder eine Frau Dikeni), diese Person oder ein nachfolgender Besitzer das Gemälde unterschlug. Diese Frage ist von Bedeutung, weil die Kläger argumentieren, daß, wenn eine Unterschlagung stattgefunden hat, der Anspruch nach deutschem Verjährungsrecht, falls dieses gilt, nicht durch Fristablauf verjährt ist. Die Firma Cobert behauptet, daß, selbst wenn ihre Darstellung, wie das Gemälde in die Hände von Mina Breslaw gelangt ist, nicht akzeptiert werde, die Tatsachenbehauptung der Kläger so schwach und widersprüchlich sei, daß ich nicht davon ausgehen dürfe, daß eine Unterschlagung stattgefunden hat. In der Welt des Kunstschmuggels ist wenig manieristisches Chiaroscuro zu erwarten, eher nachhaltige Trübe.

Faktisches Vorbringen der Firma Cobert zu der Frage, wie das Gemälde nach Westberlin gelangte

Die Darstellung der Firma Cobert dazu, wie das Gemälde in die Hände von Mina Breslaw gelangte, fängt nicht eben vielversprechend an. Bis zum ersten Tag des mündlichen Verfahrens stützte sich die Firma Cobert auf die Behauptung, daß eine deutsche Familie das Bild einem Oberst der sowjetischen Armee, Adolf Koslenkow, als Gegenleistung für Lebensmittel und sonstige Unterstützung geschenkt habe. Er habe es nach Lettland gebracht. Von 1955 an sei es im Besitz von Freunden der Familie Koslenkow, einer Familie Nowakowski, gewesen. Als

son Alexander. In March or April 1985, Alexander Kozlenkov sold the painting in Moscow to Itela Sunguza an engineer, who was resident in Berlin in 1989 but who had lived in Moscow with his Soviet wife. In 1985 an African diplomat, Mrs Mukoko, took the painting at Sunguza's request to West Berlin.

In 1987 the painting was given to an acquaintance of Mr Sunguza in West Berlin, Holger Martin, for valuation purposes. Martin, anxious to defend his reputation as a serious arts dealer, made a statement in March 1987 saying he had been asked by Wolosow, who owned an antiques and art shop, to have the painting valued. It is not disputed that Martin took the painting to the Dahlem Museum on 24th March 1987. There it was confiscated whilst the police investigated its ownership. In September 1987 it was released to Martin. Thereafter the account of what happened to the painting is, again, in dispute. Cobert conceded, on the first day of the trial, that neither it nor anyone else acquired the painting in good faith.

It is important to record that Cobert's concession was limited. Its concession was made, so I was told by Mr Brindle QC, on the basis that it would accept that it and its predecessors knew or suspected that the painting might be stolen but made no inquiries to allay such suspicion. However, Cobert persisted in relying upon the evidence in witness statements and of the witnesses whom it called to give oral evidence to demonstrate that the account given by the plaintiffs' witnesses was incorrect. In those circumstances it is necessary to make findings about the evidence called on behalf of Cobert before I turn to consider the evidence upon which the plaintiffs rely.

The story that the painting was a gift was not only implausible for reasons I have given in relating the facts concerning the whereabouts of the painting in 1945 and 1946 but the witnesses' statements recounting the story were inconsistent. I do not rely upon the absence of any reference to a Colonel or General Adolf Kozlenkov in central archives, but it is of note that the statements of Mrs Gambourger nee Nowakowski and Alexander Kozlenkov as to what was sold are inconsistent with the receipt and the statement of Itela Sunguza. Moreover there is no explanation as to why the painting was not valued until March 1987 if

Adolf Koslenkow im März 1982 gestorben sei, habe eine Frau Gambourger, ein Mitglied der Familie Nowakowski, das Gemälde Koslenkows Sohn Alexander übergeben. Im März oder April 1985 habe Alexander Koslenkow das Gemälde in Moskau an Itela Sunguza verkauft, einen Ingenieur, der 1989 in Berlin ansässig war, jedoch mit seiner sowjetischen Frau in Moskau gelebt hatte. 1985 habe eine afrikanische Diplomatin, Frau Mukoko, das Gemälde auf Bitte Sunguzas nach Westberlin gebracht.

1987 sei das Gemälde Herrn Holger Martin, einem Bekannten des Herrn Sunguza in Westberlin, zum Zweck der Schätzung übergeben worden. In dem Bestreben, seinen Ruf als seriöser Kunsthändler zu verteidigen, machte Herr Martin im März 1987 eine Aussage, der zufolge er von Herrn Wolosow, dem Inhaber eines Antiquitäten- und Kunstgeschäftes, gebeten worden war, das Gemälde schätzen zu lassen. Es ist unstreitig, daß Herr Martin das Gemälde am 24. März 1987 in die Gemäldegalerie Dahlem brachte. Dort wurde es beschlagnahmt, während die Polizei Nachforschungen über seinen Eigentümer anstellte. Im September 1987 wurde es Herrn Martin zurückgegeben. Danach sind die Ausführungen darüber, was mit dem Bild geschah, wieder streitig. Am ersten Tag der mündlichen Verhandlung gab die Firma Cobert zu, weder sie noch irgend jemand anders habe das Gemälde in gutem Glauben erworben.

Es ist wichtig, festzuhalten, daß das Zugeständnis der Firma Cobert eingeschränkt war. Ihre Einräumung werde, wie Mr. Brindle QC mir vortrug, auf der Grundlage gemacht, daß die Firma Cobert zugeben werde, daß sie und ihre Vorgänger wußten oder vermuteten, daß das Gemälde eventuell gestohlen sei, daß sie jedoch keine Nachforschungen anstellte, um diesen Verdacht zu zerstreuen. Die Firma Cobert bestand jedoch auf ihrem Recht, sich auf die Inhalte schriftlicher Zeugenaussagen und auf die Aussagen von Zeugen, die sie zur Abgabe von mündlichen Aussagen vor das Gericht brachte, zu stützen, um nachzuweisen, daß die von den Zeugen der Klägerseite abgegebene Darstellung unzutreffend sei. Unter diesen Umständen ist es erforderlich, Erkenntnisse über die Beweise, die von der Firma Cobert vorgebracht wurden, zu gewinnen, bevor ich mich mit den Zeugen befasse, auf die sich die Kläger stützen.

Die Behauptung, daß das Gemälde ein Geschenk war, ist nicht nur aus den Gründen unglaubwürdig, die ich im Zusammenhang mit der Schilderung der Vorgänge in Zusammenhang mit dem Verbleib des Gemäldes in den Jahren 1945 und 1946 angeführt habe; die Zeugenaussagen widersprachen sich auch hinsichtlich der Schilderung des faktischen Ablaufs. Ich stütze mich nicht darauf, daß es in den Zentralarchiven keinerlei Hinweis auf einen Oberst oder General Adolf Koslenkow gibt, doch ist es von Bedeutung, daß die Aussagen von Frau Gambourger, geborene Nowakowski, und von Alexander Koslenkow darüber, was

it had been brought to Berlin as Cobert alleges in the summer of 1985. Sunguza's statement and that of Mrs Breslav are inconsistent as to how much was paid for the painting. Sunguza says he was paid in cash the sum of DM 300,000, Mina Breslav says she agreed an initial payment of DM 20,000 and was to pay further sums after she had disposed of the painting. There is a receipt dated 23rd November 1988, signed by a Mohammed Gerard, showing the receipt of cash of DM 20,000 saying that the painting was sold by him on behalf of a female African owner to Mina Breslav. There is a second receipt signed by Mohammed Gerard, dated 28th November 1988, showing the figure of DM 20,000 crossed out and a purchase price of DM 200,000. Mina Breslav does not explain why the first receipt is not signed by Itela Sunguza and says she cannot recall the significance of the second.

There is no explanation of the part played by a Larissa Leontiew who was to receive a proportion of the purchase price of the painting pursuant to the purchase agreement between Mina Breslav and Cobert, nor any explanation of a payment to a Lola Minchin of DM 25,000. Mina Breslav's son was called to give evidence; I shall deal with his evidence when I consider the plaintiffs' account but Mina Breslav was not available to give evidence. Not even her son knew where she was. Some light may have been thrown upon the purchase of the painting by Cobert by a Mr Douglas Montgomery who has some involvement in the activities of Cobert. He was present during part of the hearing but left, not to return, after evidence was given as to his presence at a time when money was offered to one of the plaintiffs' witnesses.

I accept that Itela Sunguza existed. Ülo Salm, a German lawyer and notary public, took an affirmation from him. Apart from confirming the existence of Mr Sunguza, Mina Breslav, Alexander Kozlenkov and Mrs Gambourger, Mr Salm's evidence was not of further assistance. I also accept that Sunguza worked for a Peter Rohde, a dealer in Russian icons. But on the evidence before me I do not accept that he bought the painting in the Soviet Union or arranged for it to be smuggled into West Berlin in 1985. If he played some part in the transactions thereafter, that part was of no significance to the question I have to decide.

verkauft wurde, in Widerspruch zu der Quittung und der schriftlichen Aussage von Itela Sunguza stehen. Darüber hinaus gibt es keine Erklärung dafür, warum das Bild erst im März 1987 geschätzt wurde, wenn es, wie die Firma Cobert behauptet, im Sommer 1985 nach Berlin gebracht worden war. Die schriftlichen Aussagen von Sunguza und von Frau Breslaw widersprechen sich in der Frage, wie viel für das Gemälde gezahlt wurde. Nach Aussage von Sunguza wurde ihm der Betrag von DM 300.000 bar ausgezahlt; Mina Breslaw sagt aus, daß sie eine Anzahlung von DM 20.000 vereinbart habe und weitere Beträge nach Übergabe des Gemäldes zahlen sollte. Es gibt eine von einem Mohammed Gerard unterschriebene Quittung vom 23. November 1988 über den Erhalt von DM 20.000 in bar, aus der hervorgeht, daß das Gemälde von ihm im Namen einer afrikanischen Eigentümerin an Mina Breslaw verkauft wurde. Es gibt eine zweite von Mohammed Gerard unterschriebene Quittung vom 28. November 1988, auf der die Zahl DM 20.000 durchgestrichen ist und ein Kaufpreis von DM 200.000 erscheint. Mina Breslaw erklärt nicht, warum die erste Quittung nicht von Itela Sunguza unterzeichnet ist und sagt aus, sie könne sich an die Bedeutung der zweiten Quittung nicht erinnern.

Es gibt keine Erklärung für die Rolle, die eine gewisse Larissa Leontiew spielte, die gemäß dem Kaufvertrag zwischen Mina Breslaw und der Firma Cobert einen Anteil am Kaufpreis des Gemäldes erhalten sollte; es gibt auch keine Erklärung für die Zahlung von DM 25.000 an eine gewisse Lola Minchin. Mina Breslaws Sohn wurde als Zeuge aufgerufen; ich werde mich mit seiner Aussage befassen, wenn ich das Vorbringen der Kläger untersuche; Mina Breslaw stand jedoch für eine mündliche Zeugenaussage nicht zur Verfügung. Nicht einmal ihr Sohn wußte, wo sie sich aufhielt. Ein gewisser Douglas Montgomery, der in die Aktivitäten der Firma Cobert in gewissem Umfang involviert ist, hätte zur Aufklärung hinsichtlich des Kaufs des Gemäldes durch die Firma Cobert beitragen können. Er war während der Hauptverhandlung zeitweise anwesend, verließ diese jedoch, um nicht mehr zurückzukehren, nachdem eine Zeugenaussage abgegeben wurde, wonach er bei einem Vorfall präsent war, bei dem einem der Zeugen der Klägerseite Geld angeboten wurde.

Ich sehe es als erwiesen an, daß es Itela Sunguza wirklich gab. Herr Ülo Salm, ein deutscher Rechtsanwalt und Notar, nahm ihm eine Versicherung an Eides Statt ab. Außer zur Bestätigung der Existenz von Herrn Sunguza, von Mina Breslaw, Alexander Koslenkow und Frau Gambourger, war Herrn Salms Aussage nicht weiter hilfreich. Ich akzeptiere auch, daß Sunguza für einen gewissen Peter Rohde, einen Händler in russischen Ikonen, gearbeitet hat. Anhand der mir vorliegenden Aussagen sehe ich es jedoch nicht als erwiesen an, daß er das Gemälde in der Sowjetunion gekauft hat oder daß er es 1985 nach Westberlin

The Plaintiffs' Evidence as to how the Painting came to West Berlin

The plaintiffs' account depends on the evidence of witnesses involved in smuggling art from the Soviet Union. They were Makhin, Greshnikov and a German national, Helmut Fürst. Makhin and Greshnikov were convicted by the Leningrad Criminal Court for smuggling works of art, including the painting, and sentenced to five years imprisonment. The milieu of their trade was so murky that their evidence should not be relied upon unless it withstands the closest scrutiny.

Makhin gave oral evidence through an interpreter. He described seeing the painting at the flat of Bishkinsky where he learnt that Bishkinsky and his partner Bezuevsky were selling the painting on behalf of a Russian owner. He does not say he ever met that owner but he did say he knew his name but did not want to risk his own life by revealing it. He says he can confirm that the owner was an officer in the Soviet army. Makhin asked Greshnikov to make enquiries because Makhin did not know whether the painting was an original. Greshnikov contacted Fürst who was able to smuggle works of art under the cloak of his tourist business, taking groups to St Petersburg. According to Makhin, Fürst telephoned to confirm that the painting was authentic. He said that it was a war loss and would, as a result, be difficult to sell in the West. According to Makhin, Fürst said that he was not sure whether he wanted to buy it. Several days later he agreed to do so. Makhin then contacted a Mrs Mariouena Dikeni, the wife of the Togo ambassador in Moscow, who had in the past smuggled works of art including icons on behalf of Makhin. He persuaded her to meet Fürst. A meeting took place, according to Makhin, in an embassy car. He says that, afterwards, Fürst explained that he had proposed to Mrs Dikeni that she should pay DM 50,000 and that Fürst would repay her with a commission of DM 30,000. Alternatively, if she was not willing to invest DM 50,000, her commission would be DM 10,000. Apparently Fürst had already given Greshnikov DM 50,000. Mrs Dikeni, having taken time to think about the proposal, later agreed to act as a courier but would not invest any money.

schmuggeln ließ. Falls er danach irgendeine Rolle bei Transaktionen gespielt haben sollte, war diese Rolle für mich nicht entscheidungserheblich.

Die klägerseitigen Beweise dazu, wie das Bild nach Westberlin gelangt ist

Die Darstellung der Kläger hängt von den Aussagen von Zeugen ab, die in den Kunstschmuggel aus der Sowjetunion verwickelt waren. Dabei handelte es sich um die Zeugen Machin, Greschnikow und Helmut Fürst, einen deutschen Staatsbürger. Machin und Greschnikow wurden vom Leningrader Strafgerichtshof wegen Schmuggels von Kunstwerken, darunter auch des Gemäldes, zu fünf Jahren Gefängnis verurteilt. Das Milieu ihres Metiers war so trübe, daß man sich auf ihre Aussagen nur stützen sollte, wenn sie genauester Überprüfung standhalten.

Machin machte seine Aussage mit Hilfe eines Dolmetschers. Er führte aus, er habe das Gemälde zum ersten Mal in der Wohnung von Herrn Bischkinski gesehen, wo er erfahren habe, daß Herr Bischkinski und sein Partner Besuewski das Gemälde auf Rechnung eines russischen Eigentümers verkaufen wollten. Er behauptet nicht, daß er den Eigentümer jemals gesehen habe, sagt jedoch, er kenne dessen Namen, wolle jedoch nicht durch dessen Preisgabe sein eigenes Leben aufs Spiel setzen. Er sagte aus, er könne bestätigen, daß der Eigentümer ein Offizier in der sowjetischen Armee war. Machin habe Greschnikow gebeten, Nachforschungen anzustellen, da Machin nicht wußte, ob das Gemälde ein Original sei. Greschnikow habe Kontakt zu Fürst aufgenommen, der unter dem Deckmantel seines Reiseunternehmens, das Gruppenreisen nach St. Petersburg organisierte, Kunstwerke schmuggeln konnte. Nach Aussage von Machin rief Fürst ihn an, um zu bestätigen, daß das Gemälde echt sei. Er habe gesagt, daß es im Krieg verschollen sei und es deshalb schwierig sein werde, es im Westen zu verkaufen. Nach Aussage von Machin sagte Fürst, er sei nicht sicher, ob er es kaufen wolle. Einige Tage später habe er sich damit einverstanden erklärt, dies zu tun. Machin habe dann Kontakt zu einer gewissen Frau Mariouena Dikeni aufgenommen, der Frau des togolesischen Botschafters in Moskau, die in der Vergangenheit Kunstwerke, unter anderem Ikonen, für Machin geschmuggelt hatte. Er habe sie überredet, sich mit Fürst zu treffen. Nach Aussage von Machin fand ein Treffen in einem Botschaftswagen statt. Er sagte aus, Fürst habe anschließend erklärt, daß er Frau Dikeni vorgeschlagen habe, sie solle DM 50.000 zahlen, und Fürst werde ihr diesen Betrag zuzüglich einer Provision von DM 30.000 zurückzahlen. Ansonsten, wenn sie nicht gewillt sei, DM 50.000 zu investieren, werde ihre Provision DM 10.000 betragen. Anscheinend hatte Fürst Greschnikow bereits DM 50.000 gegeben. Frau Dikeni habe sich Bedenkzeit ausgebeten und später eingewilligt, als Kurier zu fungieren, habe jedoch kein Geld investieren wollen.

According to Makhin, in early February 1987 he handed 130,000 roubles to Bezuevsky in Bishkinsky's flat and agreed to pay 20,000 roubles commission, after Fürst had disposed of the painting. He says he handed over the painting to Mrs Dikeni late one night in Moscow, and returned to St Petersburg. He says Greshnikov told Fürst that Fürst would receive the painting in a week. A week later Fürst rang to say he had not received the painting. Makhin was unable to contact Mrs Dikeni. In March 1987, two or three weeks later, she telephoned him, saying she had been unwell and unable to take the painting to Berlin. Three days later she said that she was well again and ready to take it to Berlin. Makhin says he left a message on Fürst's telephone answering machine and later learnt that Fürst was in the USA. Mrs Dikeni, on her return to Moscow, said that she had left the painting with a relative in Berlin. He learnt that Fürst never recovered the painting. Greshnikov, who also gave oral evidence before me but without a translator, supports Makhin's account.

Fürst, who gave oral evidence, says that he had given DM 50,000 to Greshnikov in anticipation of making a purchase. But he was clearly a part of the organisation which smuggled works of art from the Soviet Union. He accepted that he was not doing this in order to earn a medal. He says Greshnikov offered to sell the painting which he identified from the signature as being an Wtewael. He instructed Greshnikov to secure the painting for him using the DM 50,000 towards the purchase. The offer price was 150,000 roubles (approximately DM 100,000 at black market rates). He confirms meeting Mrs Dikeni who was referred to as "Big Mamma". According to him she said she needed to discuss the matter with her husband. He says that the arrangement was to pay her DM 80,000 when he took possession of the painting in Berlin.

Fürst says that he returned to Germany and learnt that the painting had been taken from the Schlossmuseum Gotha when he saw a copy of the Verlorene Werke der Malerei in Munich. He telephoned Greshnikov in Leningrad asking him to cancel the transaction because he did not want to be involved with art works looted from East Germany. He says that Greshnikov told him the painting had already been handed over by Makhin to "Big Mamma". In March and April 1987 he telephoned Greshnikov on several occasions to find out about "Big Mamma's" visit to Berlin. Greshnikov told him that "Big Mamma" had said to Makhin that her children were ill and her trip to Berlin was delayed. Fürst says

Nach Aussage von Machin händigte er Anfang Februar 1987 Herrn Besuewski in Herrn Bischkinskis Wohnung 130.000 Rubel aus und willigte ein, 20.000 Rubel Provision zu zahlen, nachdem Früst das Gemälde veräußert hätte. Seiner Aussage zufolge übergab er das Gemälde eines Nachts zu später Stunde in Moskau an Frau Dikeni und kehrte nach St. Petersburg zurück. Seiner Aussage zufolge teilte Greschnikow Fürst mit, daß er das Gemälde eine Woche später bekommen werde. Nach einer Woche habe Fürst angerufen, um mitzuteilen, daß er das Gemälde nicht erhalten habe. Machin habe zu Frau Dikeni keinen Kontakt herstellen können. Im März 1987, d. h. zwei bis drei Wochen später, habe sie ihn angerufen und ihm mitgeteilt, sie sei krank und nicht in der Lage gewesen, das Bild nach Berlin zu bringen. Drei Tage später habe sie gesagt, sie sei wieder gesund und bereit, das Bild nach Berlin zu bringen. Machin sagt aus, er habe eine Nachricht auf Fürsts Anrufbeantworter hinterlassen und später erfahren, daß Fürst in den USA sei. Frau Dikeni habe bei ihrer Rückkehr nach Moskau gesagt, sie habe das Bild einer Verwandten in Berlin übergeben. Er habe erfahren, daß Fürst das Bild niemals wiedererlangt habe. Greschnikow, der ebenfalls vor mir als Zeuge aussagte – jedoch ohne Übersetzer –, unterstützt Machins Aussage.

Fürst machte eine mündliche Zeugenaussage, der zufolge er Greschnikow DM 50.000 als Vorauszahlung für einen Kauf übergeben hat. Er war jedoch zweifellos Teil der Organisation gewesen, die Kunstwerke aus der Sowjetunion herausschmuggelte. Er gab zu, daß er dies nicht getan habe, um damit einen Orden zu verdienen. Nach seiner Aussage bot Greschnikow das Gemälde, das er anhand der Signatur als Wtewael erkannte, zum Kauf an. Er habe Greschnikow beauftragt, das Gemälde für ihn zu sichern und die DM 50.000 als Anzahlung für den Kauf zu verwenden. Der Preis, zu dem das Gemälde angeboten wurde, sei 150.000 Rubel (etwa DM 100.000 zum Schwarzmarktkurs) gewesen. Er bestätigt, daß er sich mit Frau Dikeni getroffen habe, die „Big Mamma" genannt wurde. Nach seiner Aussage sagte sie, sie müsse die Angelegenheit mit ihrem Mann besprechen. Er sagt, die Abmachung habe darin bestanden, daß er DM 80.000 an sie zahlen würde, wenn er das Gemälde in Besitz nehmen würde.

Fürst sagt aus, er sei nach Deutschland zurückgekehrt und habe erfahren, daß das Gemälde aus dem Schloßmuseum Gotha weggenommen worden war, als er in München ein Exemplar des Buches „Verlorene Werke der Malerei" sah. Er habe Greschnikow in Leningrad angerufen und ihn gebeten, die Transaktion rückgängig zu machen, da er nichts mit Kunstwerken zu tun haben wolle, die durch Plünderung aus Ostdeutschland verschwunden seien. Nach seiner Aussage teilte Greschnikow ihm mit, das Gemälde sei bereits von Machin an „Big Mamma" übergeben worden. Im März und April 1987 habe er Greschnikow mehrere Male angerufen, um Näheres über den Besuch von „Big Mamma" in

he heard nothing throughout the summer of 1987 and then learnt that Makhin and Greshnikov had been arrested by the KGB for their black market activities. In March 1993, shortly after Greshnikovs release from prison, he learnt that "Big Mamma" had only paid half the agreed amount namely DM 25,000 and that they had never seen her again.

By means of a somewhat labyrinthine route which it is unnecessary to detail, Fürst met Peter Rohde in November 1988 in Berlin. As I have recorded, Rohde dealt in Russian icons. According to Fürst Rohde eventually agreed that he had the painting in his possession and offered him the opportunity to recoup the money he had lost in marketing the painting. He says he saw the painting at Rohde's shop in December 1988. Negotiations with Rohde broke down. He says that he visited the museum in Gotha, and spoke to the director in January 1990. The museum was unable to pay the price Rohde was asking of DM 400,000. He says that in autumn 1989 Rohde had told him that he had given the painting away against a down payment but would be able to retrieve it. In June or July 1990, when the painting had not been retrieved, Fürst says he told Rohde that he could no longer accept his excuses and required payment of some money. He says he eventually received DM 25,000. Dr Hebecker, the specialist director of the Schlossmuseum, confirmed that he was approached by Fürst but was unable to raise the DM 400,000.

In a written statement made to the cultural attaché to the German Embassy in Togo on 23rd June 1993 Mrs Dikeni says that she did take the painting to Berlin at the request of Fürst. There she contacted Rohde who advised her to have the painting examined. She says Rohde gave the painting to Martin and that it was never returned to her. She says that she lost the possession of the painting against her will.

Findings of Fact as to Misappropriation

The crucial issue is whether either Mrs Dikeni or Rohde, once they had acquired possession of the painting, misappropriated the painting; in other words whether they kept it or dealt with it contrary to the wishes of the person by whom the

Berlin herauszufinden. Greschnikow teilte ihm mit, „Big Mamma“ habe zu Machin gesagt, ihre Kinder seien krank, und ihre Reise nach Berlin habe sich verschoben. Fürst sagte aus, er habe den Sommer 1987 hindurch nichts gehört und dann erfahren, daß Machin und Greschnikow vom KGB wegen ihrer Schwarzmarktaktivitäten verhaftet worden waren. Im März 1993, kurze Zeit nach Greschnikows Entlassung aus dem Gefängnis, habe er erfahren, daß „Big Mamma“ nur die Hälfte des vereinbarten Betrags, nämlich DM 25.000, gezahlt habe und daß sie sie nie wieder gesehen hätten.

Auf ziemlich verschlungenen Wegen, die hier nicht näher erläutert werden müssen, kam Fürst im November 1988 in Berlin mit Peter Rohde zusammen. Wie ich bereits erwähnt habe, handelte Rohde mit russischen Ikonen. Nach Aussage von Fürst habe Rohde schließlich zugegeben, daß er das Gemälde in seinem Besitz hatte und habe ihm ein Geschäft angeboten, mit dem er das Geld wiedererlangen könne, das er bei der Vermarktung des Gemäldes verloren hatte. Nach seiner Aussage sah er das Gemälde im Dezember 1988 in Rohdes Geschäft. Die Verhandlungen mit Rohde scheiterten. Nach Fürsts Aussage suchte er im Januar 1990 das Museum in Gotha auf und sprach mit dem Museumsdirektor. Das Museum sei nicht in der Lage gewesen, den Preis von DM 400.000, den Rohde verlangte, zu zahlen. Nach Fürsts Aussage hatte Rohde ihm im Herbst 1989 mitgeteilt, daß er das Gemälde gegen eine Anzahlung weggegeben habe, daß er es jedoch wiederbeschaffen könne. Nach Aussage von Fürst sagte dieser zu Rohde, als das Gemälde im Juni oder Juli 1990 nicht wiederbeschafft worden war, er könne seine Ausflüchte nicht länger akzeptieren und verlangte die Zahlung eines Geldbetrages. Nach seiner Aussage erhielt er schließlich DM 25.000. Dr. Hebecker, der Fachdirektor des Schloßmuseums, bestätigt, Fürst habe sich an ihn gewandt, er sei jedoch nicht in der Lage gewesen, die DM 400.000 aufzubringen.

In einer schriftlichen Erklärung gegenüber dem Kulturattaché der Deutschen Botschaft in Togo vom 23. Juni 1993 sagte Frau Dikeni aus, sie habe das Gemälde in der Tat auf Bitte von Fürst nach Berlin gebracht. Dort habe sie Kontakt zu Rohde aufgenommen, der ihr riet, das Gemälde untersuchen zu lassen. Nach ihrer Aussage übergab Rohde das Gemälde an Martin; es sei ihr nie zurückgegeben worden. Nach ihrer Aussage verlor sie den Besitz an dem Gemälde gegen ihren Willen.

Tatbestandsfeststellung im Hinblick auf Unterschlagung

Der entscheidende Punkt ist, ob entweder Frau Dikeni oder Rohde, nachdem sie in den Besitz des Gemäldes gelangt waren, das Gemälde unterschlugen, in anderen Worten, ob sie es gegen den Willen der Person, die das Gemälde an sie

painting was transferred to them. But, since the story of the misappropriation depends upon the credebility of particularly Fürst and, in part, Makhin and Greshnikov, it has been necessary to set out their account and I must make findings as to their credibility.

I did not think that Makhin was a witness upon whose evidence I could rely. Stephanie Burras, who was at the time employed by the plaintiffs' solicitors, stated that at a meeting in February 1993 Makhin had asked what he would be offered in return for making a statement. She also recalls that Fürst raised the question as to whether he might be entitled to a finder's fee. Makhin denied that he asked for money but said he asked for political asylum in return for assistance. He also admitted that he had accepted $ 10,000 from Solomon Breslav, Mina's son. Solomon Breslav was called, mainly to provide a basis for an attack on the credibility of Makhin. He said that Makhin had asked for money and that he had given $ 10,000 to Makhin in the foyer of the Savoy Hotel in February 1998. He denied that that was with the agreement of Montgomery although apparently Montgomery had been present in the building shortly before he handed the money over. At the same time he passed him a list of questions. Those questions came from Montgomery and were headed "Queries Breslav should put to Makhin". They were questions designed to test Makhin's evidence and, coupled with the payment, were calculated to try to use Makhin to bolster Cobert's account. There was no reference to payment of money in Solomon Breslav's written statement. Nor was there any reference to the questions. Indeed, in my judgment paragraph 20 of Breslav's written statement was designed to conceal the fact that Montgomery had been present on the occasion that money was paid to Makhin. I did not believe Breslav's attempts to distance Montgomery from the payment of what I regard as a bribe to Makhin. Montgomery did not remain in court for long enough to give his explanation for the questions. Whilst that, quite apart from my observations of Breslav, destroyed Breslav's credibility, it provides no support for the plaintiffs' account let alone for the credibility of Makhin. At the end of his evidence when asked whether he was prepared to sell his evidence to the highest bidder he replied: –

> "What else would you expect from a person who has spent five years in prison, became an invalid while behind bars in the camp and invested 150,000 Roubles?"

übergeben hatte, in Besitz hielten oder darüber Verfügungen trafen. Da die Tatsachenbehauptung hinsichtlich einer Unterschlagung jedoch von der Glaubwürdigkeit, insbesondere von Fürst, teilweise aber auch von Machin und Greschnikow, abhängt, war es erforderlich, deren Darstellung wiederzugeben; ich werde über ihre Glaubwürdigkeit entscheiden müssen.

Ich war nicht der Auffassung, daß Machin ein Zeuge ist, auf dessen Aussagen ich mich stützen könnte. Frau Stephanie Burras, die zu diesem Zeitpunkt bei den Anwälten der Kläger angestellt war, gab eine Erklärung ab, wonach Machin bei einem Treffen im Februar 1993 gefragt habe, was ihm als Gegenleistung für eine Aussage angeboten werden würde. Sie erinnert sich auch daran, daß Fürst die Frage aufwarf, ob er eventuell Anspruch auf einen Finderlohn habe. Machin bestritt, daß er um Geld gebeten habe, sagte jedoch, er habe als Gegenleistung für Unterstützung um politisches Asyl gebeten. Er gab auch zu, daß er $10.000 von Solomon Breslaw, Mina Breslaws Sohn, angenommen habe. Solomon Breslaw wurde hauptsächlich als Zeuge präsentiert, um eine Plattform für einen Angriff auf Machins Glaubwürdigkeit zu bieten. Er sagte, Machin habe um Geld gebeten, und er habe Machin im Februar 1988 im Foyer des Hotels Savoy $10.000 gegeben. Er bestritt, daß dies mit Einverständnis Montgomerys geschehen sei, obwohl Montgomery anscheinend kurz vor der Geldübergabe in dem Hotel gewesen war. Zur gleichen Zeit habe er ihm eine Liste mit Fragen ausgehändigt. Diese Fragen seien von Montgomery gekommen und hätten die Überschrift getragen: „Fragen, die Breslaw Machin stellen sollte“. Die Fragen seien daraufhin ausgerichtet gewesen, Machins Aussage auf die Probe zu stellen und hätten, gekoppelt mit der Zahlung, die Absicht verfolgt, zu versuchen, Machin zur Unterstützung der Sachverhaltsdarstellung der Firma Cobert zu gewinnen. In Solomon Breslaws schriftlicher Aussage gab es keinen Hinweis auf die Zahlung von Geld. Es gab darin auch keinen Hinweis auf die Fragen. Meines Erachtens sollte Absatz 20 von Breslaws schriftlicher Aussage dazu dienen, die Tatsache zu verheimlichen, daß Montgomery bei dem Vorfall, bei dem Geld an Machin gezahlt wurde, anwesend war. Ich schenkte Breslaws Versuchen, Montgomery von der Zahlung, die ich als Bestechungszahlung an Machin betrachtete, zu distanzieren, keinen Glauben. Montgomery blieb nicht lange genug im Gerichtsraum, um seine Erklärung zu dem Fragenkatalog abgeben zu können. Während dies, ganz unabhängig von meinen Beobachtungen bezüglich Breslaw, Breslaws Glaubwürdigkeit zerstörte, wird dadurch die Darstellung der Kläger nicht unterstützt und erst recht nicht die Glaubwürdigkeit von Machin. Als er am Ende seiner Aussage gefragt wurde, ob er bereit sei, seine Aussage an den Meistbietenden zu verkaufen, antwortete er:

> „Was würden Sie anderes von einem Menschen erwarten, der fünf Jahre im Gefängnis war, hinter Gittern im Lager zum Invaliden wurde und 150.000 Rubel investiert hat?“

I have sympathy for anyone serving a sentence at that time in the Soviet Union. But I cannot reflect that sympathy in any finding as to credibility. His own evidence contained unexplained inconsistencies. I do not believe him when he said he discovered the identity of the painting from the "Verlorene" when, as he accepted, he does not speak German. His attempts to persuade me that he was acting merely to ensure that the painting returned to its rightful owner were unsuccessful. Like the others, he was not engaged in this venture "to earn a medal".

Greshnikov's evidence was more convincing. I accept his evidence as to how Fürst came by the painting from Bishkinsky and Bezuevsky and as to the introduction to Mrs Dikeni. His evidence is of importance in assessing the evidence of Fürst because he says that Fürst exhibited no reluctance in buying the painting although he did say that it would be difficult to sell. Moreover, he says that after the painting had been given to Mrs Dikeni, Fürst telephoned to say that he had not received the painting. Those two pieces of evidence were inconsistent with the account of Fürst. Greshnikov denied that he was ever given a deposit of DM 50,000 to show the painting.

It is Fürst's evidence which is central to the plaintiffs' contention that there was a misappropriation once the painting came into Mrs Dikeni's hands. There are ample grounds for suspecting his credibility. He was heavily involved in smuggling works of art from the Soviet Union. In 1993 Fürst was claiming that the courier was called Mrs Sunguza (according to an affidavit sworn in September 1993 by Dr Carl a partner in the plaintiffs' solicitors). His evidence that he was reluctant to sell the painting finds no support in the evidence of Greshnikov. Importantly, Fürst accepted that he expected a fee for assisting the plaintiffs in the litigation. Notwithstanding these considerations which taint his evidence, having seen and heard Fürst, I believe him when he says that he gave the painting to Mrs Dikeni and, contrary to his instructions, that it was never returned to him. It was argued on behalf of Cobert that his familiarity with Rohde's business, and the facts that he was paid DM 25,000 and that Mrs Dikeni was a courier who acted on behalf of Rohde show that Fürst expected Rohde to be involved in the sale of the painting all along and that the subsequent sale to Mina Breslav was with Fürst's connivance. Thus, there was no misappropriation.

Ich habe Mitgefühl für jeden, der zur damaligen Zeit in der Sowjetunion eine Gefängnisstrafe verbüßte. Dieses Mitgefühl darf jedoch auf die Beurteilung seiner Glaubwürdigkeit keinen Einfluß haben. Seine eigene Aussage enthielt Widersprüche, die nicht erklärt wurden. Ich glaube ihm nicht, wenn er sagt, daß er anhand der „Verlorenen Werke der Malerei" feststellte, um was für ein Gemälde es sich handelte, wenn er, wie er zugab, kein Deutsch spricht. Seine Versuche, mich davon zu überzeugen, daß er nur sicherstelen wollte, daß das Gemälde seinem rechtmäßigen Besitzer zurückgegeben werde, waren erfolglos. Wie die anderen, war auch er an diesem Unternehmen nicht beteiligt, „um einen Orden zu verdienen".

Greschnikows Aussage war überzeugender. Ich akzeptiere seine Aussage dazu, wie Fürst durch Bischkinski und Bezuewski an das Bild kam, und seine Aussage zu der Vermittlung des Kontakts mit Frau Dikeni. Seine Aussage ist wichtig bei der Beurteilung der Aussage von Fürst, denn er sagt, Fürst habe keine Abneigung gezeigt, das Bild zu kaufen, auch wenn er sehr wohl sagte, daß es schwierig zu verkaufen sein werde. Darüber hinaus sagt er aus, nachdem das Bild Frau Dikeni übergeben worden sei, habe Fürst angerufen, um mitzuteilen, daß er das Bild nicht erhalten habe. Diese beiden Aussagen stehen in Widerspruch zu der Aussage von Fürst. Greschnikow bestritt, daß er jemals eine Anzahlung von DM 50.000 erhalten habe, um das Gemälde zu zeigen.

Es ist Fürsts Aussage, die von zentraler Bedeutung für die Behauptung der Kläger ist, daß eine Unterschlagung vorlag, sobald das Gemälde in Frau Dikenis Hände gelangte. Es gibt reichlich Gründe dafür, seine Glaubwürdigkeit anzuzweifeln. Er war in erheblichem Ausmaß daran beteiligt, Kunstwerke aus der Sowjetunion herauszuschmuggeln. 1993 behauptete Fürst, der Kurier habe Frau Sunguza geheißen (nach einer schriftlich beeidigten Erklärung, die im September 1993 von Dr. Carl, einem Partner in der Rechtsanwaltskanzlei der Kläger, abgegeben wurde). Seine Aussage, er sei nicht daran interessiert gewesen, das Gemälde zu verkaufen, wird durch Greschnikows Aussage nicht unterstützt. Es ist wichtig, daß Fürst zugab, daß er ein Honorar für die Unterstützung der Kläger im Rechtsstreit erwartete. Ungeachtet dieser Erwägungen, die kein gutes Licht auf seine Glaubwürdigkeit werfen, glaube ich Fürst, nachdem ich ihn gesehen und gehört habe, wenn er sagt, daß er das Gemälde Frau Dikeni übergeben habe, und daß es ihm, entgegen seinen Anweisungen, nie zurückgegeben worden sei. Für die Firma Cobert wurde vorgetragen, daß seine Vertrautheit mit Rohdes Geschäft, die Tatsache, daß ihm DM 25.000 gezahlt wurden, und daß Frau Dikeni im Namen von Rohde als Kurier tätig war, zeigten, daß Fürst von Anfang an davon ausging, daß Rohde am Verkauf des Gemäldes beteiligt sein werde, und daß der nachfolgende Verkauf an Mina Breslaw mit stillschweigender Einwilligung Fürsts geschah. Demzufolge habe es keine Unterschlagung gegeben.

I do not think that Fürst's evidence that he accepted DM 25,000 from Rohde supports the conclusion that Rohde's possession was with the permission or connivance of Fürst. On the contrary it seems to me that Fürst's admission that he did receive DM 25,000 from Rohde provides an indication that he was telling the truth. I see no reason why it was necessary for Fürst to reveal that he had received any payment from Rohde. I accept that Fürst would have a motive for concealing any part which he played in transferring the painting to Rohde and any responsibility he might bear for the painting coming into the hands of Cobert. By distancing himself from those transactions he might expect to be viewed more favourably by the plaintiffs and increase his chances of a fee. But if that was a motive underlying his evidence, I do not see why he should have revealed as much as he did about his negotiations with Rohde and the acceptance of DM 25,000. Although I have viewed his evidence with suspicion, I do believe him in relation to his dealings with Mrs Dikeni.

Accordingly I find that the painting was handed to Mrs Dikeni in 1987 and misappropriated by her. If she herself had been the victim of a misappropriation, I would have expected her to tell Fürst at the time. In any event, for the purposes of the limitation issue, it matters not whether she, or a succeeding possessor, misappropriated the painting.

I.2 Approach to Foreign Law

In resolving the disputes as to foreign law, I must be guided by the following principles: –

(1) When faced with conflicting evidence about foreign law I must resolve differences in the same way as in the case of other conflicting evidence as to facts. **(Bumper Corporation v. Commissioner of Police of the Metropolis [1991] 1WLR 1362, 1368G)**

(2) Where the evidence conflicts I am bound to look at the effect of the foreign sources on which the experts rely as part of their evidence in order to evaluate and interpret that evidence and decide between the conflicting testimony. **(Bumper Corporation at 1369H)**

(3) I should not consider passages contained within foreign sources of law produced by the experts to which those experts have not themselves referred. **(Bumper Corporation 1369D–G)**

Ich bin nicht der Auffassung, daß Fürsts Aussage, daß er DM 25.000 von Rohde annahm, die Schlußfolgerung stützt, daß Rohde den Besitz mit Fürsts Erlaubnis oder stillschweigender Einwilligung innehatte. Ganz im Gegensatz dazu erscheint es mir, daß Fürsts Einräumung, er habe in der Tat DM 25.000 von Rohde erhalten, einen Hinweis darauf darstellt, daß er die Wahrheit gesagt hat. Ich sehe keinen Grund, warum Fürst offenbaren müßte, daß er überhaupt eine Zahlung von Rohde erhalten hatte. Ich akzeptiere, daß Fürst ein Motiv dafür gehabt hätte, jegliche Mitwirkung bei der Überlassung des Gemäldes an Rohde und jede Verantwortung seinerseits dafür, daß das Gemälde in die Hände der Firma Cobert gelangte, zu verheimlichen. Wenn er sich selbst von diesen Vorgängen distanziert hätte, hätte er eventuell erwarten können, von den Klägern in günstigerem Licht gesehen zu werden und seine Aussichten auf ein Honorar dadurch zu vergrößern. Wenn dies jedoch ein Motiv für seine Aussage gewesen sein sollte, verstehe ich nicht, warum er tatsächlich so viel über seine Verhandlungen mit Rohde und die Annahme von DM 25.000 zugegeben hat. Auch wenn ich seine Aussage mit Mißtrauen betrachtet habe, glaube ich ihm doch, was seine Beziehungen zu Frau Dikeni angeht.

Dementsprechend stelle ich als gegeben fest, daß das Gemälde 1987 Frau Dikeni übergeben und von ihr unterschlagen wurde. Wäre sie selbst Opfer einer Unterschlagung gewesen, hätte ich erwartet, daß sie dies damals Fürst mitgeteilt hätte. Auf jeden Fall ist es für die streitige Frage der Verjährung nicht von Belang, ob sie oder ein späterer Besitzer, das Gemälde unterschlagen hat.

I.2 Anwendung ausländischen Rechts

Bei der Klärung des Streits über ausländisches Recht muß ich mich von folgenden Prinzipien leiten lassen.

(1) Falls ich mit sich widersprechendem Beweismaterial zu ausländischem Recht konfrontiert werde, muß ich Streitfragen in derselben Weise lösen wie bei anderen sich widersprechenden Beweisen, die Tatsachen betreffen **(Bumper Corporation -v- Commissioner of Police of the Metropolis [1991] 1 WLR 1362, 1368G).**

(2) Wenn Beweise sich widersprechen, bin ich gehalten, die Rechtsfolgen der ausländischen Quellen zu untersuchen, auf die die Sachverständigen sich für ihre Aussage stützen, um diese Beweise auszuwerten und zu interpretieren und zwischen den sich widersprechenden Aussagen eine Entscheidung zu treffen **(Bumper Corporation, 1369H).**

(3) Bei ausländischen Rechtsquellen, die von den Sachverständigen vorgelegt werden, sollte ich darin enthaltene Textpassagen, auf die sich die Sachverständigen selbst nicht bezogen haben, nicht berücksichtigen **(Bumper Corporation 1369D-G).**

(4) It is not permissible to reject uncontradicted expert evidence unless it is patently absurd. **(Bumper Corporation 1371B)**

(5) In considering foreign sources of law I should adopt those foreign rules of construction of which the experts have given evidence (this principle underlies the principle that an English court must not conduct its own researches into foreign law).

(6) Whilst an expert witness may give evidence as to his interpretation of the meaning of a statute it is not for the expert to interpret the meaning of a foreign document. His evidence will be limited to giving evidence as to the proper approach, according to the relevant foreign rules of construction, to that document.

There is no dispute as to the approach the German Court would take to issues in respect of which there is no judicial precedent. It would have regard to commentaries on the German Civil Code ("BGB"). It would not feel bound by the mere fact that the majority of commentators took a particular view or by the most recent statement of opinion. It would take into account the quality of arguments, the consistency of the statements and the reputation of the authors. German Courts adopt a teleological approach, interpreting a statute according to its purpose.

Law Applicable to the Transfer of Title to the Painting

There is no dispute between the parties but that I must apply German domestic law in order to trace the title to the painting. Both sides agree that: –

> "the validity of a transfer of a tangible movable and its effect on the proprietary rights of the parties thereto and of those claiming under them in respect thereof, are governed by the law of the country where the movable is at the time of the transfer. (Lex Situs). (See Rule 118 Dicey and Morris Conflict of Laws 1993 Edn. Page 965 and Winkworth -v- Christie Manson and Woods Limited and anr. [1981] Ch. 496 at 513)."

No-one has suggested that any of the five exceptions to which Slade J. referred at pages 501 and 514 A–B. apply. Accordingly, the Federal Republic of Germany must establish that it has title to the painting under German law. There was no argument before me as to the effect of Soviet law on proprietary rights whilst the painting was within Soviet territory. Under Soviet law if the transfer of pos-

(4) Es ist nicht statthaft, unwidersprochene Aussagen von Sachverständigen zurückzuweisen, außer, diese sind offensichtlich absurd **(Bumper Corporation 1371B).**

(5) Bei der Betrachtung ausländischer Rechtsquellen sollte ich mir die Auslegungsregeln zu eigen machen, über die die Sachverständigen Beweis erbracht haben (diese Regel unterliegt dem Prinzip, daß ein englisches Gericht nicht selbst die Erforschung ausländischen Rechts betreiben darf).

(6) Während ein sachverständiger Zeuge Beweis bezüglich seiner Auslegung der Bedeutung einer Gesetzesvorschrift erbringen kann, steht es ihm nicht zu, die Bedeutung einer ausländischen Urkunde zu interpretieren. Seine Aussage wird darauf beschränkt sein, den richtigen Ansatz zum Verständnis dieser Urkunde nach den einschlägigen ausländischen Auslegungsregeln darzulegen.

Der methodische Ansatz eines deutschen Gerichts zur Klärung von Fragen, für die es keinen juristischen Präzedenzfall gibt, ist unstreitig. Es würde sich auf Kommentare zum Bürgerlichen Gesetzbuch („BGB") beziehen. Es würde sich nicht durch die bloße Tatsache, daß die Mehrheit der Kommentatoren eine bestimmte Ansicht vertritt, oder durch die zuletzt vertretene Meinung gebunden fühlen. Es würde die Qualität der Argumente, die Folgerichtigkeit der Aussagen und den Ruf der Autoren berücksichtigen. Deutsche Gerichte gehen nach einem teleologischen Ansatz vor, d. h. sie beurteilen eine Gesetzesvorschrift nach ihrem Zweck.

Das auf den Übergang des Eigentums an dem Gemälde geltende Recht

Es ist unstreitig zwischen den Parteien, daß ich deutsches innerstaatliches Recht anwende, um das Eigentum an dem Gemälde zurückzuverfolgen. Beide Seiten sind sich darin einig, daß

> „die Gültigkeit der Übertragung einer beweglichen Sache und ihre Auswirkung auf die Eigentumsrechte der an der Übertragung beteiligten Parteien und die Eigentumsrechte derer, die im Rahmen dieser Eigentumsrechte in bezug auf diese Übertragung Ansprüche erheben, unterliegt dem Recht des Landes, in dem sich die bewegliche Sache zum Zeitpunkt der Übertragung befindet (lex situs) (siehe Regel 118, Dicey & Morris, Conflict of Laws, Ausgabe 1993, Seite 965 und Winkworth ./. Christie Manson and Woods Limited et al. [1981] Ch. 496, 513)."

Niemand hat die Ansicht geäußert, daß eine der fünf Ausnahmen gilt, auf die sich Mr. Justice Slade auf den Seiten 501 und 514 A – B bezieht. Dementsprechend muß die Bundesrepublik Deutschland nachweisen, daß sie nach deutschem Recht das Eigentum an dem Gemälde hat. Es gab vor mir keine Auseinandersetzung über die Auswirkung sowjetischen Rechts auf das Eigentum während des

session occurred without lawful consent of the owner, no subsequent possessor could acquire title. No-one has suggested that Soviet law is relevant to the issue of title.

Title to the Painting under German Law

The question whether the Federal Republic of Germany can prove title to the painting turns on the effect of legislative provisions passed between 6 July 1945 and 24 July 1946 and the location of the painting during that period. Whilst not admitted in the pleadings, Cobert was prepared to assume The Art Foundation acquired ownership of the painting in 1928.

The Orders and Laws passed in the period July 1945 to July 1946 concerned confiscation, sequestration and expropriation of property within the area covered by the Soviet Military Administration in Germany. It is important, therefore, to distinguish between confiscation, sequestration and expropriation. It is accepted by both Professor Werner and Professor Brunner, the experts in German Law, that: –

(i) Confiscation merely had the effect of placing the property under the control of the state. It did not have the effect of altering ownership.

(ii) Sequestration was concerned with the administration of the confiscated property; to secure confiscation by preventing interference by the owner whose rights were restricted by confiscation. Sequestration did not, therefore, alter ownership in the property.

(iii) It is only expropriation which has the effect of depriving a former owner of his title to the asset.

Confiscation and sequestration may therefore be regarded as measures preliminary to expropriation, designed to prevent subsequent expropriation from being frustrated by the former owner.

Confiscation of the painting on 6th July 1945

In order to determine whether the painting was expropriated in October 1945 it is necessary to determine whether the painting was confiscated in July 1945.

Zeitraumes, zu dem das Gemälde sich auf sowjetischem Territorium befand. Nach sowjetischem Recht konnte kein nachfolgender Besitzer das Eigentum erwerben, wenn die Besitzübertragung ohne rechtmäßige Zustimmung des Eigentümers geschah. Keine der Parteien hat die Ansicht vertreten, daß sowjetisches Recht für den Streit über das Eigentum von Belang sei.

Das Eigentum an dem Gemälde nach deutschem Recht

Bei der Frage, ob die Bundesrepublik Deutschland ihr Eigentum an dem Gemälde nachweisen kann, geht es um die Wirkung gesetzlicher Bestimmungen, die zwischen dem 6. Juli 1945 und dem 24. Juli 1946 erlassen wurden, und um den Verbleib des Gemäldes während dieses Zeitraums. Obwohl die Firma Cobert dies nicht in der schriftlichen Erwiderung zugestanden hat, war sie bereit, unstreitig zu stellen, daß die Kunststiftung 1928 das Eigentum an dem Gemälde erworben hat.

Die von Juli 1945 bis Juli 1946 erlassenen Verfügungen und Gesetze betrafen die Beschlagnahme, Sequestration und Enteignung von Vermögen auf dem Gebiet der sowjetischen Militäradministration in Deutschland. Es ist daher wichtig, zwischen Beschlagnahme, Sequestration und Enteignung zu unterscheiden. Es wird sowohl von Professor Werner als auch von Professor Brunner, den Sachverständigen für deutsches Recht, folgendes übereinstimmend festgestellt:

i. Eine Beschlagnahme hatte nur die Wirkung, daß das Vermögen unter die Kontrolle des Staates gestellt wurde. Die Eigentumsverhältnisse wurden dadurch nicht geändert.

ii. Eine Sequestration bezog sich auf die Verwaltung beschlagnahmten Vermögens, und zwar, um die Beschlagnahme zu sichern, indem Eingriffe des Eigentümers verhindert wurden, dessen Rechte durch die Beschlagnahme eingeschränkt waren. Die Sequestration führte daher zu keiner Änderung der Eigentumsverhältnisse.

iii. Nur die Enteignung hatte die Wirkung, einem früheren Eigentümer sein Eigentumsrecht an dem Vermögensgegenstand zu entziehen.

Beschlagnahme und Sequestration können daher als der Enteignung vorausgehende Maßnahmen angesehen werden, die dazu dienen sollten, zu verhindern, daß die anschließende Enteignung von dem früheren Eigentümer vereitelt wurde.

Die Beschlagnahme des Gemäldes am 6. Juli 1945

Um festzustellen, ob im Oktober 1945 eine Enteignung des Gemäldes stattgefunden hat, ist es erforderlich, festzustellen, ob das Gemälde im Juli 1945 beschlag-

Three or four days after Russian troops arrived in Thüringia, the President of the Government of Thüringia passed a Polizeiverfügung (called in these proceedings a police order) and a Polizeiverordnung (called in these proceedings a police regulation) concerning confiscation of certain assets. It is accepted by both Professor Werner and Professor Brunner that, as a matter of general law, the legal validity of a Verfügung depends upon a Verordnung. The Verfügung of 6 July, 1945 purports to confiscate assets of the former reigning royal house of Saxe-Coburg-Gotha.

> "Based on paragraph 1 ff of the Polizeiverordnung (regulation) concerning the confiscation of assets of former members of the national socialist German workers' party, the assets of the Duke of Saxe-Coburg-Gotha and of his house ... are confiscated"
>
> "In particular also in so far as assets have been transferred to the "Foundation of the Duke of Saxe-Coburg-Gotha's Family" and the "Foundation for the Arts and Sciences" (see para 2 of Polizeiverordnung (police regulation) dated 6th July 1945)"

The Polizeiverordnung appears on its face, to be inconsistent with the Verfügung which purported to confiscate all the assets which had formally belonged to the Duke of Saxe-Coburg-Gotha. The Verordnung provided in paragraph 1 for the confiscation of assets of former members of the national socialist German workers' party, its organisations and affiliated bodies. The Foundation for Art and Science was not such a body. But by paragraph 2 of the Verordnung: –

> "Such confiscation of assets also applies to third persons to whom individuals named in paragraph 1, have transferred, after 30th January 1933, ownership, possession or other entitlements in relation to such items."

Although the Duke fell within paragraph 1, the assets of the Art Foundation and in particular the painting were not transferred after 30th January 1933. There is no evidence that any assets were transferred by the Duke to the Art Foundation after that date. Thus, the problem arises as to whether the Verfügung had the legal effect of confiscating the painting or whether, because the painting was transferred to the Foundation before 30th January 1933, the Verordnung prevails and had the effect that the painting was not confiscated.

Although at one point Professor Brunner expressed some doubt, in general both experts agreed that, although the confiscation of all the assets of the Art Foundation whether or not they had been transferred after 30th January 1933 lacked a legal basis, the confiscation under the Verfügung was not null and void ("nich-

nahmt wurde. Drei oder vier Tage nach der Ankunft russischer Truppen in Thüringen erließ der Regierungspräsident von Thüringen eine *Polizeiverfügung* (kursiv hervorgehobene Begriffe werden entweder im Original deutsch angegeben oder im Original dem englischen Begriff hinzugefügt, Anm. d. Übers.) (in diesem Verfahren „police order" genannt) und eine *Polizeiverordnung* (in diesem Verfahren „police regulation" genannt) bezüglich der Beschlagnahme bestimmter Vermögenswerte. Es wird sowohl von Professor Werner als auch von Professor Brunner akzeptiert, daß nach allgemeinem Rechtsverständnis die Rechtsgültigkeit einer *Verfügung* von dem Bestehen einer *Verordnung* abhängig ist. Die Verfügung vom 6. Juli 1945 sieht die Beschlagnahme von Vermögenswerten des früheren regierenden Fürstenhauses von Sachsen-Coburg und Gotha vor:

> „Auf Grund der §§ 1 ff der Polizeiverordnung (regulation) über die Beschlagnahme des Vermögens der ehemaligen Mitglieder der NSDAP wird das Vermögen des Herzogs von Sachsen-Coburg – Gotha und seines Hauses ... beschlagnahmt,
>
> insbesondere auch soweit Vermögensgegenstände auf die „Stiftung der Herzog von Sachsen-Coburg und Gotha'schen Familie" und auf die „Stiftung für die Künste und Wissenschaften" übertragen worden sind (siehe § 2 der Polizeiverordnung (police regulation) vom 6. Juli 1945)."

Auf den ersten Blick scheint die Polizeiverordnung im Widerspruch zur Verfügung zu stehen, die die Beschlagnahme aller Vermögenswerte zum Inhalt hat, die offiziell dem Herzog von Sachsen-Coburg und Gotha gehört hatten. Die Verordnung sah in § 1 die Beschlagnahme von Vermögenswerten früherer Mitglieder der Nationalsozialistischen Deutschen Arbeiterpartei, ihrer Organisationen und angeschlossenen Organe vor. Die Stiftung für Kunst und Wissenschaft war kein solches Organ. § 2 der Verordnung besagt jedoch folgendes:

> „Diese Beschlagnahme von Vermögenswerten ist auch gegen Dritte wirksam, auf welche die im § 1 benannte Personen nach dem 30. Januar 1933 Eigentum, Besitz oder andere Rechte übertragen haben, hinsichtlich der übertragenen Gegenstände."

Zwar fiel der Herzog unter § 1, doch waren die Vermögenswerte der Kunststiftung und insbesondere das Gemälde nicht nach dem 30. Januar 1933 übertragen worden. Es gibt keinen Beweis dafür, daß vom Herzog nach diesem Termin Vermögenswerte an die Kunststiftung übertragen wurden. Daher ergibt sich das Problem, ob das Gemälde rechtswirksam durch die Verfügung beschlagnahmt wurde oder ob, da das Gemälde nicht nach dem 30. Januar 1933 übertragen worden war, die Verordnung maßgebend ist mit der Wirkung, daß das Gemälde nicht beschlagnahmt wurde.

Obwohl Professor Brunner an einem Punkt gewisse Zweifel äußerte, stimmten im allgemeinen beide Sachverständige darin überein, daß, obwohl die Beschlagnahme aller Vermögenswerte der Kunststiftung, unabhängig davon, ob sie nach dem 30. Januar 1933 übertragen worden waren, keine rechtliche Grundlage

tig") but was merely open to be challenged by appropriate legal remedies and was effective unless and until such legal remedies were taken to have the Verfügung declared invalid ("rechtswidrig"). In other words, the Verfügung was, to put it loosely in English terms, only voidable and not void and had legal effect until successfully challenged in court. No such challenge took place.

Professor Brunner took the view that there was no conflict between the Verfügung and the Verordnung. It was necessary to read them together. Read together, all that was confiscated by the Verfügung and Verordnung were those assets transferred to the Art Foundation after 30th January 1933. But there is no evidence that any assets were transferred to the Foundation after that date. Nor is there any basis for supposing that the Verfügung was passed in the mistaken belief that the assets were transferred to the Foundation for Art and Science after 30th January 1933. (A memorandum for the file dated 24 June 1949 asserts that the Foundation for Art and Science was created in 1934, but the same memorandum refers to Foundation Statutes 23rd March 1928 at its head and contradicts such a belief in the following page). In my judgment the Verfügung and the Verordnung are inconsistent. Nevertheless I accept that the consequences are that the Verfügung, which was never challenged, was legally effective; in other words was not "nichtig" but only "rechtswidrig". Accordingly the painting, which was in Thüringia on 6th July 1945, was confiscated.

The Law of 9th October 1945

On 9th October 1945 the Soviet Military Administration in Germany (SMAD) passed a law ("Gesetz") concerning the securing and expropriation of Nazi property. By paragraph 19: –

> "The confiscation orders (Verfügung) made pursuant to the police regulations (Verordnung) concerning the confiscation of assets of former members of the national socialist German workers party on 6th July 1945 (Government Gazette page 3) are valid as expropriation orders within the meaning of this Act, even if such orders had not been published."

The effect of the paragraph was to expropriate the assets of the Art Foundation. Both Professors agree that if the picture was confiscated by virtue of the Verfügung, as I have already concluded, the consequence of the law of 9 October 1945 was to expropriate it. Thus, title to the painting passed to the Land of Thüringia

hatte, die auf die Verfügung gestützte Beschlagnahme nicht nichtig (im Original: null and void, Anm. d. Übers.) war, sondern lediglich durch entsprechende Rechtsmittel angefochten werden konnte und wirksam war, außer wenn und bis diese Rechtsmittel ergriffen wurden, um die Verfügung für rechtswidrig (im Original: invalid, doch mit Hinweis des Richters auf das deutsche Wort „rechtswidrig", Anm. d. Übers.) zu erklären. In anderen Worten: die Verfügung war, um es frei in englischen Worten auszudrücken, nur anfechtbar und nicht nichtig und war rechtswirksam, bis sie erfolgreich gerichtlich angefochten wurde. Eine solche Anfechtung fand nicht statt.

Professor Brunner vertrat die Ansicht, es bestehe kein Widerspruch zwischen der Verfügung und der Verordnung. Es sei erforderlich, sie zusammen zu lesen. Zusammen gelesen, sei der Umfang dessen, was durch die Verfügung und die Verordnung beschlagnahmt worden sei, auf diejenigen Vermögenswerte beschränkt gewesen, die nach dem 30. Januar 1933 auf die Kunststiftung übertragen worden seien. Es gibt jedoch keinen Beweis dafür, daß nach diesem Datum Vermögenswerte an die Kunststiftung übertragen wurden. Es gibt auch keine Grundlage für die Annahme, daß die Verfügung in der irrigen Annahme erlassen wurde, daß die Vermögenswerte nach dem 30. Januar 1933 an die Kunststiftung übertragen wurden. (In einem Aktenvermerk vom 24. Juni 1949 wird behauptet, die Stiftung für Kunst und Wissenschaft sei 1934 gegründet worden, doch bezieht sich derselbe Vermerk in seiner Überschrift auf die Stiftungssatzung vom 23. März 1928 und widerspricht einer solchen Annahme auf der folgenden Seite). Meines Erachtens widersprechen sich die Verfügung und die Verordnung. Trotzdem akzeptiere ich, daß sie zur Folge haben, daß die Verfügung, die nie angefochten wurde, rechtswirksam war, in anderen Worten: sie war nicht nichtig, sondern nur rechtswidrig. Dementsprechend war das Gemälde, das sich am 6. Juli 1945 in Thüringen befand, beschlagnahmt.

Das Gesetz vom 9. Oktober 1945

Am 9. Oktober 1945 erließ die sowjetische Militäradministration in Deutschland (SMAD) ein Gesetz zur Sicherstellung und Enteignung von Nazieigentum. Nach § 19 galt folgendes:

> „Die auf Grund der Polizeiverordnung über die Beschlagnahme des Vermögens ehemaliger Mitglieder der NSDAP vom 6. Juli 1945 (Regierungsblatt für Thüringen, Seite 3) ergangenen Beschlagnahmeverfügungen gelten, auch wenn sie nicht veröffentlicht worden sind, als Enteignungsverfügungen im Sinne dieses Gesetzes."

Dieser Paragraph bewirkte die Enteignung der Vermögenswerte der Kunststiftung. Beide Professoren sind sich einig, daß, wenn das Gemälde kraft der Verfügung beschlagnahmt wurde, die Rechtsfolge des Gesetzes vom 9. Oktober 1945, wie ich schon festgestellt habe, in der Enteignung des Gemäldes bestand. Auf

in October 1945 because the painting was at that time within the territory covered by the Soviet Military Administration.

Order No 124 (SMAD) The Law of 4 December 1945, Order No 38 (SMA) and the Law of 24 July 1946

Even if the painting was expropriated by the Law of 9 October 1945, Cobert contend that the October 1945 Law was repealed by the Law of 4 December 1945 and the painting was no longer the subject of expropriation. That issue turns on the proper construction of those two laws and the effect of Orders (SMAD) passed by the Soviet Military Administration for Germany pursuant to which local Orders (SMA) were made by the Soviet Military Administration in Thüringia and the two local Thüringian laws were passed. Both Professors accepted that, after October 1945, the Soviet Military Administration appreciated that the German authorities may have been over-eager in their confiscation and expropriation of assets, in the belief that their owners may have belonged to organisations forbidden or disbanded by the Soviet Military Command. The overall policy of the Soviet Military Administration between October 1945 and July 1946 was to secure assets located in areas under its jurisdiction which might, on due consideration, fall to be expropriated and to allow time for considering whether all the assets previously confiscated and expropriated should be subject to expropriation. Accordingly, on 30th October 1945 by Order 124 (SMAD) assets located in the zone occupied by the Red Army were declared the subject of sequestration if they belonged to persons listed in that order. That order did not itself cover the Foundation. The instructions to the Order did not assist me. By a Law (Gesetz) of 4 December 1945 concerning the repeal of the Law of 9 October 1945 by order of the Soviet Military Administration for the Land of Thüringia: –

"Paragraph 1.

In view of the exhaustive regulations contained in orders of the Supreme Chief of Soviet Military Administration in Germany concerning the sequestration and temporary administration of some categories of assets in Germany (Order No 124 of 30th October) ... the Thüringian law of 9th October 1945 concerning securing and expropriation of nazi assets ... is hereby repealed.

diese Weise ging das Eigentum an dem Gemälde im Oktober 1945 auf das Land Thüringen über, da das Gemälde sich zu dieser Zeit auf dem Territorium der Sowjetischen Militäradministration befand.

Der SMAD-Befehl Nr. 124, das Gesetz vom 4. Dezember 1945, der SMA-Befehl Nr. 38 und das Gesetz vom 24. Juli 1946

Selbst wenn das Gemälde durch das Gesetz vom 9. Oktober 1945 enteignet wurde, behauptet die Firma Cobert, das Gesetz vom Oktober 1945 sei durch das Gesetz vom 4. Dezember 1945 außer Kraft gesetzt worden und das Gemälde sei nicht länger der Enteignung unterworfen gewesen. Dieser Streitpunkt dreht sich um die richtige Auslegung dieser beiden Gesetze und die Wirkung von SMAD-Befehlen, die von der Sowjetischen Militäradministration für Deutschland erlassen wurden, gemäß derer örtlich geltende SMA-Befehle von der Sowjetischen Militäradministration in Thüringen erlassen wurden und gemäß derer die beiden örtlichen Thüringer Gesetze erlassen wurden. Beide Professoren akzeptierten, daß die Sowjetische Militäradministration nach dem Oktober 1945 erkannte, daß die deutschen Behörden wohl übereifrig bei ihrer Beschlagnahme und Enteignung von Vermögenswerten gewesen waren in der Annahme, deren Besitzer könnten zu Organisationen gehört haben, die vom sowjetischen Militärkommando verboten oder aufgelöst worden waren. Die allgemeine Vorgehensweise der Sowjetischen Militäradministration zwischen Oktober 1945 und Juli 1946 bestand darin, Vermögenswerte sicherzustellen, die sich in Gebieten unter ihrer Hoheitsgewalt befanden, und die bei gebührender Erwägung eventuell der Enteignung anheimfallen würden, um Zeit zu gewinnen für die Überlegung, ob alle vorher beschlagnahmten und enteigneten Vermögenswerte auch der Enteignung unterliegen sollten. Dementsprechend wurde am 30. Oktober 1945 durch den SMAD-Befehl Nr. 124 erklärt, daß Vermögenswerte, die sich innerhalb der von der Roten Armee besetzten Zone befanden, der Sequestration unterliegen sollten, wenn sie in dem Befehl aufgeführten Personen gehörten. Dieser Befehl selbst erfaßte die Stiftung nicht. Die Ausführungsbestimmungen zu dem Befehl halfen mir nicht weiter. Ein Gesetz vom 4. Dezember 1945 bezüglich der Außerkraftsetzung des Gesetzes vom 9. Oktober 1945 auf Anordnung der Sowjetischen Militäradministration für das Land Thüringen beinhaltet folgendes:

„§ 1

Im Hinblick auf die erschöpfende Regelung in den Befehlen des Obersten Chefs der Sowjetischen Militär-Administration in Deutschland über die Verhängung der Sequester und zeitweiligen Verwaltung über einige Vermögenskategorien in Deutschland (Befehl Nr. 124 vom 30. Oktober 1945) ... wird das thüringische Gesetz vom 9. Oktober 1945 über die Sicherstellung und Enteignung von Nazivermögen hiermit aufgehoben.

> Paragraph 2.
>
> All matters pending at the time of this Act coming into force with authorities responsible pursuant to the Thüringian expropriation law of 9th October 1945 are as far as they are subject to the provisions of Orders No 124 and 126 in their current state handed over to the authorities appointed, according to these Orders and to existing and future execution regulations".

The translation probably does not do justice to the original.

Order No 38 (SMA), of 25 January 1946, of the Soviet Military Administration in Thüringia was passed in order to carry out Order No 124 within the region of Thüringia. It imposed sequestration upon the museum at Gotha (item 134) and the castle at Reinhardsbrunn (item 173). It is agreed that the sequestration, which referred only to buildings and installations, covered their contents.

Professor Werner takes the view that the effect of Paragraph 2 of the Law of 9 December 1945, is to maintain the expropriation under the Law of 9 October 1945 because the painting was covered by Order No 124 when read with its consequential local Order No 38.

Was the Expropriation by the Law of 9 October 1945 Repealed by the Law of 4 December 1945?

The question whether the Law of 4 December 1945 had the effect that the painting was no longer the subject of expropriation turns on the proper interpretation of Paragraph 2 of that Law. I do not think that any reliance can be placed upon the fact that the repeal purported to be retrospective. Professor Werner took the view that the Law of October 1945 was effective despite its retrospective effect and appeared to accept in cross-examination that a repeal of such expropriation was possible even if it was retrospective.

Cobert contends that Paragraph 2 is a merely procedural, transitional measure which has nothing to do with the substance of expropriation repealed by Paragraph 1. Professor Brunner's evidence was that Order 124 (SMAD) and Order 38 (SMA) merely provide for sequestration, and not expropriation, for the purposes of deciding whether subsequent expropriation might take place later.

In my judgment, detailed analysis of the Law of October 1945 and Paragraph 2 of the Law of 4 December 1945 leads to the conclusion that the expropriation of the painting by the Law of 9 October 1945 remained effective.

> § 2
>
> Die zur Zeit des Inkrafttretens dieses Gesetzes bei den bisher nach dem thüringischen Enteignungsgesetz vom 9. Oktober 1945 zuständigen Stellen anhängigen Angelegenheiten gehen, soweit sie unter die Befehle Nr. 124 und 126 fallen, in der Lage, in der sie sich befinden, an die nach diesen beiden Gesetzen und den dazu ergangenen und noch ergehenden Durchführungsverordnungen zuständigen Behörden über."

Die Übersetzung wird dem Original wahrscheinlich nicht gerecht.

Der SMA-Befehl Nr. 38 der Sowjetischen Militäradministration in Thüringen vom 25. Januar 1946 wurde erlassen, um in der Region Thüringen den Befehl Nr. 124 auszuführen. Durch ihn wurde das Museum in Gotha (Gegenstand Nr. 134) und Schloß Reinhardsbrunn (Gegenstand Nr. 173) unter Sequestration gestellt. Es besteht Einigkeit darüber, daß die Sequestration, die sich nur auf Gebäude und Einrichtungen bezog, sich auch auf deren Inhalt erstreckte.

Professor Werner ist der Auffassung, daß die Wirkung von § 2 des Gesetzes vom 9. Dezember 1945 darin besteht, die Enteignung nach dem Gesetz vom 9. Oktober 1945 aufrechtzuerhalten, da sich der Befehl Nr. 124, wenn dieser in Zusammenhang mit dem aus ihm folgenden örtlich geltenden Befehl Nr. 38 gelesen wird, auf das Gemälde erstreckte.

Wurde die Enteignung aufgrund des Gesetzes vom 9. Oktober 1945 durch das Gesetz vom 4. Dezember 1945 außer Kraft gesetzt?

Die Frage, ob die Wirkung des Gesetzes vom 4. Dezember 1945 darin bestand, daß das Gemälde nicht länger der Enteignung unterlag, hängt von der richtigen Interpretation von § 2 dieses Gesetzes ab. Ich glaube nicht, daß man sich in irgendeiner Weise darauf stützen kann, daß das Gesetz rückwirkend gelten sollte. Professor Werner vertrat die Auffassung, daß das Gesetz vom Oktober 1945 trotz seiner Rückwirkung rechtswirksam war und schien im Kreuzverhör anzuerkennen, daß eine Außerkraftsetzung einer solchen Enteignung sogar rückwirkend möglich war.

Die Firma Cobert behauptet, daß § 2 eine rein verfahrensrechtliche Übergangsmaßnahme sei, die nichts zu tun habe mit dem wesentlichen Inhalt der durch § 1 außer Kraft gesetzten Enteignung. Professor Brunners Aussage hatte zum Inhalt, daß der SMAD-Befehl Nr. 124 und der SMA-Befehl Nr. 38 nur die Sequestration und nicht die Enteignung vorsehen, mit dem Zweck, zu entscheiden, ob eine anschließende Enteignung später stattfinden solle.

Meines Erachtens führt eine detaillierte Analyse des Gesetzes vom Oktober 1945 und von § 2 des Gesetzes vom 4. Dezember 1945 zu dem Ergebnis, daß die durch das Gesetz vom 9. Oktober 1945 erfolgte Enteignung des Gemäldes wirksam blieb.

In order to establish that the expropriation of the painting under the Law of 9 October 1945 remained effective despite the Law of 4 December 1945, the plaintiffs must establish: –

(1) that the expropriation was one of the "matters pending at the time of this Act (Law of 4 December 1945) coming into force with authorities responsible pursuant to the Thüringian expropriation Law of 9 October 1945".

(2) that the painting was subject to the provisions of Order No 124.

If those conditions were satisfied then, pursuant to Paragraph 2 of the Law of 4 December 1945 the painting was handed over to the authorities appointed in its "current state"; in other words its legal status was maintained.

The scheme of the Law of 9 October 1945 was: –

(1) Assets liable to be expropriated were to be registered with Honorary Commissions established to check lists of assets and ensure compliance with the Law (Articles 13 and 14).

(2) The President of the Land of Thüringia was to decide which assets were to be expropriated (Article 7). Notice was to be served on former owners, if necessary by substituted service (Articles 7 and 8).

(3) A decision of expropriation had the effect of confiscation (Article 9).

(4) Land expropriations were to be notified to the Land Registry so that the appropriate changes could be entered (Article 10).

(5) The President of the Land had power to order temporary confiscation pending a decision as to expropriation (Article 12).

(6) Objections by third parties, other than spouses, claiming the assets could be lodged within 6 months (Article 17).

Matters would be pending, within the meaning of Paragraph 2, under those Articles when the Law of 4 December 1945 came into force.

It is important to emphasise that the painting, having been confiscated by the Verfügung of 6 July 1945 was treated as expropriated under the Law of 9 October

Um zu erreichen, daß die Enteignung des Gemäldes nach dem Gesetz vom 9. Oktober 1945 trotz des Gesetzes vom 4. Dezember 1945 wirksam blieb, müssen die Kläger folgendes nachweisen:

(1) daß die Enteignung eine der „bei Inkrafttreten dieses Gesetzes (Gesetz vom 4. Dezember 1945, Anm. des Richters) bei den bisher nach dem thüringischen Enteignungsgesetz vom 9. Oktober 1945 zuständigen Stellen anhängigen Angelegenheiten" war;

(2) daß das Gemälde den Bestimmungen dem Befehl Nr. 124 unterlag.

Waren diese Bedingungen erfüllt, dann wurde gemäß § 2 des Gesetzes vom 4. Dezember 1945 das Gemälde den benannten Behörden in seinem „jetzigem Zustand" übergeben, in anderen Worten: sein Rechtsstatus wurde aufrechterhalten.

Das Gesetz vom 9. Oktober 1945 sah folgende Vorgehensweise vor:

(1) Vermögenswerte, die wahrscheinlich enteignet werden würden, waren durch ehrenamtliche Kommissionen zu registrieren, die eingerichtet wurden, um Listen von Vermögenswerten zu überprüfen und die Einhaltung des Gesetzes sicherzustellen (§§ 13 und 14).

(2) Der Präsident des Landes Thüringen hatte darüber zu entscheiden, welche Vermögenswerte enteignet werden sollten (§ 7). Den früheren Eigentümern sollte eine Mitteilung darüber zugestellt werden, falls notwendig, durch öffentliche Zustellung (§§ 7 und 8).

(3) Ein Enteignungsbeschluß hatte die Wirkung einer Beschlagnahme (§ 9).

(4) Enteignungen von Grund und Boden waren dem Grundbuchamt mitzuteilen, damit die entsprechenden Änderungen eingetragen werden konnten (§ 10).

(5) Der Präsident des Landes hatte die Befugnis, die vorübergehende Beschlagnahme anzuordnen, solange eine Entscheidung bezüglich der Enteignung ausstand (§ 12).

(6) Einwendungen durch Dritte, die Anspruch auf die Vermögenswerte erhoben, konnten mit Ausnahme von Einwendungen durch Ehegatten innerhalb von 6 Monaten erhoben werden (§ 17).

Angelegenheiten sollten nach diesen Paragraphen bei Inkrafttreten des Gesetzes vom 4. Dezember 1945 als im Sinne von § 2 anhängig angesehen werden.

Es ist wichtig, zu betonen, daß das durch die Verfügung vom 6. Juli 1945 beschlagnahmte Gemälde nach dem Gesetz vom 9. Oktober 1945 als enteignet be-

1945 without the need for the procedure under Articles 7, 8, 13 and 14. By Article 19 (which suffered from a number of translations): –

> "The confiscation orders made pursuant to the police regulation concerning the confiscation of assets of former members of the National Socialist German WorkersParty of 6 July 1945 ... are valid as expropriation orders within the meaning of this Act, even if such orders have not been published."

The closing paragraph of Article 19 read: –

> "Assets which have been confiscated by the Occupation Authorities, or which will be confiscated in future are considered to be expropriated under the provisions of this Law. In such cases an expropriation decree by the President of the Land of Thüringia is not required."

Thus expropriation of the painting under the October Law did not depend upon any decision of the President of the Land but was effected by Article 19.

In my judgment, although expropriations falling within Article 19 had effect without the need for any further decision by the President of the Land such expropriations did fall within the meaning of "matters pending" under Article 2. They were still subject to the six months period for objection under Article 17 of the Law of October 1945.

Order 124 made provision for similar procedures under a fresh regime. The assets listed in Paragraphs 1 and 2 of that Order were to be notified to Local Administrations (Paragraph 3). Those Administrations were required to find and take into custody assets which were then to be registered and notified to military commanders (Paragraph 4).

It is to be noted that Order 124 itself made no provision for confiscation of assets. The function of confiscation was delegated to the local administrations by Paragraph 4.

The collection previously owned by the Art Foundation fell within Order 124 by virtue of Order 38. It is true that Order 38 was only enacted pursuant to Order 124 on 25 January 1946. It was faintly argued that the painting did not, therefore, fall within Order 124 as at the date of the Law of 4 December 1945. But, in my judgment, it is clear that for the purposes of Paragraph 2 of the Law of 4 December 1945 Order 38 must be read with Order 124 (the letter dated 16 January 1946 from the Director to the Trustee of the confiscated assets copied to the State Commission for the execution of Orders No 124/126 and the letter dated 17 November 1947 support that view).

handelt wurde, ohne daß das Verfahren nach §§ 7, 8, 13 und 14 notwendig war. § 19 (der durch eine Reihe von Übersetzungen gelitten hat, Anm. des Richters) hat folgenden Inhalt:

> „Die aufgrund der Polizeiverordnung über die Beschlagnahme des Vermögens ehemaliger Mitglieder der NSDAP vom 6. Juli 1945 (Regierungsblatt für Thüringen, S. 3) ergangenen Beschlagnahmeverfügungen gelten, auch wenn sie nicht veröffentlicht worden sind, als Enteignungsverfügungen im Sinne dieses Gesetzes."

Der Schlußabsatz von § 19 lautet:

> „Vermögen, das durch die Besatzungsbehörde beschlagnahmt worden ist oder künftig enteignet wird, gilt als im Sinne dieses Gesetzes enteignet. Einer Enteignungsverfügung des Präsidenten des Landes Thüringen bedarf es hierbei nicht."

Daher hing die Enteignung des Gemäldes durch das Gesetz vom Oktober nicht von einer Entscheidung des Präsidenten des Landes ab, sondern wurde durch § 19 bewirkt.

Meines Erachtens gehörten Enteignungen nach § 19, obwohl sie ohne eine weitere Entscheidung des Präsidenten des Landes wirksam waren, sehr wohl zu den „anhängigen Angelegenheiten" im Sinne von § 2. Sie unterlagen noch der Sechsmonatsfrist für Einwendungen nach § 17 des Gesetzes vom Oktober 1945.

In dem Befehl Nr. 124 wurde für ähnliche Verfahren eine neue Vorgehensweise vorgesehen. Die in §§ 1 und 2 dieser Anordnung aufgeführten Vermögenswerte waren örtlichen Verwaltungsbehörden anzugeben (§ 3). Diese Verwaltungsbehörden wurden aufgefordert, Vermögenswerte aufzufinden und in Verwahrung zu nehmen, die dann zu registrieren und den Militärkommandanten anzugeben waren (§ 4).

Es muß festgehalten werden, daß in dem Befehl Nr. 124 selbst keine Bestimmungen für die Beschlagnahme von Vermögenswerten enthalten sind. Die Ausführung der Beschlagnahme wurde durch § 4 an die örtlichen Behörden delegiert.

Aufgrund des Befehls Nr. 38 fiel die vorher im Eigentum der Kunststiftung befindliche Sammlung unter den Befehl Nr. 124. Es trifft zu, daß der Befehl Nr. 38 erst gemäß Befehl Nr. 124 am 25. Januar 1946 in Kraft gesetzt wurde. Es wurde zögerlich argumentiert, daß das Gemälde deshalb zum Zeitpunkt des Gesetzes vom 4. Dezember 1945 nicht unter den Befehl Nr. 124 fiel. Nach meiner Auffassung ist es jedoch klar, daß im Sinne von § 2 des Gesetzes vom 4. Dezember 1945 der Befehl Nr. 38 zusammen mit dem Befehl Nr. 124 ausgelegt werden muß (der Brief des Museumsdirektors an den Treuhänder der beschlagnahmten Vermögenswerte vom 16. Januar 1946, der der Staatskommission für die Durchführung

I accept Mr Layton QC's submission that it makes no sense if confiscations which had already been carried out by local authorities pursuant to the Verfügung of 6 July 1945 were no longer legally effective but were to be subject to the regime under Order 124 of notification and decision by the local administrations under Paragraph 4 of that Order. The correct view, in my judgment, is that the legal effect of previous confiscations remained effective under Paragraph 2 of the Law of 4 December 1945. The status of the collection confiscated by the Verfügung of 6 July 1945 was preserved by Paragraph 2 without the need for the procedures under Paragraphs 3 and 4 of Order 124; the collection remained subject to confiscation. If, moreover, the legal status of the collection was preserved by Paragraph 2 it follows that the collection remained subject not only to confiscation but also to expropriation. It is difficult to see how assets such as the collection, including the painting, retained their status as confiscated assets but not their status as expropriated assets. There was, after all, no provision for returning assets which had been expropriated to their original owners such as the Art Foundation. In my judgment, therefore, Professor Werner is correct in his opinion that the painting remained subject to expropriation. The effect of the Law of 4 December 1945 was to replace the regime which had previously existed under the Law of 9 October 1945 with the regime under Order 124 but not to repeal the confiscations which had been carried out prior to the Law of 9 October 1945 and which took effect as expropriations under that Law.

Contemporary documents 1945 to 1947

Both sides rely upon documents written between 1945 and 1947 to support their rival contentions as to the effect of the legislation passed in 1945 and 1946. Those documents provide a glimpse of the difficulties of administration in the post-war turmoil in Germany. They demonstrate the increasing confusion of those responsible for administering the Art Foundation. The Laws governing the legal status of the Art Foundation were not drafted with the precision to be expected in times of peace and stability. They are primarily concerned with difficulties in administration and not with legal status. But in my judgment those documents do at least support three propositions: –

der Befehle Nr. 124 und 126 in Kopie vorgelegt wurde, sowie der Brief vom 17. November 1947 unterstützen diese Ansicht).

Ich akzeptiere das Vorbringen von Herrn Layton QC, daß es keinen Sinn ergibt, wenn Beschlagnahmen, die bereits von örtlichen Behörden gemäß der Verfügung vom 6. Juli 1945 durchgeführt worden waren, nicht länger rechtswirksam waren, sondern dem Verfahren nach dem Befehl Nr. 124, d. h. der Benachrichtigung und Entscheidung durch die örtlichen Behörden nach § 4 dieser Anordnung unterlagen. Die richtige Auffassung ist meines Erachtens, daß die rechtliche Wirkung früherer Beschlagnahmen nach § 2 des Gesetzes vom 4. Dezember 1945 erhalten blieb. Die Rechtsstellung der durch die Verfügung vom 6. Juli 1945 beschlagnahmten Sammlung wurde durch § 2 erhalten, ohne daß die §§ 3 und 4 des Befehls Nr. 124 beschriebenen Schritte erforderlich waren; die Sammlung unterlag weiterhin der Beschlagnahme. Wurde die Rechtsstellung der Sammlung durch Abs. 2 gewahrt, folgt darüber hinaus, daß die Sammlung nicht nur weiterhin der Beschlagnahme, sondern auch der Enteignung unterlag. Es fällt schwer, zu sehen, wie Vermögenswerte wie die Sammlung, einschließlich des Gemäldes, ihre Stellung als beschlagnahmte Vermögenswerte, nicht jedoch ihre Stellung als enteignetes Vermögen behalten konnten. Es gab schließlich keine Bestimmung für die Rückgabe von beschlagnahmten Vermögenswerten an ihre ursprünglichen Eigentümer, wie z. B. die Kunststiftung. Meines Erachtens hat daher Professor Werner mit seiner Auffassung recht, daß das Gemälde weiterhin enteignet blieb. Die Wirkung des Gesetzes vom 4. Dezember 1945 bestand darin, die Vorgehensweise, die vorher nach dem Gesetz vom 9. Oktober 1945 gegolten hatte, durch das Verfahren nach dem Befehl Nr. 124 zu ersetzen, nicht jedoch in einer Außerkraftsetzung der Beschlagnahmen, die vor dem Gesetz vom 9. Oktober 1945 durchgeführt worden waren und die nach diesem Gesetz als Enteignungen wirksam wurden.

Zeitgenössische Urkunden 1945 bis 1947

Beide Seiten stützen sich auf Urkunden, die zwischen 1945 und 1947 verfaßt wurden, um ihre miteinander konkurrierenden Auffassungen zur Wirkung der 1945 und 1946 erlassenen Gesetzgebung zu unterstützen. Diese Dokumente vermitteln eine Ahnung von den Schwierigkeiten der Verwaltung in den Nachkriegswirren in Deutschland. Sie zeigen die wachsende Verwirrung derjenigen, die für die Verwaltung der Kunststiftung zuständig waren. Die Gesetze, durch die die Rechtsstellung der Kunststiftung geregelt wurde, waren nicht mit der Exaktheit abgefaßt, die in Zeiten des Friedens und der Stabilität zu erwarten ist. Sie befassen sich hauptsächlich mit Schwierigkeiten bei der Verwaltung und nicht mit dem rechtlichen Status. Meines Erachtens unterstützen diese Dokumente aber doch zumindest die folgenden drei Thesen:

(1) The assets of the Art Foundation had been confiscated with effect from July 1945;
(2) The trustee (Treuhänder in German has been loosely translated as trustee) appointed in 1945, acted under the authority of the Land and reported to the Land.
(3) There was no reference to expropriation by the Law of 9 October 1945.

Anton Etthoefer was appointed as trustee to administer the confiscated assets on 16 July 1945. On 9th January 1946 the Vice-President of the Land wrote to the Soviet Military Administration in Weimar warning that troops were taking away property of the House of the Duke of Saxe-Coburg-Gotha, which, he asserted, was under the supervision of the State Office for Public Education. He asked for immediate intervention to prevent removal of the museum objects which, he said, belonged to the Land of Thüringia. On 16th January 1946 the Director von Schenk wrote to the trustee of the confiscated assets complaining that objects had been removed by, amongst others, Professor Alexeyev. The letter was copied to the State Commission for the Execution of Orders 124/126 at Weimar. On 28th January 1946 Geithner, the Director of Administration, sought orders to stop removal of objects from the Museum from the Presidential Chancellery at Weimar. On 16 February 1946 the trustee of the confiscated assets sought to prevent release of the confiscated assets of the Family Foundation asserting that, by Order 124, they had been confiscated for the benefit of the Soviet Military Administration. He referred to confiscation pursuant to the Government Gazette dated 16 July 1945. On 6th May 1947 the Vice-President of the Land wrote to the Department of the President requesting that the trusteeship pursuant to 124 be assigned to the Ministry of Finance. On 16 September 1947 a draft Memorandum from the Ministry of Finance recorded confiscation of the Duke's assets under the Order of 6 July 1945. It recorded that the assets were affected by Order No. 124 and that the trustee was Etthoefer under the supervision since May 1947, of the Ministry of Finance. On 17th November 1947 the Ministry of Justice addressed a review to the Officer in Charge for the execution of Order 124. Apparently that Officer had taken the view that the assets of the Duke had been confiscated on the strength of the Police Order of 6th July 1945. The author of that review asserted that the Order of 6th July 1945 had been rendered redundant (there was, I accept, a mis-translation which originally translated redundant as invalid). He stated that the Law of 9 October 1945 had replaced the previous order and had itself been repealed by the Law of 4 December 1945. He said that the assets of the former Duke had been sequestered and expressed astonishment that the person responsible for Order 124 had not been informed.

(1) Die Vermögenswerte der Kunststiftung waren mit Wirkung vom Juli 1945 beschlagnahmt worden.
(2) Der 1945 ernannte Treuhänder (das deutsche Wort Treuhänder ist im Englischen frei als „trustee" wiedergegeben worden, Anm. des Richters) handelte als Beauftragter des Landes und war dem Land unterstellt.
(3) Es gibt keinen Hinweis auf Enteignung durch das Gesetz vom 9. Oktober 1945.

Anton Etthoefer wurde am 16. Juli 1945 zum Treuhänder für die Verwaltung der beschlagnahmten Vermögenswerte ernannt. Am 9. Januar 1946 machte der stellvertretende Präsident des Landes die Sowjetische Militäradministration in Weimar in einem Schreiben darauf aufmerksam, daß Truppen Vermögensgegenstände des Hauses des Herzogs von Sachsen-Coburg und Gotha fortbrachten, die, wie er erklärte, unter der Aufsicht des Ministeriums für Volksbildung standen. Er bat um sofortiges Eingreifen, um die Entfernung von Museumsgegenständen, die, wie er sagte, dem Land Thüringen gehörten, zu verhindern. Am 16. Januar 1946 beklagte sich Direktor von Schenk in einem Schreiben an den Treuhänder der beschlagnahmten Vermögenswerte, daß Gegenstände u. a. von Professor Alexejew entfernt worden seien. Das Schreiben wurde der Staatskommission für die Ausführung der Befehle Nr. 124/126 in Weimar in Kopie vorgelegt. Am 28. Januar 1946 bat Verwaltungsdirektor Geithner bei der Kanzlei des Präsidenten in Weimar um Anordnungen zur Beendigung der Entfernung von Gegenständen aus dem Museum. Am 16. Februar 1946 versuchte der Treuhänder der beschlagnahmten Vermögenswerte, die Freigabe der beschlagnahmten Vermögenswerte der Familienstiftung zu verhindern, indem er behauptete, daß sie durch Befehl Nr. 124 zugunsten der Sowjetischen Militäradministration beschlagnahmt worden seien. Er berief sich auf Beschlagnahme gemäß Regierungsblatt vom 16. Juli 1945. Am 6. Mai 1947 bat der stellvertretende Präsident des Landes in einem Schreiben an die Kanzlei des Präsidenten darum, die Treuhandverwaltung gemäß Befehl Nr. 124 möge dem Finanzministerium zugewiesen werden. Am 16. Dezember 1947 wurde in einem Entwurf für eine Stellungnahme des Finanzministeriums die Beschlagnahme der Vermögenswerte des Herzogs durch die Verfügung vom 6. Juli 1946 festgehalten. Es wurde darin erwähnt, daß die Vermögenswerte von dem Befehl Nr. 124 betroffen waren und daß Etthoefer seit Mai 1947 unter Oberaufsicht des Finanzministeriums Treuhänder sei. Am 17. November 1947 schickte das Justizministerium einen Bericht an den Offizier, der für die Durchführung des Befehls Nr. 124 zuständig war. Anscheinend hatte dieser Offizier die Ansicht vertreten, die Vermögenswerte des Herzogs seien mit der Polizeiverfügung vom 6. Juli 1945 beschlagnahmt worden. Der Verfasser dieses Berichts behauptete, die Verfügung vom 6. Juli 1945 sei überflüssig geworden (ich nehme an, daß hier ein Übersetzungsfehler vorlag, aufgrund dessen ur-

Later, the review says that Etthoefer is under the direct jurisdiction of the First Vice-President and receives his instructions from him. The review concludes: –

> "Considering the importance and political implications, irrespective of the possibility that huge claims for damages may be lodged against persons involved in this matter, we consider it a matter of urgency to clarify, as precisely as possible, the legal situation of individual cases, and to keep precise documentation on them."

I doubt whether the author of that letter could have imagined that his plea for clarification, as a matter of urgency, would remain unanswered at least for another 50 years. I observe, that this review cited a letter from the State Commission dated 19 January 1946, 11 days before Order 38 was enacted, which like the letter from von Schenk three days before regarded the assets as falling under Order 124 despite the fact that Order 38 had not yet been passed.

As I have already noted, none of these documents refers to the expropriation of 9 October 1945. Further documents, on which Cobert relied, do not provide any greater clarification. They demonstrate the increasing confusion. On 2nd July 1946, the trustee of the confiscated assets in a letter to the State Commission for the execution of Orders No. 124 and 126 under the heading "Assets of the Duke of Saxe-Coburg-Gotha" stated that he had been made personally responsible for the preservation and protection of all confiscated assets of the Duke which had been sequestered. He said he would undertake the preliminary work to effect the handover. A Memorandum dated 4 February 1947 concerning a discussion with the trustee of the former Duke's assets on 27 January 1946, refers to the fact that the Family Foundation's assets had been confiscated by the Police Order of 6th July 1945. It continued: –

> "The art treasures remaining at Friedenstein Palace and the Library which formerly contained 300,000 volumes, have been severely decimated through war events and actions of the Occupation Forces. There is, however, still a sizeable portion of art treasures remaining, which have not yet been catalogued ... further art treasures, approximately worth Reichsmark 30 million, have been taken to Coburg (American Occupation Zone)."

sprünglich „überflüssig" („redundant") als „invalid" (ungültig) übersetzt wurde, Anm. des Richters). Er stellte fest, das Gesetz vom 9. Oktober 1945 habe die vorherige Verfügung ersetzt und sei seinerseits durch das Gesetz vom 4. Dezember 1945 außer Kraft gesetzt worden. Er erklärte, die Vermögenswerte des früheren Herzogs seien unter Zwangsverwaltung gestellt worden und gab seinem Erstaunen darüber Ausdruck, daß die für den Befehl Nr. 124 zuständige Person nicht in Kenntnis gesetzt worden war. Später wird in dem Bericht erklärt, Etthoefer unterstehe direkt dem Ersten Stellvertretenden Präsidenten und erhalte seine Anweisungen von ihm. Der Bericht schließt folgendermaßen:

> „Bei der Wichtigkeit und auch der politischen Tragweite, ganz abgesehen von der Möglichkeit umfangreicher Schadenersatzansprüche an die mit der Sache befaßten Personen und das Land Thüringen, halten wir es für dringend geboten, die Rechtslage in jedem einzelnen Fall genauestens klarzustellen und aktenkundig zu machen."

Ich bezweifle, daß der Verfasser dieses Schreibens sich hätte vorstellen können, daß seine inständige Bitte um dringende Klärung mindestens noch 50 Jahre lang unbeantwortet bleiben würde. Ich stelle fest, daß in diesem Bericht ein Brief der Staatskommission vom 19. Januar 1946, elf Tage, bevor der Befehl Nr. 38 in Kraft gesetzt wurde, zitiert wird, in dem, wie in dem drei Tage vorher durch von Schenk abgefaßten Schreiben die Vermögenswerte als unter den Befehl Nr. 124 fallend angesehen werden, trotz der Tatsache, daß der Befehl Nr. 38 noch nicht in Kraft gesetzt worden war.

Wie ich bereits festgestellt habe, nimmt keines dieser Dokumente auf die Enteignung vom 9. Oktober 1945 Bezug. Weitere Urkunden, auf die sich die Firma Cobert stützte, bringen keine weitere Klärung. Sie sind Zeugen der wachsenden Verwirrung. Am 2. Juli 1946 stellte der Treuhänder der beschlagnahmten Vermögenswerte in einem Schreiben an die Staatskommission für die Durchführung der Befehle Nr. 124 und Nr. 126 unter der Überschrift „Vermögenswerte des Herzogs von Sachsen-Coburg und Gotha" fest, daß er für die Erhaltung und den Schutz aller beschlagnahmten Vermögenswerte des Herzogs, die unter Sequester gestellt worden waren, persönlich verantwortlich gemacht worden war. Er sagte, er werde die Vorbereitungsarbeiten für die Übergabe durchführen. Ein Bericht vom 4. Februar 1947 über ein Gespräch mit dem Treuhänder der Vermögenswerte des früheren Herzogs am 27. Januar 1946 nimmt Bezug auf die Tatsache, daß die Vermögenswerte der Familienstiftung durch die polizeiliche Verfügung vom 6. Juli 1945 beschlagnahmt worden waren. Weiter heißt es darin:

> „Die im Schloß Friedenstein vorhandenen Kunstschätze und die ursprünglich 300000 Bände umfassende Bibliothek sind durch die Kriegshandlungen und die Maßnahmen der Besatzungsmacht stark zusammengeschmolzen. Es ist jedoch noch ein erheblicher Teil von Kunstgegenständen vorhanden, die aber noch nicht listenmäßig erfaßt sind. Es dürfte sich empfehlen, zwei Kunstsachverständige mit der Aufstellung eines Inventar-Verzeichnisses zu beauftragen. Die noch 100000 Bände umfaßende Bibliothek ist bereits in die Verwaltung

A letter dated 28 April 1947 to the Ministry for Public Education referred to former state art collections at Gotha and spoke of the difficulty of making an inventory. This had been locked away, with all the art objects, by the Soviet Military Administration. The current Administration of the State collections could not obtain access. An undated letter, thought to have been written in 1947, spoke of the museums being under the authority of the Soviet Military Administration. It warned of a Russian Major appearing at the Museum, looking for art objects. Geithner was asked to inform the state authorities if anyone tried to remove anything. On 18 September 1947 the Director of the Institutes for Art and Science Gotha (the organ through which the Land administered the art foundation), complained of lack of funds to the trustee. On 28 July 1948 the Land gave instructions for payment to the Institute, the funds to be taken from the confiscated assets of the Duke.

In my judgment, these documents do not support Cobert's contention that control of the assets had not been passed to the Land. Etthoefer was trustee of the confiscated assets and the repeated pleas to departments in Weimar either to prevent removal of assets or for money, demonstrate, to my mind, that control of the assets had passed to the Land. This material was concerned with problems of administration. The authors were not, in the main, concerned with the true legal status of the assets. In those circumstances I can place no reliance upon the fact that they make no reference to the law of 9 October 1945. It is not surprising, given the political upheaval in the ruin of Germany, that they cast no light on the ownership of the collection. If they shed little light now that is not surprising after the shadows of the past 50 years.

Order No. 154/181 of 21st May 1946 and the Law of 24th July 1946

In the light of my conclusion that the painting was taken out of the territory under the jurisdiction of the Soviet Military Administration in January, 1946, the Law of 24 July 1946 cannot assist the plaintiffs. However, since the effect of the Order No. 154/181 of 21 May 1946 and the Law at 24 July 1946 which fol-

des Ministeriums für Volksbildung übergegangen. Weitere Kunstschätze im Werte von etwa 30000000 RM sind nach Coburg (amerikanische Besatzungszone) verbracht worden."

In einem Brief vom 28. April 1947 an das Ministerium für Volksbildung wird auf frühere staatliche Kunstsammlungen in Gotha Bezug genommen und von den Schwierigkeiten bei der Erstellung eines Inventars gesprochen. Dieses war zusammen mit allen Kunstgegenständen von der Sowjetischen Militäradministration weggeschlossen worden. Die amtierende Verwaltung der staatlichen Sammlungen konnte keinen Zugang erhalten. In einem undatierten Schreiben, das wahrscheinlich 1947 abgefaßt wurde, ist davon die Rede, daß sich die Museen unter der Hoheit der Sowjetischen Militäradministration befanden. In diesem Schreiben wurde darauf aufmerksam gemacht, daß ein russischer Major im Museum erschienen sei und nach Kunstgegenständen gesucht habe. Geithner wurde gebeten, die staatlichen Behörden zu informieren, falls irgend jemand versuchen sollte, irgend etwas zu entfernen. Am 18. September 1947 beklagte der Direktor des Institutes für Kunst und Wissenschaft Gotha (die Behörde, durch die das Land die Kunststiftung verwaltete) sich gegenüber dem Treuhänder über fehlende Finanzmittel. Am 28. Juli 1948 gab das Land Anweisung zur Zahlung an das Institut und gab an, daß die Finanzmittel dafür aus den beschlagnahmten Vermögenswerten des Herzogs genommen werden sollten.

Meines Erachtens stützen diese Urkunden nicht die Behauptung der Firma Cobert, die Kontrolle über die Vermögenswerte sei nicht auf auf das Land übergegangen. Etthoefer war Treuhänder der beschlagnahmten Vermögenswerte, und die wiederholten Bitten an staatliche Stellen in Weimar entweder um Verhinderung der Entfernung von Vermögenswerten oder um Geld sind nach meiner Ansicht Beweis dafür, daß die Kontrolle über die Vermögenswerte auf das Land übergegangen war. Diese Urkunden befassen sich mit Verwaltungsproblemen. Die Verfasser beschäftigten sich im wesentlichen nicht mit dem wahren Rechtsstatus der Vermögenswerte. Unter diesen Umständen kann ich mich nicht darauf stützen, daß darin keine Hinweise auf das Gesetz vom 9. Oktober 1945 enthalten sind. Angesichts der politischen Wirren beim Zusammenbruch Deutschlands überrascht es nicht, daß sie nicht zur Erhellung der Eigentumsverhältnisse der Sammlung beitragen. Daß sie auch jetzt wenig erleuchtend sind, überrascht angesichts des während der letzten 50 Jahre andauernden Schattens nicht.

Der Befehl Nr. 154/181 vom 21. Mai 1946 und das Gesetz vom 24. Juli 1946

Angesichts meiner Schlußfolgerung, daß das Gemälde im Januar 1946 aus dem Territorium unter der Zuständigkeit der Sowjetischen Militäradministration verbracht wurde, kann das Gesetz vom 24. Juli 1946 den Klägern nicht helfen. Da die Wirkung des Befehls Nr. 154/181 vom 21. Mai 1946 und das Gesetz vom

lowed under that Order were the subject of evidence from Professors Werner and Brunner, I should record the issues between them and my conclusions based upon their evidence.

By Order No. 154/181 dated 21 May 1946 ("concerning utilisation of sequestered and confiscated assets based on Order 124"): –

It was ordered that: –

"1. Sequestrated assets which belonged to the Hitler state and to its central authorities and which are located within the Soviet occupation zone, are to be put under the authority of competent German administrative authorities in the Soviet occupation zone of Germany ...

2. Sequestrated and confiscated assets which belonged to the Nazi party and its organisations or to Nazi party leaders, are to be transferred to the possession and disposal of German local government authorities of the Laender and Federal territories wherein such assets are located ...

3. The transfer of the respective assets into the possession and disposal of German local government of Laender of Federal territories is to be carried out accompanied by appropriate legally binding lists"

(The translation in the plaintiffs supplementary bundle at 27 was corrected during the course of the hearing).

By the Law of 24 July 1946,

"Concerning the delivery of sequestered and confiscated assets by the Soviet Military Administration to the Land of Thüringia: –

"Article 1.

The assets ... which were confiscated or sequestered by the Soviet Military Administration according to Orders No. 124 ... of 30 October 1945, and which are to be delivered to the state of Thüringia based on Orders No. 154/181 ... 21st May 1946 ... are upon such delivery expropriated without compensation for the benefit of the state of Thüringia".

Article 4: –

"Any sequestered assets which do not come under the Orders No. 124 ... of 30 October 1945 are to be returned to their original owners, without delay".

Professor Brunner took the view that expropriation could only be effected by a four-stage procedure: –

1) that the assets fell within Order 124 (read with Order 38)
2) that the assets fell within Order 154
3) that the assets fell within the law of 24 July 1946 and
4) that there should be a physical handing over of control to the Land of Thüringia following the passing of the Law of 24 July 1946.

24. Juli 1946, das auf diesen Befehl folgte, Gegenstand von Aussagen der Professoren Werner und Brunner war, sollte ich die von ihnen behandelten Punkte und meine Folgerungen auf der Grundlage ihrer Aussagen wiedergeben.

Durch die Befehle Nr. 154/181 vom 21. Mai 1946 („betreffend Nutzung der aufgrund der Befehle Nr. 124 ... sequestrierten und konfiszierten Güter") wurde folgendes angeordnet:

„1. Sequestriertes Gut, welches dem Hitlerstaat und dessen Zentralbehörden gehörte und sich innerhalb der sowjetischen Besatzungszone befindet, ist der Befugnis entsprechender deutscher Verwaltungsstellen in der sowjetischen Besatzungszone Deutschlands zu unterstellen. ...

2. Sequestriertes und konfisziertes Gut, das der Nazipartei und deren Organisationen oder Leitern der Nazipartei gehört hat, ist in Besitz und Verfügung deutscher Selbstverwaltungen der Länder und Bundesgebiete, in denen sich solches Gut befindet, zu übergeben. ...

3. Die Übergabe der betreffenden Güter in Besitz und Verfügung deutscher Selbstverwaltungen der Länder und Bundesgebiete hat unter Aufstellung entsprechender rechtskräftig gestalteter Verzeichnisse zu erfolgen."

(Die Übersetzung unter Nr. 27 der Zusatzunterlagen der Kläger wurde im Laufe des mündlichen Verfahrens korrigiert, Anm. d. Richters).

Durch das Gesetz vom 24. Juli 1946

„betreffend die Übergabe von sequestriertem und konfisziertem Vermögen durch die Sowjet-Militär-Administration an das Land Thüringen"
wurde folgendes angeordnet:

„§ 1

Das Vermögen (...), welches von der Sowjet-Militär-Administration Deutschlands gemäß den Befehlen Nr. 124 ... vom 30. Oktober 1945 sequestriert oder konfisziert worden ist und auf Grund der Befehle Nr. 154/181 ... vom 21. Mai 1946 ... dem Lande Thüringen übergeben wird, ist mit dieser Übergabe zugunsten des Landes Thüringen entschädigungslos enteignet."

„§ 4

Das sequestrierte Vermögen, welches nicht unter die Befehle Nr. 124 ... vom 30. Oktober 1945 fällt, wird unverzüglich den ursprünglich Berechtigten zurückgegeben."

Professor Brunner war der Ansicht, daß eine Enteignung nur in einem vierstufigen Verfahren stattfinden konnte:

1) die Vermögenswerte mußten unter den Befehl Nr. 124 (in Zusammenhang mit dem Befehl Nr. 38 gelesen) fallen;
2) die Vermögenswerte mußten unter den Befehl Nr. 154 fallen;
3) die Vermögenswerte mußten unter das Gesetz vom 24. Juli 1946 fallen und
4) eine physische Übergabe der Kontrolle an das Land Thüringen mußte nach dem Erlaß des Gesetzes vom 24. Juli 1946 stattgefunden haben.

Professor Brunner did not take the view that it was necessary that each and every item in the Art Foundation's collection should be physically handed over but, he asserted, physical control had to be passed to the Land of Thüringia following and in consequence of the Law of 24 July 1946. Cobert contend that no such physical control passed to the Land following the Law of 24 July 1946. The trustee was the trustee of confiscated assets but his control was not the control of the Land. Cobert rely upon the documents to which I have already referred demonstrating that physical control remained with the Soviet Military Administration and not with the Land. It refers in particular to a copy of a document sent to the State Office for Public Education in Weimar dated 26 June 1946 referring to art works under lock and key at Friedenstein Palace and Castle Reinhardsbrunn in which it was said that it would be advisable to make an application to the Soviet administration at Potsdam in relation to the fate of the art works. The letter, to which I have already referred, from Etthoeffer, dated 2nd July 1946, said that he had been made personally responsible for the preservation and protection of all confiscated assets of the Duke which had been sequestered by Order of the Chief of Administration of the Soviet Military occupation for Thüringia, Major General of the Guards Kolesnitschenko. By Memorandum dated 27 January 1946 in relation to developed real estate confiscated pursuant to Order 124/126, the trustee said he could not hand over that property to the state. I have already referred to the District Education Office letter dated 28 April 1947 which spoke of the difficulties of making inventories when the lists had been locked away by the Soviet Military Administration. The letter from the Central Administration Office for Public Education in Berlin spoke of the Museum at Gotha being under the authority of the Soviet Military Administration.

The difficulty with Professor Brunner's views is that, if he is correct, the art collection was not expropriated as a result of the Law of 24 July 1946 and thus should have been returned to the Foundation pursuant to Article 4 of that Law. I find that conclusion surprising. It is plain that it was the intention of Order 154/181 and Article 1 of the Law of 24 July 1946, that assets confiscated or sequestered by Order 124 were to be transferred to the Land of Thüringia. I am unable to envisage any reason why the art collection, which undoubtedly fell within Order 124 (read with Order 38) should have formed an exception to this process of expropriation. The scheme of Order 154/181, and of the Law of 24 July 1946 was that assets which fell within Order 124 were to be handed over

Professor Brunner war nicht der Ansicht, es sei erforderlich gewesen, jedes einzelne Stück in der Sammlung der Kunststiftung körperlich zu übergeben, er bestand jedoch darauf, daß zeitlich nachfolgend und in Ausführung des Gesetzes vom 24. Juli 1946 die physische Kontrolle auf das Land Thüringen übertragen werden mußte. Die Firma Cobert behauptet, daß kein Übergang einer solchen physischen Kontrolle nach Erlaß des Gesetzes vom 24. Juli 1946 auf das Land stattgefunden habe. Der Treuhänder habe beschlagnahmte Vermögenswerte treuhänderisch verwaltet, seine Verfügungsgewalt sei aber nicht identisch mit der Verfügungsgewalt des Landes. Die Firma Cobert stützt sich auf die bereits erwähnten Urkunden, um nachzuweisen, daß die physische Kontrolle weiterhin bei der Sowjetischen Militäradministration und nicht beim Land lag. Sie bezieht sich insbesondere auf die Kopie eines Schreibens vom 26. Juni 1946, das an das Landesamt für Volksbildung in Weimar geschickt worden war und auf Kunstwerke Bezug nimmt, die in Schloß Friedenstein und Schloß Reinhardsbrunn unter Verschluß gehalten wurden und in dem ausgesagt wird, es sei ratsam, einen Antrag bei der sowjetischen Administration in Potsdam bezüglich des Schicksals der Kunstwerke zu stellen. Der Brief von Etthoefer vom 2. Juli 1946, auf den ich bereits Bezug genommen habe, besagt, daß er persönlich für die Erhaltung und den Schutz aller beschlagnahmten Vermögenswerte des Herzogs verantwortlich gemacht worden war, die auf Anordnung des Verwaltungschefs der sowjetischen Militärbesatzung für Thüringen, Generalmajor der Garde Kolesnitschenko, unter Sequester gestellt worden waren. In dem Bericht vom 27. Januar 1946 sagte der Treuhänder im Hinblick auf bebaute Grundstücke, die gemäß Befehl Nr. 124/126 beschlagnahmt worden waren, er könne diesen Grundbesitz nicht dem Staat übergeben. Ich habe bereits Bezug genommen auf den Brief an das Ministerium für Kulturbildung vom 28. April 1947, in dem von den Schwierigkeiten bei der Aufstellung von Inventaren gesprochen wurde, nachdem die Listen von der Sowjetischen Militäradministration weggeschlossen worden waren. Der Brief der Zentralverwaltung für Volksbildung in Berlin sprach davon, daß das Museum in Gotha unter der Hoheit der Sowjetischen Militäradministration sei.

Das Problem mit den Ansichten Professor Brunners liegt darin, daß wenn er recht hat, die Kunstsammlung nicht durch das Gesetz vom 24. Juli 1946 enteignet worden war und deshalb gemäß § 4 dieses Gesetzes an die Stiftung hätte zurückgegeben werden müssen. Ich finde diese Schlußfolgerung merkwürdig. Es liegt auf der Hand, daß der Zweck des Befehls Nr. 154/181 und von § 1 des Gesetzes vom 24. Juli 1946 darin bestand, daß Vermögenswerte, die durch den Befehl Nr. 124 beschlagnahmt oder unter Sequester gestellt worden waren, auf das Land Thüringen übergehen sollten. Ich kann mir keinen Grund vorstellen, weshalb die Kunstsammlung, die unzweifelhaft unter den Befehl Nr. 124 (in Zusammenhang mit dem Befehl Nr. 38 gelesen) fiel, in diesem Enteignungsverfahren eine Aus-

pursuant to Order 154/181 and upon handover expropriation took effect by virtue of the Law of 24 July 1946. But that does not mean that assets which had already been handed over fell outwith the scope of the expropriation of the Law of 24 July 1946. It was not, in my judgment, the intention of the legislation that assets which fell within Order 124 and which had already been handed over should not be expropriated. As Mr Layton QC submitted, Order 154/181 provided the mechanism for handover in respect of those assets which had not yet been handed over. Expropriation took place with effect from the time of handover.

I do not regard the documents upon which Cobert relied as demonstrating anything more than the reality of the influence exerted by the presence of the Soviet Military Command in that part of Germany. In my judgment the trustee had been in physical control of the assets of the Art Foundation under the supervision of the Land ever since 1945. If the painting had been within the territorial jurisdiction of the Soviet Military administration in July 1946 and had not hitherto been expropriated, then the Law of July 1946 would have effectively expropriated that painting as part of the collection of the Art Foundation.

I.3 Dissolution of the Foundation on 14th October 1950

The plaintiffs now contend, by an amendment during the course of the trial, that when the Minister of Justice of the Land Thüringia purported to dissolve the Art Foundation on 14th October 1950 the painting passed to the Land Thüringia by universal succession. When the Länder were dissolved in 1952, the property of the Länder devolved to the German Democratic Republic [East Germany] and on unification to the Federal Republic of Germany. Cobert accepts that if dissolution had the effect for which the plaintiffs contend then, on unification, title devolved either to the Federal Republic of Germany or to the City of Gotha.

The importance of this contention is that, if it is right, the whereabouts of the painting in 1950 is irrelevant. The Land Thüringia became owner even though the painting was not in its possession but was in the Soviet Union.

nahme hätte bilden sollen. Der Grundgedanke des Befehls Nr. 154/181 und des Gesetzes vom 24. Juli 1946 war der, daß Vermögenswerte, die unter den Befehl Nr. 124 fielen, gemäß dem Befehl Nr. 154/181 zu übergeben waren, und daß bei der Übergabe die Enteignung kraft des Gesetzes vom 24. Juli 1946 stattfand. Dies bedeutet jedoch nicht, daß Vermögenswerte, die bereits übergeben worden waren, aus dem Geltungsumfang der Enteignung kraft des Gesetzes vom 24. Juli 1946 herausfielen. Meines Erachtens war es nicht die Absicht der Gesetzgebung, daß Vermögenswerte, die unter den Befehl Nr. 124 fielen und die bereits übergeben worden waren, nicht enteignet werden sollten. Wie Mr. Layton QC vorbrachte, stellte der Befehl Nr. 154/181 das Verfahren für die Übergabe hinsichtlich derjenigen Vermögenswerte zur Verfügung, die noch nicht übergeben worden waren. Die Enteignung fand mit Wirkung vom Zeitpunkt der Übergabe statt.

Ich bin nicht der Auffassung, daß die Urkunden, auf die sich die Firma Cobert stützt, mehr ausdrücken als den Grad des tatsächlichen Einflusses, der durch die Präsenz des sowjetischen Militärkommandos in diesem Teil Deutschlands ausgeübt wurde. Meines Erachtens hatte der Treuhänder unter der Oberaufsicht des Landes während der ganzen Zeit seit 1945 die physische Kontrolle über die Vermögensgegenstände der Kunststiftung innegehabt. Hätte sich das Gemälde im Juli 1946 innerhalb des territorialen Zuständigkeitsbereichs der Sowjetischen Militäradministration befunden und wäre es bis dahin nicht enteignet gewesen, dann wäre das Gemälde als Teil der Sammlung der Kunststiftung durch das Gesetz vom Juli 1946 wirksam enteignet worden.

I.3 Auflösung der Stiftung am 14. Oktober 1950

Im Wege der Änderung der Klagebegründung während des Verfahrens behaupten die Kläger nunmehr, daß das Gemälde durch Gesamtrechtsnachfolge an das Land Thüringen überging, als der Justizminister des Landes Thüringen am 14. Oktober 1950 die Auflösung der Kunststiftung erklärte. Als die Länder 1952 aufgelöst wurden, ging das Eigentum der Länder auf die Deutsche Demokratische Republik (Ostdeutschland, Anm. des Richters) und bei der deutschen Vereinigung auf die Bundesrepublik Deutschland über. Die Firma Cobert stimmt damit überein, daß, falls die Auflösung die von den Klägern behauptete Wirkung hatte, das Eigentum bei der deutschen Vereinigung entweder auf die Bundesrepublik Deutschland oder auf die Stadt Gotha übergegangen ist.

Die Bedeutung dieser Behauptung liegt darin, daß, wenn sie zutrifft, der Verbleib des Gemäldes im Jahre 1950 nicht von Belang ist. Das Land Thüringen wurde Eigentümer, auch wenn sich das Gemälde nicht in seinem Besitz, sondern in der Sowjetunion befand.

The contention raises two fundamental issues.

(1) Did the dissolution pronounced by the Minister of Justice of the Land Thüringia have extra-territorial effect as a matter of German law?
(2) Will an English Court recognise or enforce a claim to title based upon the purported dissolution?

Was the Dissolution Effective to Transfer Title to the Painting to the Land?

I should record, at the outset, that the Federal Republic of Germany's reliance upon the dissolution of the Art Foundation to trace their title came very late in the day. There was no reference to it in the original pleadings or in the evidence of Professor Werner exchanged before trial. My comments are not meant as a criticism; inevitably during the course of this case the focus on particular issues changed and new material arrived throughout the trial. Nevertheless the lateness of the submission meant that it was difficult for Cobert fully to deal with it. In particular, criticisms of Professor Brunner's evidence on this point, which I shall detail later, were not warranted; Professor Brunner's evidence did not deal with this point in full at the outset because the point had not been made. He was compelled, through no fault of his own or that of Cobert, to deal with the point at the last minute. It would, therefore, be unfair to criticise any omissions in his evidence. Rather, the lateness of the submission requires the evidence on behalf of the Federal Republic of Germany on this point to be scrutinised with particular rigour.

By Article 87 (1) of the BGB: –

> "If the fulfilment of the object of the foundation has become impossible, or if it endangers the public interest, the competent authority may give the foundation another stated object or may dissolve it."

By Article 88 of the BGB, on the dissolution of a foundation the assets pass to the person specified in the constitution.

This Article was implemented in Thüringia by Article 14 of the Thüringian Implementation Regulation 16 May 1923.

According to Professor Brunner, in his original report (paragraph 149): –

> "According to Article 14 of the then applicable Thüringian Implementation Regulation to the German Civil Code dated 16 May 1923 upon its abolition, a foundation's property passed to the state of Thüringia."

Diese Argumentation wirft zwei Streitfragen von fundamentaler Bedeutung auf:

(1) Hatte die vom Justizminister des Landes Thüringen verkündete Auflösung nach deutscher Rechtsauffassung exterritoriale Wirkung?

(2) Wird ein englisches Gericht einen auf Eigentum gestützten Anspruch anerkennen oder durchsetzen, der sich auf die behauptete Auflösung gründet?

Konnte die Auflösung die Übertragung des Eigentums auf das Land bewirken?

Ich sollte zunächst festhalten, daß die Bundesrepublik Deutschland sich bei der Zurückverfolgung ihres Eigentumsrechts erst zu einem sehr späten Zeitpunkt auf die Auflösung der Kunststiftung stützte. Weder in den ursprünglichen Schriftsätzen noch in den gutachtlichen Äußerungen von Professor Werner, die vor dem mündlichen Verfahren ausgetauscht wurden, gab es einen Hinweis darauf. Meine Bemerkungen sind nicht als Kritik gemeint; während des Verlaufs dieses Prozesses änderte sich bei bestimmten Punkten der Schwerpunkt unvermeidlich und während des mündlichen Verfahrens tauchte immer wieder neues Material auf. Die Tatsache, daß dieser Vortrag so spät erfolgte, bedeutete jedoch, daß es für die Firma Cobert schwierig war, diesen umfassend zu beantworten. Insbesondere ist Kritik an der Aussage von Professor Brunner zu diesem Thema, auf die ich später ausführlich eingehen werde, nicht gerechtfertigt; Professor Brunner behandelte diesen Aspekt in seiner Aussage zu Anfang nicht vollständig, weil er nicht vorgetragen worden war. Er war gezwungen, diesen Punkt in letzter Minute zu behandeln, wofür weder ihn noch die Firma Cobert die Schuld trifft. Es wäre daher ungerecht, Auslassungen in seiner Aussage zu kritisieren. Vielmehr erfordert die Tatsache, daß dieser Vortrag so spät erfolgte, die Aussagen seitens der Bundesrepublik Deutschland zu diesem Punkt mit besonders strengem Maßstab zu untersuchen.

§ 87 Abs. 1 BGB besagt folgendes:

> „Ist die Erfüllung des Stiftungszwecks unmöglich geworden oder gefährdet sie das Gemeinwohl, so kann die zuständige Behörde der Stiftung eine andere Zweckbestimmung geben oder sie auflösen."

Nach § 88 BGB fällt bei Auflösung einer Stiftung das Vermögen an die in der Verfassung bestimmte Person.

Dieser Paragraph wurde in Thüringen durch § 14 der thüringischen Ausführungsverordnung vom 16. Mai 1923 umgesetzt.

Nach der Aussage von Professor Brunner in seinem ursprünglichen Gutachten (Absatz 149) gilt folgendes:

> „Nach § 14 der damals geltenden thüringischen Ausführungsverordnung zum Bürgerlichen Gesetzbuch vom 16. Mai 1923 fiel bei Auflösung einer Stiftung das Vermögen an den Staat Thüringen."

There was no translation of Article 14 in evidence before me although the plaintiffs asserted that it provides: –

> "The property of the foundation falls upon its dissolution to the state, if its constitution does not otherwise provide".

Since Professor Brunner agrees that that is the effect of Article 14, I do not think that the absence of a translation matters.

By a decision of 26 June 1941 of the Oberlandesgericht in Jena, Paragraph 10 of the Art Foundation Statutes was altered so as to provide that: –

> "Changes in statutes affecting the purposes of the Foundation and its assets, as well as decisions about the application of assets in the case of dissolution of the Foundation requires the unanimous consent of the Board of Directors. The latter is also required for the dissolution of the Foundation."

(The previous Statute made no specific reference to dissolution and referred to a majority of at least two thirds).

Paragraph 11 was altered so as to provide: –

> "Should the Foundation be dissolved or its former purposes no longer be applicable, its assets, as far as taxation laws do not provide any restrictions, are to be used for public and charitable benefits ..."

On 17th July 1998, before I had given judgment, I received further written evidence from Professor Brunner as to the effect of the amendment of 26th June 1941 and written evidence from Professor Werner in response.

Professor Brunner takes the view that this provision in the Foundation's Statutes was disregarded when the Foundation was dissolved; there was no resolution of the Board of the Art Foundation, nor was approval of the Family Foundation obtained. The founder's wishes were to take priority over the provisions of Article 88 of the BGB and Article 14 of the Thüringian Implementation Regulation.

By the time of the dissolution there was no Board of Directors in Thüringia. They had, so far as I am aware, moved to Coburg in West Germany. They made no resolution to specify a beneficiary. In those circumstances, the assets passed to the Land of Thüringia pursuant to Article 14 (Professor Werner relied upon the commentator Seifart in support of that proposition).

Mir lag keine Übersetzung des § 14 vor, die Kläger behaupten jedoch, er sähe folgendes vor:

> „The property of the foundation falls upon its dissolution to the state, if its constitution does not otherwise provide."

(„Das Vermögen der Stiftung fällt mit ihrem Erlöschen an den Staat, wenn ihre Verfassung nichts anderes bestimmt." – deutscher Originaltext, Anm. d. Übersetzers)

Da Professor Brunner zustimmt, daß dies die Wirkung von § 14 ist, glaube ich nicht, daß das Fehlen einer Übersetzung von Belang ist.

Durch eine Entscheidung des Oberlandesgerichts Jena vom 26. Juni 1941 wurde § 10 der Satzung der Kunststiftung folgendermaßen geändert:

> „Satzungsänderungen, die die Zwecke der Stiftung und deren Vermögensverwendung betreffen, und die Bestimmung über die Verwendung des Vermögens bei Aufhebung der Stiftung erfolgen durch einstimmigen Beschluß des Vorstands. Dieser ist auch zur Aufhebung der Stiftung erforderlich."

(Die vorherige Satzung enthielt keinen speziellen Hinweis auf die Auflösung und sah eine erforderliche Mehrheit von mindestens zwei Dritteln vor). (Anmerkung des Richters)

§ 11 wurde folgendermaßen geändert:

> „Wird die Stiftung aufgehoben oder fallen ihre bisherigen Zwecke weg, so ist ihr Vermögen, soweit die Steuergesetze keine Einschränkung vorsehen, für gemeinnützige und mildtätige Zwecke ... zu verwenden."

Am 17. Juli 1998, vor Erlaß des Urteils, erhielt ich ein weiteres schriftliches Gutachten von Professor Brunner hinsichtlich der Wirkung der Satzungsänderung vom 26. Juni 1941 und ein schriftliches Gutachten von Professor Werner als Antwort hierauf.

Professor Brunner vertritt die Ansicht, diese Bestimmung in der Stiftungssatzung sei nicht beachtet worden, als die Stiftung aufgelöst wurde; es habe keinen Beschluß des Vorstandes der Kunststiftung gegeben, und es sei auch nicht die Genehmigung der Familienstiftung eingeholt worden. Die Wünsche des Gründers sollten Vorrang erhalten gegenüber den Bestimmungen von § 88 BGB und § 14 der thüringischen Ausführungsverordnung.

Zur Zeit der Auflösung gab es keinen Vorstand in Thüringen. Soweit ich weiß, war er nach Coburg in Westdeutschland umgezogen. Er faßte keinen Beschluß, wonach ein Begünstigter benannt würde. Unter diesen Umständen ging das Vermögen gemäß § 14 auf das Land Thüringen über (Professor Werner berief sich hierfür auf den Kommentator Seifart).

Professor Brunner did not dissent from the proposition that if the dissolution was valid and no beneficiary was specified, then Article 14 of the Thüringian Implementation Regulation of 16 May 1923 would have the effect that property passed to the Land. However, of more significance was his view that the failure of the Directors to specify the beneficiary confirmed that the dissolution pronounced by the Minister of Justice was in substance an act of expropriation. The absence of any reference to the Board of Directors, either in relation to dissolution or in relation to the specification of the beneficiary on dissolution, merely confirms that the dissolution was a unilateral sovereign act of expropriation. It is to that contention I now turn.

Expropriatory Intention lying behind the Dissolution

Cobert contend that, although in form the Ministry of Justice purported to dissolve the Art Foundation, in substance this was an expropriation because the Foundation was dissolved for the purpose of expropriating its assets and with the intention that those assets should pass to the Land. This submission is of importance in relation to both the first and second issues (identified at the beginning of this Section). Under German law it is accepted that an act of expropriation will not have extra-territorial effect. Moreover, if, in substance, the dissolution amounted to expropriation, it would not be recognised by the English courts, because, at the time of dissolution, the painting was not in the possession of the Land Thüringia.

Cobert rely on documents leading up to the dissolution in support of the contention that the act of dissolution was in substance an act of expropriation. On 28th July 1948, the Ministry of Finance in Weimar requested an examination whether: –

> "1. The Foundation of the Duke of Saxe-Coburg-Gotha's family;
>
> 2. The Duke of Saxe-Coburg-Gotha's Foundation for Art and Science are still existent and to be considered valid entities"

A file memorandum from the Ministry for Public Education dated 21 March 1949 said: –

> "Nothing has come to the attention of the Ministry of Public Education concerning a dissolution of the two Foundations as legal persons under private law by the Ministry of Justice under Paragraph 87 (mistranscription in translation) of the Civil Code, due to their inability to fulfil the Foundation purpose. As a matter of fact, the Foundation's purpose can still be carried out in relation to both foundations."

Professor Brunner widersprach der These nicht, daß, wenn die Auflösung gültig war und kein Begünstigter benannt wurde, § 14 der thüringischen Ausführungsverordnung vom 16. Mai 1923 bewirkte, daß das Eigentum auf das Land überging. Bedeutsamer war jedoch seine Ansicht, daß durch die Tatsache, daß die Mitglieder des Verwaltungsrats keinen Begünstigten benannt hatten, bestätigt werde, daß die vom Justizminister verkündete Auflösung ihrem wesentlichen Inhalt nach ein Akt der Enteignung war. Durch das Fehlen jeglicher Hinweise auf den Vorstand, sowohl im Zusammenhang mit der Auflösung als auch bei der Benennung des Begünstigten der Auflösung, werde nur bestätigt, daß die Auflösung ein einseitiger souveräner Akt der Enteignung gewesen sei. Im folgenden beschäftige ich mich mit dieser Behauptung.

Die der Auflösung zugrunde liegende Enteignungsabsicht

Die Firma Cobert behauptet, daß, obwohl das Justizministerium der Form nach vorgab, die Kunststiftung aufzulösen, dies vom wesentlichen Inhalt her ein Akt der Enteignung gewesen sei, da die Stiftung mit dem Zweck aufgelöst wurde, ihr Vermögen zu enteignen, und mit der Absicht, daß dieses Vermögen auf das Land übergehen sollte. Dieser Vortrag ist von Belang sowohl in bezug auf den ersten als auch auf den zweiten zu Beginn dieses Abschnittes dargestellten Aspekt. Nach deutschem Recht wird übereinstimmend angenommen, daß ein Akt der Enteignung keine exterritoriale Wirkung hat. Darüber hinaus würde, wenn die Auflösung ihrem wesentlichen Inhalt nach auf eine Enteignung hinausgelaufen wäre, diese von den englischen Gerichten nicht anerkannt, da das Gemälde zur Zeit der Auflösung nicht im Besitz des Landes Thüringen war.

Die Firma Cobert stützt sich auf Urkunden aus dem Vorfeld der Auflösung, um die Behauptung zu unterstützen, die Auflösung sei vom wesentlichen Inhalt her ein Akt der Enteignung gewesen. Am 28. Juli 1948 bat das Finanzministerium in Weimar darum, zu untersuchen, ob

„1. die Herzog von Sachsen-Coburg und Gotha'sche Familienstiftung;

2. die Herzog von Sachsen-Coburg und Gotha'sche Stiftung für Kunst und Wissenschaft noch bestehen und als rechtlich bestehende Persönlichkeiten zu betrachten sind."

Ein Aktenvermerk aus dem Ministerium für Volksbildung vom 21. März 1949 besagt folgendes:

> „Über die Aufhebung der beiden Stiftungen als juristische des Privatrechts durch das Justizministerium gemäß § 87 BGB (fehlerhafte Wiedergabe in der (englischen) Übersetzung) wegen Unmöglichkeit der Erfüllung des Stiftungszwecks ist dem Volksbildungsministerium nichts bekannt geworden. Der Stiftungszweck ist auch tatsächlich bei beiden Stiftungen weiterhin erfüllbar."

... (the memorandum then refers to expropriation of private assets in December 1948).

The memorandum concludes in a handwritten note: –

> "Also to the Arts Department with a request for information whether these two Foundations are to become state property".

On 19 August 1949, Dr Thiemann from the Ministry of Education wrote to the Ministry of Finance: –

> "As there are no moneys available, and without touching on the valuable items in the Collection, not even the salaries of the Foundation employees can be paid, it will be correct to also dissolve this Foundation as per paragraph 87 of Civil Code. As the Foundation Statutes do not contain guidelines as to what is to be done with the assets in such a case, the Land of Thüringia will become the owner as per paragraph 14 of the ... (Regulation 16.5.1923)"

The letter continues: –

> "The Land of Thüringia would also need to examine the question which of the former Foundation employees could be re-deployed in the State Museum and the State Library."

By letter dated 9 December 1949 from the Ministry of Public Education to the Ministry of the Interior, Dr Thiemann wrote: –

> "In case of dissolution of the Art Foundation under paragraph 87 of the Civil Code, the Foundation assets would – as per paragraph 14 of the Thüringian Order of Execution of Civil Code of 16 May 1923 – transfer to the Land of Thüringia, because the Foundation Statutes do not nominate who should receive the assets upon dissolution.
>
> In addition, we refer to our letter of 19.8.1949 whereby the legal situation of the Art Foundation is made perfectly clear."

Whilst I do not accept Dr Thiemann's claim to clarity, in my judgment this correspondence does not establish that the act of dissolution was an act merely concerned to ensure the transfer of the assets of the Art Foundation to the Land. In my judgment, they support the conclusion that the Land was of the opinion that the Foundation was no longer able to fulfil its purposes and, accordingly, should be dissolved under Article 87 of the BGB. This had the effect of passing the assets of the Art Foundation to the Land, but in my judgment that effect was not the intention lying behind the act of dissolution. Dr Thiemann's statement that the Foundation Statutes did not nominate the beneficiary (letter 9 December 1949) was correct. It is apparent that he was unaware of the amendment of 1941. This was not surprising but, in my judgment, it does not reveal an intention to disregard the wishes of the Board. It merely reflects the reality that there was no Board of Directors in Gotha. The fact that the Board of Directors had moved from Gotha to Coburg in West Germany leads to Cobert's next submission relating to the seat of the Foundation.

(der Vermerk nimmt sodann Bezug auf die Enteignung privater Vermögenswerte im Dezember 1945).

Der Vermerk schließt mit einer handschriftlichen Anmerkung folgenden Inhalts:

> „Auch an die Kunstabteilung mit Bitte um Stellungnahme, ob diese beiden Stiftungen zum Land kommen sollen."

Am 19. August 1949 schrieb Dr. Thiemann aus dem Ministerium für Volksbildung an das Finanzministerium:

> „Da Barmittel nicht vorhanden sind und ohne Inanspruchnahme der wertvollen Gegenstände nicht einmal die Gehälter der Stiftungsangestellten gezahlt werden können, wäre auch diese Stiftung gemäß § 87 BGB aufzugeben. Nachdem die Satzung der Kunststiftung keine Bestimmung darüber enthält, an wen das Vermögen der Stiftung in diesem Falle fällt, wird Eigentümer gemäß § 14 der thüringischen Ausführungsverordnung zum BGB vom 16.5.1923 (thür. Ges.Slg. S. 207) das Land Thüringen."

In dem Schreiben heißt es weiter:

> „Das Land Thüringen hätte auch noch die Frage zu prüfen, welche bisherigen Stiftungsangestellten von ihm für die Zwecke des Landesmuseums und der Landesbibliothek übernommen werden könnten."

In einem Brief des Ministeriums für Volksbildung an das Innenministerium vom 9. Dezember 1949 schrieb Dr. Thiemann:

> „Bei einer Auflösung der Kunststiftung gem. § 87 BGB würde dann das Vermögen der Stiftung – da ihre Satzung keine Bestimmung darüber enthält –, an wen das Vermögen in diesem Falle fällt – an das Land Thüringen gemäß § 14 der thür. Ausf. Vdg. zum BGB v. 16.5.1923 fallen.
>
> Wir verweisen weiterhin auf unser Schreiben vom 19.8.1949, durch das die Rechtsstellung der Kunststiftung vollkommen geklärt ist."

Während ich Dr. Thiemanns Anspruch auf Klarheit nicht folgen kann, wird meines Erachtens durch diesen Briefwechsel nicht nachgewiesen, daß der Akt der Auflösung lediglich den Zweck hatte, den Übergang der Vermögenswerte der Kunststiftung auf das Land sicherzustellen. Meines Erachtens unterstützen diese Briefe die Schlußfolgerung, daß das Land der Auffassung war, daß die Stiftung nicht länger in der Lage sei, ihren Zweck zu erfüllen und daß sie dementsprechend gemäß § 87 BGB aufgelöst werden sollte. Dies hatte die Wirkung, daß das Vermögen der Kunststiftung auf das Land überging, doch war diese Folge meines Erachtens nicht die Zielvorstellung, die hinter dem Akt der Auflösung zu sehen ist. Dr. Thiemanns Aussage, daß die Stiftungssatzung den Begünstigten nicht angibt (Schreiben vom 9. Dezember 1949) ist zutreffend. Es ist offensichtlich, daß ihm die Änderung von 1941 nicht bekannt war. Dies war nicht überraschend, läßt jedoch meines Erachtens nicht die Absicht erkennen, die Wünsche des Vorstandes zu mißachten. Dies spiegelt lediglich die Tatsache wider, daß es in Gotha keinen Vorstand gab. Die Tatsache, daß der Vorstand von Gotha nach Coburg

The Foundation Seat

Professor Brunner was also of the opinion that the purported dissolution of the Foundation by the Minister of Justice of the Land Thüringia was ineffective, because the Land had no jurisdiction to do so. He said that its jurisdiction depended upon the location of the seat of the Foundation. By 1950 he says that the actual management and seat could only have been in Coburg. His reasoning depends upon the facts relating to management of the Art Foundation in the late 1940s and upon his interpretation of Article 80 of the BGB.

The facts relating to the Art Foundation's Seat

A report from the Ministry of Finance of the Land Thüringia complained that records of the Art Foundation's assets were held in Coburg and that both the Family and Art Foundations were managed in Coburg and refused to hand over documents. (This document was not translated). It is apparent from a letter from Oberlandesgericht Bamberg (in West Germany) to the Oberlandesgericht Erfurt in Thüringia dated 16 March 1950 that the Oberlandesgericht Bamberg was prepared to take over supervision of the Foundation. By a decision of the Oberlandesgericht Bamberg dated 30 June 1951 it was recorded that, in relation to the Family Foundation the supervisory authority formerly exercised by the Oberlandesgericht Gera (in Thüringia) had been moved by the Board of Directors from Gotha to Coburg in accordance with the Foundation Statutes. By a decree of 7 December 1960 the court in Bamberg stated that the Art Foundation should not be left without supervisory authority and recorded that: –

> "As the Family Foundation as well as the Art Foundation must not be left without a supervisory authority, and the Administrative Seat for both Foundations is at Coburg, the Bamberg Court of Appeals entailed estate senate will, effective from 1.1.1961, assume supervisory authority also of the Art Foundation".

This was recalled in a letter dated 5 February 1968.

The formal decision of the Oberlandesgericht Bamberg recording relocation of the Art Foundation's seat was recorded by a decision of the Oberlandesgericht Bamberg on 30 March 1976.

In the light of the evidence that the management of both Foundations was being carried out in Coburg from the 1940s onwards Professor Brunner's view was

in Westdeutschland umgezogen war, führt zum nächsten Vortrag der Firma Cobert, der sich mit dem Sitz der Stiftung befaßt.

Der Sitz der Stiftung

Professor Brunner war auch der Auffassung, daß die behauptete Auflösung der Stiftung durch den Justizminister des Landes Thüringen unwirksam war, da das Land dafür nicht zuständig gewesen sei. Nach seiner Aussage hängt die Zuständigkeit vom Ort des Sitzes der Stiftung ab. Nach seiner Aussage konnten sich 1950 die tatsächliche Verwaltung und der Sitz nur in Coburg befunden haben. Seine Argumentation hängt von Tatsachen mit Bezug auf die Verwaltung der Kunststiftung in den späten vierziger Jahren und von seiner Auslegung von § 80 BGB ab.

Fakten mit Relevanz zur Bestimmung des Sitzes der Kunststiftung

In einem Bericht des Finanzministeriums des Landes Thüringen wird beklagt, daß Akten über das Vermögen der Kunststiftung in Coburg aufbewahrt würden und daß sowohl die Familien-als auch die Kunststiftung in Coburg verwaltet würden und diese sich weigerten, Dokumente zu übergeben. (Dieses Dokument wurde nicht übersetzt, Anm. des Richters). Aus einem Schreiben des Oberlandesgerichts Bamberg (in Westdeutschland) an das Oberlandesgericht Erfurt in Thüringen vom 16. März 1950 wird offensichtlich, daß das Oberlandesgericht Bamberg bereit war, die Aufsicht über die Stiftung zu übernehmen. Durch eine Entscheidung des Oberlandesgerichts Bamberg vom 30. Juni 1951 wurde festgehalten, daß in bezug auf die Familienstiftung die Aufsichtsbehörde, deren Aufgabe vorher das Oberlandesgericht Gera (in Thüringen) ausgeübt hatte, gemäß der Stiftungssatzung durch den Vorstand von Gotha nach Coburg verlegt worden war. Durch eine Verfügung vom 7. Dezember 1960 stellte das Gericht in Bamberg fest, daß die Kunststiftung nicht ohne Aufsichtsbehörde gelassen werden sollte und hielt folgendes fest:

> „Da, wie die „Familienstiftung" so auch die „Kunststiftung" nicht ohne Stiftungsaufsicht sein kann, und die Verwaltung für beide Stiftungen in Coburg geführt wird, wird mit Wirkung vom 1.1.1961 vom Oberlandesgericht Bamberg – Fideikommißsenat – die Stiftungsaufsicht auch über die „Kunststiftung" geführt werden."

Daran wurde in einem Schreiben vom 5. Februar 1968 erinnert.

Der offizielle Beschluß des Oberlandesgerichts Bamberg, in dem die Verlegung des Sitzes der Kunststiftung festgehalten wird, wird in einem Beschluß des Oberlandesgerichts Bamberg vom 30. März 1976 festgehalten.

Angesichts des Nachweises, daß die Verwaltung beider Stiftungen von den vierziger Jahren an in Coburg durchgeführt wurde, war es Professor Brunners Ansicht,

that the seat of the Foundation was in Coburg at the time of the purported dissolution and accordingly the Land Thüringia had no authority to dissolve the Art Foundation.

I do not agree that the Land Thüringia had no authority to dissolve the Art Foundation. It is true that it would only have authority while the seat of the Art Foundation remained within Thüringia. But in my judgment, whatever the reality as to the actual management of the Foundation, its seat, under German law, by virtue of Article 80 of BGB remained in Thüringia. By Article 80: –

> "The seat of the Foundation is deemed, unless otherwise provided, to be the place where its management is carried on."

I accept Professor Brunner's evidence that, in reality, management of the Art Foundation was carried out in Coburg. It could hardly be otherwise since the Art Foundation itself had no control over its property insofar as that property was situated in Thüringia. But I accept Professor Werner's evidence that the seat of the Foundation remained, as a matter of German law, in Thüringia and that that seat was not changed until 30 March 1976. Pursuant to Article 80 of the BGB the place of the Foundation's management was not its seat because the Statutes otherwise provided. In those circumstances the competent authority, namely the Land Thüringia, did have power to dissolve the Art Foundation.

Did the Property of the Art Foundation including the Painting situated then in the Soviet Union Pass to the Land Thüringia?

The Federal Republic of Germany contend that once it is established that the seat of the Foundation was in Gotha and the competent authority was the Ministry of Justice of Thüringia, then property passed to the Land Thüringia by universal succession. The meaning of universal succession, foreign to English law, was explained by Lord Keith of Avonholm in **National Bank of Greece and Athens S. A v. Metliss** [1958] A. C. 509. He cites one passage from Stair: –

> "Heirs in law are called universal successors *quia succedunt in universum jus quod defunctus habuit*, they do wholly represent the defunct, and are as one person with him, and so they do both succeed to him active, in all the rights belonging to him, and passive in all the obligations and debts due by him. ... the extinction of a corporation under statute or decree and the passing of all its rights and liabilities to a successor exhibits, in my view, all the features of a universal succession." (530–531)

daß der Sitz der Stiftung sich zum Zeitpunkt der erklärten Auflösung in Coburg befunden habe und daß daher das Land Thüringen keine Befugnis gehabt habe, die Kunststiftung aufzulösen.

Der Behauptung, daß das Land Thüringen keine Befugnis gehabt habe, die Kunststiftung aufzulösen, kann ich nicht zustimmen. Es ist wahr, daß es diese Befugnis nur so lange innegehabt hätte, als sich der Sitz der Kunststiftung in Thüringen befand. Meines Erachtens ist jedoch, unabhängig davon, von wo aus die Stiftung tatsächlich verwaltet wurde, der Sitz der Stiftung nach deutschem Recht gemäß § 80 BGB in Thüringen verblieben. § 80 BGB besagt folgendes:

> „Als Sitz der Stiftung gilt, wenn nicht ein anderes bestimmt ist, der Ort, an dem die Verwaltung geführt wird."

Ich akzeptiere Professor Brunners Aussage, daß die Verwaltung der Kunststiftung in Wirklichkeit in Coburg geführt wurde. Dies könnte kaum anders sein, da die Kunststiftung selbst keine Kontrolle über ihr Vermögen hatte, insofern sich dieses Vermögen in Thüringen befand. Ich übernehme jedoch Professor Werners Aussage, daß der Sitz der Stiftung sich nach deutschem Recht weiterhin in Thüringen befand und daß dieser Sitz erst am 30. März 1976 verlegt wurde. Gemäß § 80 BGB war der Ort, an dem die Verwaltung der Stiftung geführt wurde, nicht ihr Sitz, da in der Sitzung ein anderes bestimmt wurde. Unter diesen Umständen hatte die zuständige Behörde, nämlich das Land Thüringen, doch die Befugnis, die Kunststiftung aufzulösen.

Ging das Eigentum der Kunststiftung, einschließlich des Gemäldes, das sich damals in der Sowjetunion befand, auf das Land Thüringen über?

Die Bundesrepublik Deutschland behauptet, daß, sobald nachgewiesen ist, daß der Sitz der Stiftung sich in Gotha befand, und daß die zuständige Behörde das Justizministerium von Thüringen war, das Eigentum durch Gesamtrechtsnachfolge auf das Land Thüringen übergegangen sei. Die Bedeutung der Gesamtrechtsnachfolge, die dem englischen Recht fremd ist, wurde von Lord Keith of Avonholm im Fall **National Bank of Greece and Athens S. A. -v- Metliss** [1958] A. C. 509 dargelegt. Er zitiert eine Passage aus Stair:

> „Erben werden juristisch Gesamtrechtsnachfolger genannt, *quia succedunt in universum jus quod defunctus habuit* (Hervorhebung des Richters, Anm. d. Übers.), sie vertreten den Verstorbenen vollständig und gelten in bezug auf ihn als ein und dieselbe Person, und so folgen sie ihm sowohl aktiv, in allen Rechten nach, die ihm zugehörten, als auch passiv in allen von ihm geschuldeten Pflichten und Schulden ... das Erlöschen einer juristischen Person gemäß Satzung oder Verfügung und der Übergang aller ihrer Rechte und Pflichten auf einen Nachfolger zeigt nach meiner Auffassung alle Merkmale einer Gesamtrechtsnachfolge." (530–531)

The importance of this contention is that, if there was universal succession, the property of the Art Foundation passed to the Land even if that property, including the painting was situated within the Soviet Union.

Cobert contend, on the basis of Professor Brunner's evidence, that the doctrine of universal succession cannot apply because at the time the Art Foundation was in fact being managed in West Germany in Coburg. It cannot be said that the act of dissolution had any effect on the Art Foundation in Coburg or works of art under its effective control in West Germany at that time. Mr Brindle QC says that there is no room for the application of universal succession in relation to the Art Foundation once it is accepted that the dissolution did not have the effect of transferring title to works of art in West Germany to the Land Thüringia in East Germany. He submits that either there is universal succession in which event title to all the property passes to the successor wherever it is situated or there is expropriation which will only have effect in relation to assets within the territorial jurisdiction of the expropriating authority.

I do not accept the evidence of Professor Brunner on this point. His proposition that the dissolution did not have extra-territorial effect depended firstly on his view that because the dissolution was an act, in substance, of expropriation it had, like expropriation, no extra-territorial effect. Secondly his views were based on what he described as "German practice concerning the property in Bavaria". The dissolution had no effect on property in Bavaria, and because there was no reason to distinguish between assets in Bavaria and assets in the Soviet Union, it had no effect upon assets within the Soviet Union.

I have already considered whether the dissolution amounted to an act of expropriation. In my judgment it did not and its effect is not therefore to be limited to the territorial jurisdiction of the dissolving authority as it would have to be if that dissolving authority must be regarded as an expropriating authority. As to his second ground, it seems to me that the reason why the dissolution had no effect upon title to the assets in West Germany is not because the doctrine of universal succession did not apply but because West Germany did not recognise the extra-territorial effect of dissolution within East Germany in relation to assets in West Germany. It was the very problem of the effect of dissolution on assets in both parts of a divided Germany which led to the passing in West Germany of the Law for the Supplementation of the Law for the Amendment of Provisions

Die Bedeutung dieses Arguments liegt darin, daß, wenn Gesamtrechtsnachfolge vorlag, das Vermögen der Kunststiftung auf das Land Thüringen übergegangen ist, selbst wenn sich dieses Vermögen, einschließlich des Gemäldes, in der Sowjetunion befand.

Die Firma Cobert behauptet auf der Grundlage der Aussage von Professor Brunner, daß das Rechtsinstitut Gesamtrechtsnachfolge hier nicht gelten könne, da zu diesem Zeitpunkt die Kunststiftung tatsächlich in Coburg, d. h. in Westdeutschland, verwaltet wurde. Es könne nicht gesagt werden, daß der Akt der Auflösung irgendeine Wirkung auf die Kunststiftung in Coburg hatte oder auf Kunstwerke, die zu diesem Zeitpunkt unter ihrer wirksamen Kontrolle in Westdeutschland waren. Nach Auffassung von Mr. Brindle QC besteht kein Raum für die Anwendung der Gesamtrechtsnachfolge in bezug auf die Kunststiftung, sobald akzeptiert wird, daß die Auflösung nicht die Wirkung hatte, das Eigentum an Kunstwerken in Westdeutschland auf das Land Thüringen in Ostdeutschland zu übertragen. Er trägt vor, daß entweder Gesamtrechtsnachfolge vorliegt und in diesem Fall das Eigentum an dem gesamten Vermögen auf den Nachfolger übergeht, unabhängig davon, wo sich das Eigentum befindet, oder daß eine Enteignung vorliegt, die sich nur auf Vermögenswerte auswirkt, die sich innerhalb des territorialen Zuständigkeitsbereichs der enteignenden Behörde befinden.

Ich kann dem Vortrag von Professor Brunner zu diesem Punkt nicht zustimmen. Seine These, daß die Auflösung keine exterritoriale Wirkung hatte, hing in erster Linie von seiner These ab, daß, weil die Auflösung ihrem wesentlichen Inhalt nach ein Akt der Enteignung gewesen sei, sie wie eine Enteignung keine exterritoriale Wirkung hatte. Zweitens gründeten sich seine Ansichten auf das, was er als die „deutsche Praxis bezüglich des Vermögens in Bayern" bezeichnete. Die Auflösung habe keine Wirkung auf Vermögen in Bayern gehabt, und weil kein Grund vorlag, zwischen Vermögenswerten in Bayern und Vermögenswerten in der Sowjetunion zu unterscheiden, hätte sie auch keine Auswirkung auf Vermögenswerte in der Sowjetunion.

Ich habe bereits untersucht, ob die Auflösung einen Akt mit enteignungsgleicher Wirkung darstellte. Meines Erachtens war dies nicht der Fall, und ihre Wirkung kann deshalb nicht auf den territorialen Zuständigkeitsbereich der auflösenden Behörde beschränkt werden, wie dies zwangsläufig der Fall wäre, wenn diese auflösende Behörde als enteignende Behörde angesehen werden müßte. Bezogen auf sein zweites Argument erscheint es mir so zu sein, daß der Grund, weshalb die Auflösung keine Wirkung auf das Eigentum an Vermögenswerten in Westdeutschland hatte, nicht darin besteht, daß die Doktrin von der Gesamtrechtsnachfolge nicht anwendbar war, sondern darin, daß Westdeutschland die exterritoriale Wirkung der Auflösung innerhalb Ostdeutschlands in bezug auf in Westdeutschland belegene Vermögenswerte nicht anerkannte. Gerade dieses Problem

concerning Entailed Estates and Foundations dated 3 August 1967. The problem is familiar to the courts of this country because of the Carl Zeiss Stiftung litigation. (None of the authorities in relation to that litigation were cited to me, but Buckley J.'s review of the history of that action in **Carl Zeiss Stiftung v Rayner & Keeler (No. 3)** [1979] Ch. 506 at 528 to 536 has a certain resonance in this action).

Article 1 of the Act of 3 August 1967 amends paragraph 2a of the previous Act dated 28 December 1950 as follows: –

> "If the Civil Law Foundation formed on the basis of German legal provisions had its seat on 8 May 1945 outside the territory over which this law has validity (in other words outside West Germany) and if it had assets within the territory of validity of this Act (West Germany) a duly competent superior state authority of the land in which the assets are located can exercise the supervisory function. It can hereby take all decisions which it regards as necessary in order to keep the Foundation alive or continue. In particular it may move the seat of the Foundation without being bound by provisions of the Statutes. The superior state authority may transfer the exercise of its competence to another authority."

The law of 1967 was necessary because West Germany did not recognise acts relating to a Foundation in East Germany or that any of those acts had any effect on assets of that Foundation in West Germany. The reason why the dissolution of the Art Foundation in East Germany had no effect on the assets in West Germany is not because the doctrine of universal succession did not apply but because West Germany did not recognise the dissolution in East Germany and consequently did not recognise its effect.

Conclusion as to Dissolution

For the reasons I have given I am satisfied: –

1. that the seat of the Art Foundation was in Gotha in 1950;
2. that the Ministry of Justice of Thüringia was the competent authority with power to dissolve the Art Foundation pursuant to Article 87 of the BGB;
3. that the dissolution was not an act of expropriation;
4. that by universal succession, title to the property of the Art Foundation, save insofar as that property was in West Germany, which did not recognise the dissolution, passed to the Land Thüringia.

In the light of those conclusions I must now turn to the question as to whether an English Court recognises the Plaintiffs' title either in relation to expropriation or in relation to dissolution of the Art Foundation.

der Wirkung der Auflösung auf Vermögenswerte in beiden Teilen des geteilten Deutschlands führte in Westdeutschland zur Verabschiedung des Gesetzes zur Ergänzung des Gesetzes zur Änderung von Vorschriften des Fideikommiß- und Stiftungsrechts vom 3. August 1967. Den englischen Gerichten ist dieses Problem aufgrund des Rechtsstreites der Carl Zeiss-Stiftung vertraut. (Keine der einschlägigen Urteilspassagen aus diesem Rechtsstreit wurde mir gegenüber zitiert, doch findet Mr. Justice Buckley's Übersicht über die Geschichte dieses Verfahrens in der Entscheidung **Carl Zeiss-Stiftung -v- Rayner & Keeler (Nr. 3)** [1979] Ch. 506, 528 bis 536 in der vorliegenden Klage einen gewissen Widerhall).

Durch § 1 des Gesetzes vom 3. August 1967 wird Absatz 2 a des Vorläufergesetzes vom 28. Dezember 1950 folgendermaßen abgeändert:

> „Hat eine nach deutschen Rechtsvorschriften gebildete Stiftung des bürgerlichen Rechts am 8. Mai 1945 ihren Sitz außerhalb des Geltungsgebietes dieses Gesetzes (in anderen Worten, außerhalb Westdeutschlands, Anmerkung des Richters) gehabt und hat sie im Geltungsgebiet dieses Gesetzes (Westdeutschland, Anmerkung des Richters) Vermögensgegenstände, so kann die sachlich zuständige oberste Landesbehörde des Landes, in dem sich Vermögensgegenstände befinden, die Aufsichtsbefugnisse ausüben. Sie kann hierbei alle Maßnahmen treffen, die sie für notwendig hält, um die Stiftung aufrechtzuerhalten oder fortzusetzen. Insbesondere kann sie den Sitz der Stiftung verlegen, ohne an Bestimmungen der Satzung gebunden zu sein. Die oberste Landesbehörde kann die Ausübung der Befugnisse auf eine andere Behörde übertragen."

Das Gesetz von 1967 war erforderlich, da Westdeutschland keine Maßnahmen anerkannte, die in bezug auf Stiftungen in Ostdeutschland betrafen, und diesen Maßnahmen keine Wirkung auf in Westdeutschland belegene Vermögenswerte dieser Stiftungen zuerkannte. Der Grund, weshalb die Auflösung der Kunststiftung in Ostdeutschland keine Wirkung auf die Vermögenswerte in Westdeutschland hatte, besteht nicht darin, daß die Doktrin von der Gesamtrechtsnachfolge nicht galt, sondern darin, daß Westdeutschland die Auflösung in Ostdeutschland und demzufolge auch ihre Wirkung nicht anerkannte.

Beurteilung der Auflösung

Aus den Gründen, die ich angegeben habe, komme ich zu dem Schluß,

1. daß sich der Sitz der Kunststiftung im Jahr 1950 in Gotha befand;
2. daß das thüringische Justizministerium die zuständige Behörde mit der Kompetenz war, die Kunststiftung gemäß § 87 BGB aufzulösen;
3. daß die Auflösung kein Akt der Enteignung war;
4. daß durch Gesamtrechtsnachfolge das Eigentum am Vermögen der Kunststiftung, mit Ausnahme von Vermögen, das sich in Westdeutschland befand, welches die Auflösung nicht anerkannte, auf das Land Thüringen überging.

Im Lichte dieser Schlußfolgerungen muß ich mich nun der Frage zuwenden, ob ein englisches Gericht das Eigentum der Kläger entweder auf der Grundlage der Enteignung oder auf der Grundlage der Auflösung der Kunststiftung anerkennt.

I.4 Recognition or Enforcement in an English Court of FRG's Title to the Painting Under German Law

If, under German law, title to the painting passed to the Federal Republic of Germany, the question arises whether an English court should recognise or enforce that title. Cobert, firstly, relies upon the principle that English Courts will not recognise a governmental act affecting private property rights when the property is situated outside the territory of that government. (Rule 122 in Dicey & Morris, q. v. supra). Secondly, Cobert invokes the principle that English courts will not entertain an action to enforce the penal, revenue or other public laws of a foreign state. (Rule 3 in Dicey & Morris).

These contentions have no bearing on my conclusion that title passed to the Land Thüringia (and thence to the Federal Republic of Germany) by the expropriatory Law of 9 October 1945 and that the expropriation of the art collection was not repealed by the Law of 4 December 1945. That expropriation was effective and will be recognised by our courts because, at that time, on my findings of fact, the painting was within the territory over which the Soviet Military Administration had jurisdiction (see **Princess Paley Olga v. Weisz** [1929] 1 KB 718 at 725) and was in the possession of the trustee. The Federal Government of Germany is merely seeking to protect rights of property which had vested prior to this action and to enforce those rights under the general law of property. Professor Mann states in Further Studies in International Law (1990)

> "I should also be accepted that if a State confiscates a chattel situated within its territories, but it does not obtain possession, it cannot recover it by action in a foreign country to which its original owner may have been able to take it." (356–7).

These contentions are, however, of particular importance in relation to my alternative conclusion that on dissolution, in 1950, title to the painting passed to the German Democratic Republic notwithstanding that the painting was in the Soviet Union.

Was the dissolution a governmental act?

The principle, on which Cobert relies, is summarised as Rule 122 in Dicey & Morris: –

I.4 Anerkennung oder Durchsetzung des auf deutsches Recht gegründeten Eigentums der Bundesrepublik Deutschland an dem Gemälde durch ein englisches Gericht

Ist nach deutschem Recht das Eigentum an dem Gemälde auf die Bundesrepublik Deutschland übergegangen, erhebt sich die Frage, ob ein englisches Gericht dieses Eigentum anerkennen oder durchsetzen sollte. Die Firma Cobert stützt sich erstens auf den Grundsatz, daß englische Gerichte keine staatlichen Maßnahmen anerkennen, die private Vermögensrechte betreffen, wenn sich der Vermögensgegenstand außerhalb des Staatsgebiets dieser Regierung befindet. (Regel 122 bei Dicey & Morris, s. o.) Zweitens beruft sich die Firma Cobert auf den Grundsatz, daß englische Gerichte sich nicht mit einer Klage beschäftigen, mit der das Straf-, Finanz- oder sonstiges öffentliches Recht eines ausländischen Staates durchgesetzt werden soll (Regel 3 bei Dicey & Morris).

Diese Argumente haben keinen Einfluß auf meine Entscheidung, daß das Eigentum durch das Enteignungsgesetz vom 9. Oktober 1945 auf das Land Thüringen (und danach auf die Bundesrepublik Deutschland) übergegangen ist, und daß die Enteignung der Kunstsammlung nicht durch das Gesetz vom 4. Dezember 1945 rückgängig gemacht wurde. Diese Enteignung war wirksam und wird von unseren Gerichten anerkannt werden, weil sich zu diesem Zeitpunkt nach meiner Tatbestandsfeststellung das Gemälde innerhalb des Staatsgebiets befand, über das die Sowjetische Militäradministration Zuständigkeit besaß (siehe **Princess Paley Olga -v- Weisz** [1929] 1 JV 718 m 725) und im Besitz des Treuhänders war. Der Regierung der Bundesrepublik Deutschland geht es lediglich um den Schutz von Eigentumsrechten, die bereits vor dieser Klage entstanden waren, und um deren Durchsetzung nach dem allgemeinen Sachenrecht. Professor Mann stellt in den „Further Studies in International Law“ (1990) folgendes fest:

> „Es sollte auch anerkannt sein, daß dann, wenn ein Staat eine innerhalb seines Territoriums befindliche bewegliche Sache beschlagnahmt, jedoch nicht den Besitz daran erlangt, er diese nicht durch Klage in einem fremden Land wiedererlangen kann, falls der ursprüngliche Eigentümer sie dorthin gebracht hat.“ (356–7)

Diese Argumente sind jedoch von besonderer Bedeutung in bezug auf meine alternative Schlußfolgerung, daß das Eigentumsrecht an dem Gemälde bei der Auflösung im Jahre 1950 auf die Deutsche Demokratische Republik überging, unbeschadet der Tatsache, daß sich das Gemälde in der Sowjetunion befand.

War die Auflösung ein Akt der öffentlichen Verwaltung?

Der Grundsatz, auf den sich die Firma Cobert stützt, wird bei Dicey & Morris als Regel 122 folgendermaßen zusammengefaßt:

> "A governmental act affecting any private proprietary right in any movable or immovable thing will be recognised as valid and effective in England if the act was valid and effective by the law of the country where the thing was situated (lex situs) at the moment when the act takes effect, and not otherwise."

It is important to emphasise that the submission of Cobert is wider than its earlier submission, in relation to German law, that the dissolution was in substance an expropriation. The act of dissolution of the Art Foundation was, it is said, a governmental act which affected private property rights. In those circumstances the effect of the dissolution namely the transfer of the title to the painting, from the Art Foundation to the German Democratic Republic will not be recognised by the English Court.

The issue turns on the question whether the pronouncement of dissolution by the Minister of Justice of the Land Thüringen was in substance a pronouncement relating to the status of the Art Foundation or was in substance a governmental act transferring property rights to the Land.

It is plain that, in order to make the distinction, I must consider the substance of the action of the Minister of Justice and not merely have regard to its form (see Diplock J in **Adams v. National Bank of Greece and Athens S. A.** [1958] 2 QB 59 at 75 and 77). In Studies in International Law (Oxford 1973) Professor Mann writes: –

> "It is equally certain that in these matters the court will not allow itself to be misled by appearances: on the contrary, it will investigate whether what the plaintiff asserts is in substance a prerogative right the direct or indirect enforcement of which is being sought. (page 502)"

Governmental acts which transfer property rights, fall within that class of case, which Nourse J, in **Williams & Humbert Ltd v. W & H Trade Marks (Jersey) Ltd** [1986] AC 369 at 378–379, described as those which English courts will not enforce on grounds of public policy (Class II laws). They are those: –

> "whose validity and effect within the territory of the foreign state are recognised but which will not be directly or indirectly enforced in England. This can now be seen to be an application of the wider rule that English law will not enforce foreign laws which purport to have extra-territorial effect: see **Bank Voor Handel En Scheepvaart N. V. v. Slatford** [1953] 1 QB 248"

(379 E).

In that case, Devlin J held that the decree of a foreign government would not be effective to transfer property situated in this country whether or not the law was

„Ein Regierungsakt, der sich auf irgendein privates Vermögensrecht an einer beweglichen oder unbeweglichen Sache auswirkt, wird in England dann als rechtsgültig und wirksam anerkannt, wenn der Akt nach dem Gesetz des Landes, in dem sich die Sache befand, zu dem Zeitpunkt des Inkrafttretens des Akts rechtsgültig und wirksam war (lex situs) und nicht, wenn es sich anders verhält."

Es ist wichtig, zu betonen, daß der Vortrag der Firma Cobert weitergeht als ihr früherer Vortrag zum deutschen Recht, daß die Auflösung ihrem wesentlichen Inhalt nach eine Enteignung war. Der Akt der Auflösung der Kunststiftung sei, so wird gesagt, ein Akt der öffentlichen Verwaltung gewesen, der private Vermögensrechte berührte. Unter diesen Umständen werde die Wirkung der Auflösung, nämlich der Übergang des Eigentumsrechts an dem Gemälde von der Kunststiftung auf die Deutsche Demokratische Republik von einem englischen Gericht nicht anerkannt.

Der Streitpunkt dreht sich um die Frage, ob die Erklärung der Auflösung durch den Justizminister des Landes Thüringen seinem wesentlichen Inhalt nach eine Erklärung war, die sich auf den Rechtsstatus der Kunststiftung bezog, oder ob sie ihrem wesentlichen Inhalt nach ein Akt der öffentlichen Verwaltung war, mit dem Vermögensrechte auf das Land übertragen wurden.

Es ist offensichtlich, daß ich, um diese Unterscheidung zu treffen, den wesentlichen Inhalt des Vorgehens des Justizministers, nicht nur seine Form berücksichtigen muß (siehe Mr. Justice Diplock in **Adams -v- National Bank of Greece and Athens S. A.** [1958] 2 QB 59, 75 und 77). In den „Studies in International Law" (Oxford 1973) schreibt Professor Mann:

„Es ist gleichermaßen sicher, daß das Gericht es sich in diesen Angelegenheiten nicht erlauben kann, vom äußeren Anschein in die Irre geführt zu werden: im Gegenteil, wird es Nachforschungen darüber anstellen darüber, ob das, was der Kläger behauptet, nach seinem wesentlichen Inhalt ein hoheitliches Eingriffsrecht ist, dessen direkte oder indirekte Durchsetzung angestrebt wird (Seite 502)."

Regierungsakte, durch die Eigentumsrechte übertragen werden, fallen in diese Kategorie von Fällen, die Richter Nourse im Fall **Williams & Humbert Ltd. -v- W & H Trade Marks (Jersey) Ltd.** [1986] AC 369, 378/379 als Fälle beschreibt, die englische Gerichte wegenVerstoßes gegen den *ordre public* nicht durchsetzen werden (Gesetze der Kategorie II). Dies sind Gesetze,

„deren Gültigkeit und Wirkung innerhalb des Territoriums des ausländischen Staates anerkannt werden, die aber weder direkt noch indirekt in England durchgesetzt werden. Dies kann nun als Anwendung der weitergehenden Regel angesehen werden, nach der englisches Recht keine ausländischen Gesetze durchsetzen wird, die vorgeben, exterritoriale Wirkung zu haben: siehe **Bank Voor Handel En Scheepvaart N. V. -v- Slatford** [1953] 1 QB 248 (379 E)."

In diesem Fall vertrat Mr. Justice Devlin die Auffassung, daß der Rechtsakt einer ausländischen Regierung nicht wirksam in England befindliches Eigentum

confiscatory or penal (see page 263). In the House of Lords in **Williams & Humbert** (q. v. supra) Lord Templeman stated the principle as: –

> "The public law of a sovereign state cannot change the title to property which never comes within the jurisdiction of that state." (431 G)

Such public laws are to be contrasted with those acts which, in substance, are merely concerned with the status of a corporation or foundation. Such acts fall within the principle described as Rule 155:

> "The existence or dissolution of a foreign corporation duly created or dissolved under the law of a foreign country is recognised in England."

The contrast may be made between **Adams** (q. v. supra) and **The National Bank of Greece and Athens S. A v. Metliss** [1958] AC 509. **Metliss** affords an example of the English court recognising that a foreign decree was an act relating to the status of a corporation and recognising, accordingly, the consequences of that status. It concerned a decree of 1953 whereby two banks were amalgamated into a third. The effect of the amalgamation was to put the new bank in exactly the same position as the former bank before amalgamation. Since English law recognised the status of the new bank so also it recognised the consequences of its status, namely the assumption of the former bank's liabilities (see Viscount Simonds at 525 and Lord Tucker at 529).

In **Adams** (q. v. supra) the Greek Government, by legislative decree of 1956, with retrospective effect, sought to absolve the defendant bank from the obligations of the original guarantor bank in respect of bonds. Diplock J held that the law of 1956 was not a law of succession or a law relating to capacity or status but in substance discharged liabilities and altered rights which had vested in English law. Under English rules of private international law that decree was not effective to discharge the liability of the bank as guarantors under the bonds.

In my judgment the Federal Republic of Germany is correct in its contention that the pronouncement by the Ministry of Justice of the dissolution of the Art Foundation was merely a pronouncement which concerned the status of the Foundation. It was a decision made because: –

übertragen könne, unabhängig davon, ob das Gesetz einen Beschlagnahme- oder Strafcharakter habe (siehe Seite 263). Im House of Lords stellte Lord Templeton in der Sache **Williams & Humbert** (s. o.) den Rechtsgrundsatz wie folgt dar:

> „Das öffentliche Recht eines souveränen Staates kann das Eigentumsrecht an Sachen, die niemals in den Zuständigkeitsbereich dieses Staates gelangt sind, nicht ändern (431 G)."

Solche öffentlichrechtlichen Bestimmungen müssen den Rechtsakten gegenübergestellt werden, die ihrem wesentlichen Inhalt nach lediglich den Rechtsstatus einer juristischen Person oder eines Unternehmens betreffen. Diese Gesetze fallen unter das Prinzip, das in der Regel 155 beschrieben ist:

> „Das Bestehen oder die Auflösung einer ausländischen juristischen Person, die nach den Gesetzen eines ausländischen Landes ordnungsgemäß errichtet oder aufgelöst wurde, wird in England anerkannt."

Zwischen **Adams** (s. o.) und **The National Bank of Greece and Athens S. A. -v- Metliss** [1958] AC 509 können Unterschiede festgestellt werden. Der Fall Metliss bietet ein Beispiel dafür, daß das englische Gericht anerkennt, daß es sich bei einem ausländischen Rechtsakt um eine Maßnahme handelte, die sich auf den Rechtsstatus einer juristischen Person bezieht, und daß es dementsprechend die Auswirkungen dieses Rechtsstatus anerkennt. Hierbei handelte es sich um eine Verordnung von 1953, durch die zwei Banken verschmolzen wurden und eine dritte bildeten. Die Wirkung der Fusion war, daß die neue Bank in genau denselben Stand versetzt wurde, den die früheren Banken vor der Fusion innegehabt hatten. Da nach englischem Recht der Rechtsstatus der neuen Bank anerkannt wurde, wurden dadurch auch die Konsequenzen ihres Status anerkannt, nämlich die Übernahme der Verbindlichkeiten der früheren Bank (siehe Viscount Simonds, 525 und Lord Tucker, 529).

Im Fall **Adams** (s. o.) beabsichtigte die griechische Regierung durch eine Verordnung mit Gesetzeskraft von 1956, die beklagte Bank von den Verpflichtungen der ursprünglich als Garantin von Schuldverschreibungen haftenden Bank mit rückwirkender Wirkung freizustellen. Richter Diplock vertrat die Auffassung, das Gesetz von 1956 sei kein Gesetz, das eine Rechtsnachfolge regle und auch kein Gesetz, das sich auf die Handlungsfähigkeit und den Rechtsstatus bezog, sondern nach seinem wesentlichen Inhalt Obligationen zum Erlöschen brachte und Rechte änderte, die nach englischem Recht wirksam bestanden. Nach den englischen Regeln des internationalen Privatechts konnte diese Verordnung die Verpflichtungen der Bank als Garantin der Schuldverschreibungen nicht wirksam aufheben.

Meines Erachtens hat die Bundesrepublik Deutschland mit ihrer Argumentation recht, daß die Erklärung der Auflösung der Kunststiftung durch den Justizminister lediglich den Rechtsstatus der Stiftung betroffen habe. Es war eine Entscheidung, die getroffen wurde, weil (gemäß § 87 BGB)

> "The fulfilment of the object of the Foundation has become impossible" (pursuant to Article 87 of the BGB).

In those circumstances the dissolution should be recognised by this court pursuant to Rule 155 and its consequences ought to be recognised. Those consequences included the transfer of the property of the Art Foundation, pursuant to paragraph 14 of the Land Thüringen Implementation Regulation of 16 May 1923. In my judgment the act of dissolving the Art Foundation was not an act done under that which Lord Templeman describes as "the public law of a sovereign state" or that which is described by Professor Mann as an exercise of a prerogative right or analogous to a foreign decree transferring property. It was, in my judgment, an act concerned solely with the status of the Art Foundation. The Art Foundation was dissolved in accordance with the German Civil Code. The Art Foundation was duly dissolved under the law of its place of creation. English law should, therefore, recognise the effects, under that law, of the dissolution.

Is This Action an Action for the Enforcement directly or indirectly of a Penal Revenue or other Public Law of a Foreign state?

Cobert contend that even if the act of dissolution fell outwith Rule 122 nevertheless the action in this case is the direct or indirect enforcement of a public law of a foreign state. Rule 3 in Dicey & Morris (page 97) provides: –

> "English courts have no jurisdiction to entertain an action:
>
> (1) for the enforcement, either directly or indirectly, of a penal revenue or other public law of a foreign State; or
>
> (2) founded upon an act of state."

The rationale of the Rule is that to enforce a claim based upon a penal, revenue or other public law of a foreign state is to permit an assertion of sovereign authority by one state within the territory of another.

Mr Brindle QC contends that the claim, insofar as it relies upon title derived from the dissolution decree of 1950, falls foul of Rule 3. Even though the law is not penal or a revenue law, it is a public law of a foreign state. It will not be enforced in relation to property that was not within the territory of the Land at the time of dissolution. In support of the proposition that there is a third category of laws, other than penal and revenue laws, which will not be enforced by an English court Mr Brindle QC relies upon the judgment of Lord Denning MR in **AG of New Zealand v. Ortiz** [1984] 1 AC 20 to 21, a reference to Rule 3 by Lord Mackay in Williams & Humbert at 437 C and in particular the decision of

„die Erfüllung des Stiftungszwecks unmöglich geworden war."

Unter diesen Umständen sollte von diesem Gericht gemäß Regel 155 die Tatsache der Auflösung und ihre Auswirkungen anerkannt werden. Diese Auswirkungen schließen den Übergang des Eigentums der Kunststiftung gemäß § 14 der Ausführungsverordnung des Landes Thüringen vom 16. Mai 1923 ein. Meines Erachtens erging der Akt der Auflösung der Kunststiftung nicht in Anwendung von Recht, das Lord Templeman als „das öffentliche Recht eines souveränen Staates" bezeichnet oder als Folge von etwas, was Professor Mann als Ausübung eines hoheitlichen Rechts beschreibt, oder analog zu einer ausländischen Verordnung zur Übertragung von Eigentum. Meines Erachtens betraf diese Maßnahme ausschließlich den Rechtsstatus der Kunststiftung. Die Kunststiftung wurde gemäß dem Bürgerlichen Gesetzbuch aufgelöst. Die Kunststiftung wurde ordnungsgemäß nach den Gesetzen ihres Gründungsortes aufgelöst. Das englische Recht sollte deshalb die Wirkungen der Auflösung nach diesem Gesetz anerkennen.

Dient diese Klage der direkten oder indirekten Durchsetzung des Straf-, Steuer- oder eines anderen öffentlichen Rechts eines ausländischen Staates?

Die Firma Cobert behauptet, daß, selbst wenn der Akt der Auflösung nicht unter Regel 122 fiele, nichtsdestotrotz vorliegende Verfahren in dieser Sache die direkte oder indirekte Durchsetzung des öffentlichen Rechts eines ausländischen States darstelle. Regel 3 bei Dicey & Morris (Seite 97) sieht folgendes vor:

„Englische Gerichte haben keine Zuständigkeit für Klagen

(1) auf direkte oder indirekte Durchsetzung des Straf-, Steuer- oder eines sonstigen öffentlichen Rechts eines ausländischen Staates oder

(2) die sich auf einen staatlichen Hoheitsakt gründen."

Die logische Grundlage dieser Bestimmung ist, daß die Durchsetzung eines Anspruchs, der sich auf das Straf-, Steuer- oder ein anderes öffentliches Recht eines ausländischen Staates gründet, bedeuten würde, einem Staat die Ausübung seiner souveränen Rechtshoheit auf dem Territorium eines anderen Staates zu gestatten.

Mr. Brindle QC behauptet, daß der Anspruch, insofern er sich auf ein Eigentumsrecht stützt, das sich von dem Auflösungserlaß von 1950 ableitet, mit der Regel 3 unvereinbar ist. Auch wenn es sich bei dem Gesetz nicht um Straf- oder Steuerrecht handele, handele es sich doch um ein Gesetz aus dem öffentlichen Recht eines ausländischen Staates. Es könne nicht mit bezug auf Eigentum, das sich zur Zeit der Auflösung nicht innerhalb des Territoriums des Landes Thüringen befand, durchgesetzt werden. Zur Unterstützung der Behauptung, es gebe außer Straf-und Steuergesetzen eine dritte Kategorie von Gesetzen, die nicht von englischen Gerichten durchgesetzt werden, stützt sich Mr. Brindle QC auf das Urteil

the Court of Appeal in **United States v. Inkley** [1989] QB 255 at 264 to 265. Whilst there remains some doubt as to whether a residual category of public law exists (see Dicey & Morris page 105), in this case I do not think it matters. It is clear that the touchstone of the third category is an act done by a state by virtue of its sovereign authority. (see Lord Denning in **AG of New Zealand v. Ortiz** at 21 A). Acts which do not amount to an exercise of sovereign authority outside that authority's own territorial limits fall outwith Rule 3. Even if one recognises a third category of public law, in addition to penal and revenue laws, it must, at least be eiusdem generis to those laws. It must be an act *de jure imperii* and not *de jure gestionis.*

For the reasons I have already given, the act of dissolution by the Ministry of Justice was an act concerned solely with the continuing existence of the Foundation. The decision to dissolve was dictated solely by the condition of the Foundation. It was not an exercise of sovereign authority. Thus, to bring an action which seeks to protect rights which trace their origin to the dissolution is not an attempt to exercise sovereign authority in this country. In my judgment English courts can and should recognise a title derived from the dissolution of 1950 and enforce an action which seeks to protect those rights.

I.5 Return of the Painting to the German Democratic Republic in 1987

The Federal German Republic's contention that the painting must have entered the German Democratic Republic in 1987, on its way to West Berlin, led to a spirited argument as to whether that itself had in law the effect of perfecting an inchoate expropriation. Sadly, it is unneccesary to resolve the question whether the fact that the painting may have passed over or through the territory of the German Democratic Republic had that legal effect. No such fact has been established. There is no evidence as to how the painting came into West Berlin. In those circumstances there is no factual basis upon which to found a conclusion, if such a conclusion could be reached, that as a matter of law title was thereby perfected.

von Lord Denning MR im Fall **AG of New Zealand v. Ortiz** [1984] 1 AC 20 bis 21, auf einen Hinweis auf Regel 3 von Lord Mackay im Fall Williams & Humbert, 437 C und insbesondere auf die Entscheidung des Court of Appeal in **United States v. Inkley** [1989] QB 255, 264 bis 265. Auch wenn Zweifel bestehen, ob es noch eine weitere Kategorie des öffentlichen Rechts gibt (siehe Dicey & Morris, Seite 105), glaube ich nicht, daß dies im vorliegenden Fall von Belang ist. Es ist offensichtlich, daß der Prüfstein der dritten Kategorie das Vorhandensein eines von einem Staat kraft seiner souveränen Hoheit erlassenen Rechtsaktes ist (siehe Lord Denning im Fall **AG of New Zealand v. Ortiz**, 21 A). Rechtsakte, die keine Ausübung der souveränen Hoheitsgewalt außerhalb der eigenen territorialen Grenzen dieser Hoheitsgewalt darstellen, fallen nicht unter Regel 3. Selbst wenn man außer Straf- und Steuerrecht eine dritte Kategorie öffentlichen Rechts anerkennt, muß diese zumindest *eiusdem generis* zu diesen Rechtsgebieten sein. Es muß sich um einen Akt *de jure imperii* und nicht um einen Akt *de jure gestionis* handeln.

Aus den bereits von mir angeführten Gründen betraf der Akt der Auflösung durch das Justizministerium nur das Fortbestehen der Stiftung. Die Entscheidung zur Auflösung war ausschließlich vom Zustand der Stiftung bestimmt. Es handelte sich nicht um die Ausübung souveräner Hoheitsgewalt. Daher stellt die Erhebung einer Klage, durch die der Schutz von Rechten angestrebt wird, deren Herkunft auf die Auflösung zurückgeführt wird, keine Ausübung souveräner Hoheitsgewalt in England dar. Meines Erachtens können und sollten englische Gerichte ein Eigentumsrecht anerkennen, das von der Auflösung von 1950 abgeleitet wird, und eine Klage zulassen, mit der der Schutz dieser Rechte angestrebt wird.

I.5 Rückkehr des Gemäldes in die Deutsche Demokratische Republik im Jahre 1987

Die Behauptung der Bundesrepublik Deutschland, daß das Gemälde 1987 auf seinem Weg nach Westberlin in die Deutsche Demokratische Republik gelangt sein müsse, führte zu einer lebhaften Debatte darüber, ob diese Tatsache aus sich heraus die rechtliche Wirkung der Vervollständigung einer unvollständigen Enteignung hatte. Leider ist es nicht erforderlich, die Frage zu klären, ob die Tatsache, daß das Gemälde durch oder über das Territorium der Deutschen Demokratischen Republik kam, diese rechtliche Wirkung hatte. Es fehlt an dem tatsächlichen Nachweis. Es konnte nicht bewiesen werden, auf welchem Weg das Gemälde nach Westberlin kam. Unter diesen Umständen gibt es keine faktische Grundlage, auf die, wenn dies überhaupt möglich ist, die Schlußfolgerung gegründet werden könnte, daß hierdurch in rechtlicher Hinsicht das Eigentumsrechts vervollständigt wurde.

I.6 City of Gotha's Claim to Possession

This issue arises only if the Federal Republic of Germany fails to establish title to the painting and it is owned by the Art Foundation. It is based upon a short passage in Professor Werner's supplementary opinion. The Schlossmuseum in Gotha is owned and operated by the City of Gotha. The Schlossmuseum's right to possession arises, it is said, under Paragraph 3 of the Statutes of the Art Foundation which provide that the collection should be made available for public use. A possessor has the right to demand restitution of possession from: –

> "the person whose possession is defective relative to him" (See Article 861 of the BGB).

The museum was assigned to the City of Gotha from 1952 (see paragraph 177 of Professor Brunner's opinion). However, I accept Professor Brunner's evidence that it does not follow that the art collection was in the possession of the museum. The museum was an establishment of the Art Foundation; it was not itself a separate legal entity capable of holding independent legal rights to possession. The fact that the museum was located within the City of Gotha does not establish any legal right. Nor could a right to possession in the City of Gotha be derived from the purpose of the Foundation. The purpose merely establishes obligations in the representative bodies of the Foundation, the statute does not create any independent right to possession in the City of Gotha. I conclude, in accepting Professor Brunner's evidence on this point, that the City of Gotha has no right to possession. Even if it could be said to have had the right of possession once the museum was assigned to the City of Gotha in 1952 the painting itself had long since ceased to be in that city. For those reasons, if the Federal Republic of Germany's claim had failed the City of Gotha's claim would have suffered a similar fate.

Mr Layton QC on behalf of the City of Gotha contended that Professor Brunner had, in cross-examination, conceded that the city had a claim for recovery. The concession, such as it was, was made in the context of a question concerning the right to bring an action after unification and related to possession of the collection now. Professer Brunner's answers, placed in their proper context, cannot be understood as undermining his previous opinion.

II.2 Is the German Limitation Period relevant?

I turn now to consider whether the Federal Republic of Germany's claim is time-barred. This plaintiffs' contend that German law is irrelevant. If they are right

I.6 Besitzanspruch der Stadt Gotha

Diese Streitfrage wird nur relevant, wenn die Bundesrepublik Deutschland ihr Eigentumsrecht an dem Gemälde nicht nachweisen kann und wenn die Kunststiftung der Eigentümer ist. Sie gründet sich auf eine kurze Passage in dem Zusatzgutachten von Professor Werner. Eigentümer und Betreiber des Schloßmuseums in Gotha ist die Stadt Gotha. Es wird dort gesagt, daß das Besitzrecht des Schloßmuseums aus Abs. 3 der Satzung der Kunststiftung hervorgeht, der vorsieht, daß die Sammlung zur öffentlichen Nutzung zugänglich gemacht werden soll. Ein Besitzer hat das Recht, die Wiedereinräumung des Besitzes von

> „demjenigen [zu] verlangen, welcher ihm gegenüber fehlerhaft besitzt." (siehe § 861 BGB).

Das Museum wurde der Stadt Gotha ab 1952 zugewiesen (siehe Absatz 177 von Professor Brunners Gutachten). Ich akzeptiere jedoch Professor Brunners Aussage, daß daraus nicht folgt, daß die Kunstsammlung sich im Besitz des Museums befand. Das Museum war eine Einrichtung der Kunststiftung; es ist selbst keine eigenständige juristische Person, die unabhängige Besitzrechte innehaben könnte. Die Tatsache, daß sich das Museum innerhalb der Stadt Gotha befindet, verleiht keinen Rechtsstatus. Das Besitzrecht in der Stadt Gotha kann auch nicht aus dem Stiftungszweck abgeleitet werden. Durch den Stiftungszweck werden lediglich Pflichten für die Vertretungsorgane der Stiftung geschaffen, die Satzung läßt kein unabhängiges Besitzrecht der Stadt Gotha entstehen. Ich akzeptiere Professor Brunners Aussage zu diesem Punkt und stelle daher fest, daß die Stadt Gotha kein Besitzrecht hat. Selbst wenn gesagt werden könnte, daß sie das Besitzrecht hatte, sobald das Museum im Jahr 1952 der Stadt Gotha zugewiesen wurde, so war doch das Gemälde zu diesem Zeitpunkt schon lange nicht mehr in dieser Stadt. Wenn der Anspruch der Bundesrepublik Deutschland gescheitert wäre, hätte der Anspruch der Stadt Gotha aus diesen Gründen ein ähnliches Schicksal erlitten hätte.

Mr. Layton QC trug im Namen der Stadt Gotha vor, Professor Brunner habe im Kreuzverhör eingeräumt, daß die Stadt einen Anspruch auf Rückgabe habe. Diese Einräumung erfolgte allerdings im Zusammenhang einer Frage zur Aktivlegitimation nach der deutschen Vereinigung und zum gegenwärtigen Besitz der Sammlung. Werden Professor Brunners Antworten in ihren richtigen Zusammenhang gestellt, können sie nicht dahingehend verstanden werden, daß sie sein vorheriges Gutachten untergraben.

II.2 Ist die deutsche Verjährungsfrist von Belang?

Ich prüfe nunmehr, ob der Anspruch der Bundesrepublik Deutschland verjährt ist. Die Kläger behaupten, das deutsche Recht sei nicht von Belang. Haben sie

the action is not time-barred. Now that it is accepted by Cobert that there has been no good faith purchase of the painting, under English law the claim is not time-barred nor is the Federal Republic of Germany's title treated as extinguished pursuant to Section 3 of the Limitation Act 1980. Section 4 provides a special time limit in the case of theft. No thief nor persons taking the stolen chattel from the thief, may take advantage of the limitation period provided for in Section 3. The period of limitation only starts if and when the stolen painting was purchased in good faith.

The dispute as to whether the German limitation period applies turns on a proper interpretation of the Foreign Limitation Periods Act 1984. Section 1 provides: –

"(1) Subject to the following provisions of this Act, where in any action or proceedings in a court in England and Wales the law of any other country falls (in accordance with rules of private international law applicable by any such court) to be taken into account in the determination of any matter: –

(a) the law of that other country relating to limitation shall apply in respect of that matter for the purposes of the action or proceedings; and

(b) except where that matter falls within subsection (2) below, the law of England and Wales relating to limitation shall not so apply.

(2) A matter falls within this subsection if it is a matter in the determination of which both the law of England and Wales and the law of some other country fall to be taken into account.

(3) The law of England and Wales shall determine for the purposes of any law applicable by virtue of subsection (1)(a) above whether, and the time at which, proceedings have been commenced in respect of any matter; and accordingly, section 35 of the Limitation Act 1980 (new claims in pending proceedings) shall apply in relation to time limits applicable by virtue of subsection (1)(a) above as it applies in relation to time limits under that Act.

(4) A court in England and Wales, in exercising in pursuance of subsection (1)(a) above any discretion conferred by the law of any other country, shall so far as practicable exercise that discretion in the manner in which it is exercised in comparable cases by the courts of that other country.

(5) In this section "law", in relation to any country, shall not include rules of private international law applicable by the courts of that country or, in the case of England and Wales, this Act.

Section 4 provides: –

"(1) Subject to subsection 3 below, references in this Act to the law of any country (including England and Wales) relating to limitation shall, in relation to any matter, be construed as references to so much of the relevant law of the country as (in any manner) makes

recht, ist die Klage nicht verjährt. Jetzt, da von der Firma Cobert akzeptiert wird, daß kein gutgläubiger Erwerb des Gemäldes stattgefunden hat, ist der Anspruch nach englischem Recht weder verjährt, noch gilt das Eigentumsrecht der Bundesrepublik Deutschland nach § 3 des Limitation Act (englisches Verjährungsgesetz) von 1980 als erloschen. § 4 sieht in Fällen von Diebstahl eine besondere Frist vor. Diebe oder Personen, die dem Dieb die gestohlene bewegliche Sache weggenommen haben, können aus der in § 3 vorgesehenen Verjährungsfrist keinen Nutzen ziehen. Die Verjährungsfrist beginnt nur, falls das gestohlene Gemälde in gutem Glauben erworben wurde, und zwar zum Zeitpunkt des Kaufs.

Die Streitfrage darüber, ob die deutsche Verjährungsfrist gilt, richtet sich nach der richtigen Auslegung des Foreign Limitation Period Act (englisches Gesetz bezüglich ausländischer Verjährungsfristen) von 1984. In § 1 wird folgendes bestimmt:

„(1) Vorbehaltlich der nachfolgenden Bestimmungen dieses Gesetzes gilt folgendes: ist in einem Prozeß oder sonstigen Verfahren vor Gerichten in England und Wales (gemäß den von diesen Gerichten anwendbaren Bestimmungen des internationalen Privatrechts) das Recht eines anderen Landes bei der Entscheidung über eine Angelegenheit zu berücksichtigen,

(a) gilt das Verjährungsrecht dieses anderen Landes in bezug auf diese Angelegenheit im Rahmen dieses Prozesses oder dieses Verfahrens;

(b) das englische und walisische Verjährungsrecht findet keine Anwendung, es sei denn, die Angelegenheit gehört zu denjenigen, die in dem nachfolgenden Absatz (2) beschrieben sind.

(2) Eine Angelegenheit fällt in diesen Unterabsatz, wenn zu ihrer Entscheidung sowohl das englische und walisische Recht als auch das Recht eines anderen Landes berücksichtigt werden müssen.

(3) Das englische und walisische Recht bestimmt im Rahmen jedes aufgrund des obenstehenden Abschnitts (1)(a) geltenden Gesetzes, ob und zu welcher Zeit gerichtliche Verfahren bezüglich einer Angelegenheit eingeleitet wurden; dementsprechend gilt Paragraph 35 des Limitation Act von 1980 (neue Ansprüche in anhängigen Verfahren) in bezug auf kraft obenstehendem Abschnitt (1)(a) anwendbare Fristen, wie er auch in bezug auf Fristen nach diesem Gesetz gilt.

(4) Ein Gericht in England und Wales, das in Ausführung des obenstehenden Abschnitts (1)(a) Ermessen ausübt, das ihm durch das Recht eines anderen Landes übertragen worden ist, soll dieses Ermessen, soweit dies praktikabel ist, in der Art und Weise ausüben, in der dies in vergleichbaren Fällen durch die Gerichte dieses anderen Landes geschieht.

(5) In diesem Absatz schließt der Begriff „Recht", in Verbindung mit einem Land, die von den Gerichten dieses Landes anwendbaren Bestimmungen des internationalen Privatrechts oder, im Falle von England und Wales, dieses Gesetz, nicht mit ein."

In § 4 wird folgendes bestimmt:

„(1) Vorbehaltlich des untenstehenden Absatzes 3 werden in diesem Gesetz Bezugnahmen auf das Recht eines anderen Landes (einschließlich England und Wales) bezüglich Verjährung in bezug auf eine Angelegenheit ausgelegt als Bezugnahme auf das einschlägige Recht

provision with respect to a limitation period applicable to the bringing of proceedings in respect of that matter in the courts of that country and shall include: –

(a) references to so much of that law as relates to, and to the effect of, the application, extension, reduction of interruption of that period; and

(b) a reference, where under that law there is no limitation period which is so applicable, to the rule that such proceedings may be brought within an indefinite period.

(2) In subsection (1) above "relevant law", in relation to any country, means the procedural and substantive law applicable, apart from any rules of private international law, by the courts of that country."

It is plain from Section 1 and Section 4 of the 1984 Act that the Act has no application unless German law falls, in accordance with the rules of English private international law, to be taken into account: –

"in the determination of any matter."

Mr Layton QC, on behalf of the plaintiffs, contends that German law is irrelevant to the plaintiffs' claim for wrongful interference in England with goods acquired in England. There is no connecting factor to link the claim with Germany. The rules of English international law are rules which apply to foreign law if: –

"The issue before the court affects some fact, event or transaction that is sufficiently closely connected to a foreign system of law to necessitate recourse to that system ..." (Cheshire & North Private International Law (12th Edition) page 5).

The tort has been committed in England by a Panamanian company which acquired the painting in England.

I cannot accept this submission, attractive though its simplicity be. The claim under Section (2)(1) of the Torts (Interference With Goods) Act [1977] is classified in Goff & Jones The Law of Restitution (4th Edition) (pages 75 to 76) as a restitutionary proprietary claim. It is a claim to protect and enforce rights deriving from the plaintiffs' ownership of the painting. Assertion of those rights depends upon the plaintiffs' assertion of title which, it is accepted, must be determined under German law.

But Mr Layton QC's proposition that the 1984 Act has no application relies upon a more subtle submission. That submission requires a distinction to be

des anderen Landes in dem Umfang, in dem es (in irgendeiner Angelegenheit) Bestimmungen im Hinblick auf eine Verjährungsfrist trifft, die für die Erhebung einer Klage bezüglich dieser Angelegenheit in den Gerichten dieses anderen Landes gilt; dazu gehören

(a) Bezugnahmen auf dieses Recht in dem Umfang, in dem es sich auf Anwendung, Verlängerung, Verkürzung oder Unterbrechung dieser Frist und die Wirkung dieser Maßnahmen bezieht;

(b) wenn es im Rahmen dieses Rechts keine anwendbare Verjährungsfrist gibt, eine Bezugnahme auf eine Regelung, nach der solche Verfahren ohne zeitliche Begrenzung eingeleitet werden können.

(2) In obenstehendem Abschnitt (1) bedeutet „einschlägiges Recht" in bezug auf ein bestimmtes Land das von den Gerichten des jeweiligen Landes anwendbare prozessuale und materielle Recht mit Ausnahme des internationalen Privatrechts."

Aus den §§ 1 und 4 des Gesetzes von 1984 geht klar hervor, daß das Gesetz nur dann gilt, wenn deutsches Recht gemäß den Bestimmungen des englischen Privatrechts

„bei der Entscheidung über eine Angelegenheit"

berücksichtigt werden muß.

Mr. Layton QC argumentiert im Namen der Kläger, deutsches Recht sei für die Ansprüche der Kläger, gestützt auf unerlaubte Besitzstörung in England und in bezug auf in England erworbene Sachen, ohne Belang. Es gebe keinen Anknüpfungspunkt, der den Anspruch mit Deutschland verbindet. Die Bestimmungen des englischen internationalen Privatrechts gälten für ausländisches Recht, wenn:

„der vor dem Gericht verhandelte Streitpunkt eine Tatsache, ein Ereignis oder eine Transaktion berührt, die genügend eng mit einem ausländischen Rechtssystem verbunden ist, um den Rückgriff auf dieses System erforderlich zu machen ..." (Cheshire & North, Private International Law (12. Auflage), Seite 5).

Das Delikt sei in England durch ein panamaisches Unternehmen begangen worden, das das Gemälde in England erworben habe.

Ich kann dieses Argument nicht akzeptieren, so verlockend es in seiner Einfachheit auch ist. Der Anspruch nach § (2)(1) des Torts (Interference with Goods) Act 1977 wird bei Goff & Jones (The Law of Restitution, (4. Ausgabe), Seite 75–76) als sachenrechtlicher Rückerstattungsanspruch klassifiziert. Es handelt sich um einen Anspruch mit dem Ziel, Rechten, die sich aus dem Eigentum der Kläger an dem Gemälde herleiten, zu schützen und durchzusetzen. Die Geltendmachung dieser Rechte hängt von der Bestätigung des Eigentums der Kläger ab, wobei Einigkeit besteht, daß dieses nach deutschem Recht entschieden werden muß.

Doch stützt sich der Vortrag von Mr. Layton QC, daß das Gesetz von 1984 nicht anwendbar sei, auf ein noch subtileres Argument. Hiernach soll es erforderlich

made between the issues relating to title and limitation. German limitation law has no relevance to the issue whether the Federal Republic of Germany can trace its title by establishing the painting was expropriated or that title passed on dissolution of the Art Foundation. Once it has successfully traced its title to the painting, title is no longer in issue and German law is no longer relevant. The sole issue remaining is one of English law relating to the conversion of a painting in England. German law applies to the question of title because English conflict rules apply the lex situs, but it has no application in relation to limitation.

Mr Layton QC supports that contention by consideration of how the issue would have been resolved before the 1984 Act. German limitation law would not have been relevant because if it had been applicable it would have been regarded as procedural; it did not extinguish title. English limitation law would have governed the claim.

At the core of the 1984 Act lies the principle that the period of limitation applicable under the lex causae should be applied. (see The Law Commission's Report Classification of Limitation in Private International Law 1982 No. 114 paragraphs 4.3 and 4.11). The principles of international law are permeated with that which in earlier days was the lingua franca of international law jurists. But the Latin does not illuminate. The lex causae is the law governing the question (see Dicey & Morris page 30). But what is the question? In the language of Section 1 (1) and Section 4 (1), of the 1984 Act: what's the matter?

The problem arises because Section 1 (1) appears to suggest that any law which is to be applied on any substantive issue should also apply to limitation, thus giving rise to many cases where Section 1 (2) would apply. Several laws would be applicable to various aspects of a dispute. In his article on time limitation in English law (1985 LMCLQ 497) P. A. Stone amply demonstrates how this approach is contrary to the purposes of the Act particularly in relation to breach of contract. It is clear that the Act intended limitation to be governed by the proper law of the contract (see Law Commission Report 3.9, 4.4 and 4.6). That is likely to have been the law chosen by the parties. Yet if Section 1 means that any law applied in relation to any substantive issue should also apply to limitation that principle cannot be followed. There are many cases where the issue of validity or capacity may have to be considered and where those laws differ from the proper law of the contract. Mr Stone's solution is to apply the limitation

sein, zwischen den Streitfragen, die das Eigentumsrecht betreffen, und denjenigen, die die Verjährung betreffen, zu unterscheiden. Das deutsche Verjährungsrecht sei ohne Bedeutung für die Frage, ob die Bundesrepublik Deutschland ihr Eigentumsrecht auf den Nachweis stützen kann, daß das Gemälde enteignet wurde oder daß das Eigentum bei der Auflösung der Kunststiftung überging. Sobald sie ihr Eigentumsrecht erfolgreich darlegen kann, sei das Eigentum nicht mehr strittig und deutsches Recht nicht länger von Belang. Die einzige verbleibende Streitfrage sei nach englischem Recht zu beurteilen und beziehe sich auf die widerrechtliche Besitzentziehung eines Gemäldes in England. Deutsches Recht gelte für Fragen, die das Eigentum betreffen, da die englischen Kollisionsnormen auf die *lex situs* verweisen, gelte aber nicht für die Verjährung.

Mr. Layton QC unterlegt dieses Argument mit dem Hinweis auf die Frage, wie dieser Aspekt nach dem Gesetz von 1984 gelöst worden wäre. Das deutsche Verjährungsrecht wäre nicht in Betracht gezogen worden, da es, im Falle der Anwendbarkeit als Verfahrensrecht klassifiziert worden wäre; es brachte das Eigentum zum Erlöschen. Der Anspruch hätte dem englischen Verjährungsrecht unterlegen.

Den Kern des Gesetzes von 1984 bildet die Grundregel, daß die nach der *lex causae* geltende Verjährungsfrist angewandt werden sollte (siehe The Law Commission's Report: Classification for Limitation in Private International Law 1982, Nr. 114, Absätze 4.3 und 4.11). Die Regeln des internationalen Privatrechts sind durchsetzt mit dem, was in früheren Zeiten die *lingua franca* der Juristen im Bereich des internationalen Privatrechts war. Die lateinische Sprache trägt jedoch nicht zur Erhellung bei. Die *lex causae* ist das Recht, dem die „in Streit befindliche Frage" unterliegt (siehe Dicey & Morris, Seite 30). Aber was ist die „im Streit befindliche Frage"? In der Sprache von § 1(1) und § 4(1) des Gesetzes von 1984: was ist „die Angelegenheit"?

Das Problem tritt auf, weil § 1(1) anscheinend nahelegt, daß jedwelches Recht, das auf irgendeinen materiell rechtlichen Aspekt angewandt wird, auch für die Verjährung gelten soll, wodurch viele Fälle entstehen, in denen § 1(2) gelten würde. Mehrere nationale Rechte wären auf die verschiedenen Einzelaspekte eines Streitfalls anwendbar. In seinem Artikel über die Verjährung im englischen Recht (1985 LMCLQ 497) weist P. A. Stone ausführlich nach, wie dieser Ansatz insbesondere in bezug auf Vertragsbruch dem Zweck des Gesetzes zuwiderläuft. Es ist offenkundig, daß durch das Gesetz beabsichtigt wurde, die Verjährung dem Recht, das für den Vertrag gilt, zu unterwerfen (siehe Law Commission Report 3.9, 4.4 und 4.6). Das ist häufig das von den Parteien gewählte Recht. Wenn jedoch § 1 bedeuten soll, daß das Recht, das auf irgendeinen materiellen Aspekt angewendet wird, auch für die Verjährung gilt, kann dieser Grundsatz nicht eingehalten werden. Es gibt viele Fälle, in denen die Frage der Rechtsgültigkeit oder

rules applicable to the proper law of the contract; he does not elucidate the process of statutory construction which permits so sensible a conclusion.

I was referred by both parties to passages in Chapter III of Dicey & Morris dealing with the "incidental or preliminary question". The chapter opens with the dispiriting observation that: –

> "It is a technical problem of considerable difficulty which was first noticed by academic writers on the Continent."

The authors of Dicey & Morris suggest a flexible approach taking into account policy considerations. (see page 55). I can well understand such an approach in relation to the problems identified by P. A. Stone in relation to contract. It provides an uncertain guide in the instant case.

Unless it is possible to say the "matter" is only the claim for wrongful interference with the painting and not the issue of title. Section 1 (2) governs this action and both German and English limitation law applies. It is agreed that if Section 1 (2) applies, the effecitve limitation period is which ever is the shorter (see e. g. Dicey & Morris page 187). Section 1 (2) was directed to the double actionability rule relating to tort, (pursuant to which there are two leges causae). The Law Commission Report No. 114 said: –

> "... the general rule requires the court to take into account both the lex loci delicti and our law. Normally, therefore, there are in effect two leges causae governing such cases, one of which will always be English law; in regard to limitation the effective period will be the one described by either the relevant foreign law or by its English equivalent, whichever should be the shorter.
>
> 4.15 We recommend ... that the rules of limitation in force in England and Wales should not be excluded in cases where both the foreign and the law of England and Wales are to be taken into account under the rules of private international law in the determination of any issue by the court;"

It seems clear that but for the dual actionability rule Section 1 (2) would not have been enacted. It derogates from the principle that where foreign law falls to be applied, that country's law of limitation should also be applied. Such a rule resolves the difficulties which had arisen from the need to distinguish between procedural and substantive law. The long title makes it clear that the Act sought to remove the need to consider whether a foreign limitation law was merely procedural or was a matter of substance: –

der Geschäftsfähigkeit geprüft werden muß, und in denen diese Rechte vom Recht des Vertragsstatus abweichen. Die Lösung von Stone besteht darin, diejenigen Verjährungsbestimmungen anzuwenden, die für das Recht des Vertragsstatus gelten; leider erklärt er nicht die Auslegungsmethode, die eine so vernünftige Schlußfolgerung erlaubt.

Beide Parteien verwiesen mich auf Passagen in Kapitel III von Dicey & Morris, die sich mit dieser „Neben- oder Vorfrage" beschäftigen. Das Kapitel wird mit der folgenden entmutigenden Beobachtung eingeleitet:

> „Es ist ein technisches Problem von beträchtlicher Schwierigkeit, das zuerst von akademischen Autoren auf dem Kontinent bemerkt wurde."

Die Verfasser von Dicey & Morris schlagen einen flexiblen Ansatz vor, der rechtspolitische Erwägungen mitberücksichtigt (siehe S. 55). Ich kann einen solchen Ansatz in bezug auf die von P. A. Stone für Verträge herausgearbeiteten Probleme gut verstehen. Im vorliegenden Fall bietet er jedoch nur einen unsicheren Leitfaden.

Nur wenn man davon ausgehen kann, daß der auf rechtswidrige Störung des Besitzes an dem Bild gegründete Anspruch allein die „Angelegenheit" darstellt und nicht die Auseinandersetzung über das Eigentum, fällt diese Klage unter § 1(2), und es gelten sowohl das englische als auch das deutsche Verjährungsrecht. Es besteht Einigkeit darüber, daß, wenn § 1(2) gilt, die jeweils kürzere Verjährungsfrist anzuwenden ist (siehe z. B. Dicey & Morris, Seite 187). § 1(2) sollte Fälle regeln, die bei deliktischen Ansprüchen hinsichtlich des Erfordernisses der Klagbarkeit in beiden Staaten auftreten, wenn zwei *leges causae* gegeben sind. Der Law Commission Report Nr. 114 führte folgendes aus:

> „... nach der generell geltenden Regel ist es erforderlich, daß das Gericht sowohl die *lex loci delicti* als auch unser Recht berücksichtigt. Normalerweise sind daher zwei *leges causae* in Kraft, denen diese Fälle unterliegen, von denen eines immer das englische Recht sein wird; in bezug auf die Verjährung wird die Frist entweder durch das einschlägige ausländische Recht oder das entsprechende englische Recht definiert, je nachdem welche die kürzere ist.
>
> 4.15 Wir empfehlen, ... daß die Verjährungsbestimmungen, die in England und Wales in Kraft sind, in Fällen, in denen sowohl ausländisches als auch englisches und walisisches Recht nach den Bestimmungen des internationalen Privatrechts in der Entscheidung einer Streitfrage durch das Gericht berücksichtigt werden müssen, nicht ausgeschlossen werden sollten."

Es scheint klar zu sein, daß § 1(2) nicht erlassen worden wäre, wenn es die Regel zum Erfordernis der „Doppelklagbarkeit" nicht gäbe. Er weicht von der Grundregel ab, daß dort, wo ausländisches Recht anwendbar ist, auch das Verjährungsrecht dieses Landes angewendet werden sollte. Eine solche Bestimmung löst die Schwierigkeiten, die aus der Notwendigkeit entstanden waren, zwischen Verfahrensrecht und materiellem Recht zu unterscheiden. Die volle Überschrift des Gesetzes macht deutlich, daß durch das Gesetz angestrebt wurde, die Prüfung der

> "An Act to provide for any law relating to the limitation of actions to be treated, for the purposes of cases in which effect is given to foreign law or to determinations by foreign courts, as a matter of substance rather than as a matter of procedure."

Thus, it seems to me, consistent with the statutory principles contained in the 1984 Act, a court should strive to identify one law as governing the issue to be determined rather than two. The plaintiffs' submissions have the merit of achieving that objective by restricting Section 1 (2) to cases where the double actionability rule applies. No significance is to be attached to the continuing existence of Section 1 (2); the double actionability rule was abolished by Section 10 of the Private International Law (Miscellaneous Provisions) Act 1995 but that rule still applies in relation to the determination of issues arising in any defamation claim (Section 13).

It is tempting to follow the approach contended for by Mr Layton QC and to regard the issues relating to title as distinct from the action for conversion in order to fulfil the purpose of the 1984 Act and to isolate one law as governing the issue. By that means Section 1 (2) is confined merely to the one remaining tort where the double actionability rule survives. There is, however, in my judgment an insuperable difficulty to this approach. There seems no particular difficulty in adopting that approach in a case such as this, where the German law of limitation is merely procedural and does not affect the plaintiffs' title to the painting. In such circumstances, adopting the flexible approach suggested by Dicey & Morris, there seems no good reason why the German law of limitation should affect a tort committed in this country in relation to a painting in this country. But, in my judgment, there would be far greater difficulty if the foreign law of limitation was substantive, in other words if the foreign law extinguished property rights. In such a case it would be difficult to say that there were not two laws governing the matter in issue. That was the conclusion of Waterhouse J in **The Cintas Foundation Incorporated v. Sotheby's Unlimited and Fondarm International Establishment.** (Unreported) 11 February 1995. In that case questions arose as to two paintings by a Spanish impressionist. Under Cuban law, after the expiry of the limitation period, title was extinguished. Waterhouse J concluded that there were two leges causae and accordingly section 1 (2) applied. (see page 63). The Judge's reasoning was not set out in full because, in the light of his decision on other issues, it was obiter. That decision exposes the difficulty in adopting the approach advanced by Mr Layton QC. If, as he was disposed to suggest, there may be two leges causae where the foreign limitation law is substantive then it becomes necessary for a court in this country to consider whether the foreign law is procedural or substantive. To do so seems to me to run counter

Frage überflüssig zu machen, ob ein ausländisches Verjährungsgesetz lediglich eine verfahrensrechtliche oder eine materielle Angelegenheit ist.

> „Ein Gesetz, durch das bestimmt wird, daß jedwedes Recht bezüglich der Verjährung von Klagen im Rahmen von Fällen, in denen ausländischem Recht oder den Entscheidungen ausländischer Gerichte Wirkung verliehen wird, als materiell-rechtliche und nicht als verfahrensrechtliche Angelegenheit behandelt wird."

Daher scheint es mir, in Einklang mit den Rechtsprinzipien des Gesetzes von 1984, richtig, daß ein Gericht anstreben sollte, ein einziges auf die Sache anwendbares Recht festzulegen und nicht zwei. Den Argumenten der Kläger kommt der Verdienst zu, dieses Ziel zu erreichen, indem sie § 1(2) auf Fälle beschränken, in denen das doppelte Klagbarkeitserfordernis gilt. Dem Fortbestehen von § 1(2) ist keine Bedeutung beizumessen; die doppelte Klagbarkeitsbestimmung wurde durch § 10 des Private International Law (Miscellaneous Provisions) Act 1995 abgeschafft, doch gilt die Bestimmung noch in Zusammenhang mit der Entscheidung über Beleidigungsklagen (§ 13).

Es ist verlockend, dem von Mr. Layton QC vorgeschlagenen Ansatz zu folgen und die Eigentumsfrage von der Klage wegen verbotener Eigenmacht (conversion) abzusprechen, um damit den Zweck des Gesetzes von 1984 zu entsprechen und ein einziges anwendbares Recht herauszukristallisieren. Dadurch wird die Anwendung von § 1(2) lediglich auf ein verbleibendes Delikt beschränkt, wobei das Erfordernis der doppelten Klagbarkeit bestehen bleibt. Meines Erachtens gibt es jedoch bei diesem Ansatz ein unüberwirdliches Hindernis. Es scheint zwar in einem Fall wie diesem, in dem das deutsche Verjährungsrecht lediglich eine verfahrensrechtliche Wirkung hat und das Eigentum der Kläger an dem Gemälde nicht berührt, nicht besonders schwierig zu sein, sich diesen Ansatz zu eigen zu machen. Unter diesen Umständen und wenn man den von Dicey & Morris vorgeschlagenen flexiblen Ansatz wählt, scheint es keinen guten Grund dafür zu geben, warum das deutsche Verjährungsrecht auf eine unerlaubte Handlung anwendbar sein soll, die in England im Hinblick auf ein in England befindliches Gemälde begangen wurde. Meines Erachtens wäre das Hindernis jedoch sehr viel größer, wenn das ausländische Verjährungsrecht materiellrechtliche Wirkung hätte, in anderen Worten: wenn das ausländische Verjährungsrecht Eigentumsrechte zum Erlöschen bringen würden. In einem solchen Fall wäre es sehr schwierig, zu sagen, die strittige Angelegenheit unterliege nicht zwei Rechtssystemen. Dies war die Schlußfolgerung von Mr. Justice Waterhouse im Fall **The Cintas Foundation Incorporated -v- Sotheby's Unlimited and Fondarm International Establishment** (unveröffentlicht) vom 11. Februar 1995. In diesem Fall stellten sich Fragen bezüglich zweier Gemälde eines spanischen Impressionisten. Nach kubanischem Recht war nach Ablauf der Verjährungsfrist das Eigentumsrecht erloschen. Mr. Justice Waterhouse zog die Schlußfolgerung, es gebe hier zwei *leges causae*, und in einem solchen Fall gelte § 1(2) (siehe Seite 63). Die Entschei-

to one of the fundamental purposes of the 1984 Act which is to avoid the necessity for making such decisions. Whilst I accept that it is desirable, consistently with the purpose of the 1984 Act, to identify one lex causae, in my judgment that consideration is outweighed by the importance of avoiding the need to distinguish between foreign substantive and foreign procedural laws. The arguments relating to the policy of the Act do not permit me to ignore the plain words of section 1 (2). In my judgment the laws of both Germany and England govern the matter before the court; they both fall to be taken into account in the determination of a matter which involves issues as to title as well as to the protection of the rights which flow from that title. Accordingly Section 1 (2) of the 1984 Act applies. Thus German limitation law applies.

II.3 Limitation Under German Law

I have had evidence on this issue from Professor Siehr on behalf of the plaintiffs and from Professor Brunner on behalf of Cobert. The following propositions of German law are not in dispute: –

i. The right to recovery is statute barred after a period of thirty years (Article 195 of the "BGB").

ii. No title is transferred to the person in possession by the expiry of the limitation period of thirty years.

iii. The limitation period begins when the claim arises (Article 198 BGB).

iv. The thirty year period continued to apply even when the painting was outside Germany within the Soviet Union.

v. Time runs irrespective of whether the claimant is aware of the existence of the claim or the identity of his opponent.

vi. A new claim for recovery arises against each new possessor.

It follows from that proposition that a new thirty year limitation period began to run each time the picture changed hands. But a succeeding possessor can

dungsgründe des Richters wurden nicht vollständig dargelegt, da sie wegen seiner Befassung mit anderen Fragen als *obiter dicta* zu werten waren. Diese Entscheidung zeigt deutlich die Schwierigkeit bei der Anwendung des von Mr. Layton QC vorgebrachten Ansatzes. Wenn, wie er behauptete, es zwei *leges causae* geben kann, wenn die ausländische Verjährung materiellrechtliche Wirkung hat, dann muß ein Gericht in England prüfen, ob das ausländische Recht verfahrensrechtliche oder materiellrechtliche Wirkung hat. Dies scheint mir einem der grundlegenden Ziele des Gesetzes von 1984 zuwiderzulaufen, das darin besteht, solche Entscheidungen überflüssig zu machen. Während ich akzeptiere, daß es in Einklang mit dem Zweck des Gesetzes von 1984 wünschenswert ist, eine einzige *lex causae* zu bestimmen, wird meines Erachtens dieses Argument von der Bedeutung der Vermeidung der Notwendigkeit, zwischen ausländischem Recht mit prozessualer Wirkung und ausländischem mit materieller Rechtswirkung zu unterscheiden, verdrängt. Die Argumente in bezug auf die Zweckbestimmung des Gesetzes erlauben es mir nicht, den reinen Wortlaut von § 1(2) zu ignorieren. Meines Erachtens unterliegt die vorliegende „Angelegenheit" sowohl deutschem als auch englischem Recht; beide müssen bei der Entscheidung über eine „Angelegenheit" berücksichtigt werden, die sowohl Streitfragen zum Eigentumsrecht als auch zum Schutz der daraus resultierenden Rechte enthält. Dementsprechend ist § 1(2) des Gesetzes von 1984 anwendbar. Danach gilt deutsches Verjährungsrecht.

II.3 Verjährung nach deutschem Recht

Zu diesem Thema wurde vor mir Beweis erbracht durch Professor Siehr im Namen der Kläger und von Professor Brunner im Namen der Firma Cobert. Folgende Aussagen zum deutschen Recht sind unstreitig:

i. Das Recht auf Rückgabe verjährt nach einer Frist von dreißig Jahren (§ 195 BGB).

ii. Das Eigentum geht durch den Ablauf der dreißigjährigen Verjährungsfrist nicht auf den Besitzer über.

iii. Die Verjährungsfrist beginnt mit der Entstehung des Anspruches (§ 198 BGB).

iv. Die Frist von dreißig Jahren behielt ihre Geltung, auch als sich das Gemälde außerhalb Deutschlands und in der Sowjetunion befand.

v. Die Frist läuft, unabhängig davon, ob der Anspruchsberechtigte Kenntnis vom Bestehen des Anspruchs oder von der Identität seines Gegners hat.

vi. Gegenüber jedem neuen Besitzer entsteht ein neuer Anspruch auf Herausgabe.

Aus dieser Prämisse folgt, daß jedesmal, wenn das Gemälde den Besitzer wechselte, eine neue dreißigjährige Verjährungsfrist begonnen hat. Einem nachfolgen-

take advantage of the period of time which elapsed while his predecessor was in possession pursuant to Article 221.

The legal dispute depends upon the effect of paragraph 221 BGB which provides: –

> "If a thing, with regard to which a claim *in rem* exists, comes by sucession (Rechtsnachfolge) into the possession of a third party, the time of prescription which elapsed during the time of possession by the predecessor in title is reckoned in favour of (translated before me as benefits) the successor in title."

(Articles 195, 198 and 221 of the BGB refer to "Verjährung". This has been translated as "prescription" but has been called "limitation" in evidence before me to distinguish it from prescription in the sense of usucaption.)

If Article 221 applies, the last acquirer of possession benefits from all periods of the limitation period which have expired in the hands of his predecessors (see e. g. von Feldman 1993 Marginal Note 2). Thus all the periods of possession which have elapsed during the period of previous possessors can be credited to Mrs Breslav (see Professor Brunner paragraph 117).

Under German law there is a basic distinction between an original acquisition of possession and a derivative acquisition of possession. Derivative possession arises where possession is obtained from a previous possessor.

Professor Siehr says that the 30 year period of limitation provided by German law has not expired for two reasons: –

(1) Article 221 has no application to a transfer from the person who may loosely be described as a bailor to a bailee. The person who in English law would be described as a bailee is regarded, under German law, as being in direct possession. The bailor is in indirect possession. When possession of the painting was handed to Mrs Dikeni by Fürst, Fürst became the indirect possessor and Mrs Dikeni the direct possessor. Article 221 has no application to that transfer.

(2) Even if, contrary to that proposition, Article 221 does have effect, it has no effect where a direct possessor misappropriates the asset. In such a case the direct possessor cannot take the benefit of any previous limitation period and cannot pass that benefit on to any successor. Thus when Mrs Dikeni, in breach of her obligation to Fürst, misappropriated the painting when she transferred it to Rohde, the art dealer in Berlin, or alternatively Rohde himself misappropriated it, time will only have started to run from the date of that misappropriation.

den Besitzer kann jedoch gemäß § 221 die Zeit zugute kommen, der verstrichen ist, während sein Vorgänger in Besitz der Sache war.

Der Rechtsstreit hängt von der Wirkung von § 221 BGB ab, der folgendes vorsieht:

> „Gelangt eine Sache, in Ansehung deren ein dinglicher Anspruch besteht, durch Rechtsnachfolge in den Besitz eines Dritten, so kommt die während des Besitzes des Rechtsvorgängers verstrichene Verjährungszeit dem Rechtsnachfolger zustatten" (vor mir übersetzt als „benefits", Anm. des Richters).

(§§ 195, 198 und 221 BGB beziehen sich auf die Verjährung. Diese wurde im Englischen als „prescription" übersetzt, wurde jedoch in den Aussagen vor mir als „limitation" bezeichnet, um sie von der „prescription" im Sinne von „usucaption" (Ersitzung) zu unterscheiden, Anm. des Richters).

Falls § 221 Anwendung findet, wird dem letzten Besitzerwerber die während des Besitzes sämtlicher Vorbesitzer insgesamt verstrichene Verjährungszeit angerechnet (siehe z. B. von Feldmann 1993, Randziffer 2). Daher können alle Besitzperioden von Vorbesitzern, die während der Frist verstrichen sind, Frau Breslaw zu ihren Gunsten angerechnet werden (siehe Gutachten Professor Brunner, Absatz 117).

Nach deutschem Recht gibt es eine grundlegende Unterscheidung zwischen dem originären und dem abgeleiteten Besitzerwerb. Abgeleiteter Besitz entsteht dann, wenn der Besitz von einem Vorbesitzer erlangt wurde.

Nach Aussage von Professor Siehr ist die nach deutschem Recht vorgesehene dreißigjährige Verjährungsfrist aus zwei Gründen nicht abgelaufen:

(1) § 221 gilt nicht für die Übertragung durch eine Person, die im weiteren Sinne als Übergeber zur treuen Hand („bailor") beschrieben werden kann, an einen treuhänderischen Besitzempfänger („bailee"). Die Person, die nach englischem Recht als „bailee" beschrieben werden kann, gilt nach deutschem Recht als unmittelbarer Besitzer. Der Übergeber hat mittelbaren Besitz. Als Frau Dikeni von Fürst der Besitz an dem Gemälde übertragen wurde, sei Fürst mittelbarer Besitzer und Frau Dikeni der unmittelbare Besitzer geworden. § 221 gelte bei einer solchen Übertragung nicht.

(2) Selbst wenn entgegen dieser Annahme § 221 anwendbar sein sollte, greife er nicht ein, wenn ein unmittelbarer Besitzer den Gegenstand unterschlägt oder veruntreut. In diesem Fall könne dem unmittelbaren Besitzer keine vorherige Verjährungsfrist zugute kommen und er könne diesen Vorteil auch nicht an einen Nachfolger weitergeben. Als Frau Dikeni also unter Verletzung ihrer Pflichten gegenüber Fürst das Gemälde durch die Weitergabe an den Berliner Kunsthändler Rohde unterschlug, oder als weitere Möglichkeit, als Rohde selbst es unterschlug, habe die Frist erst mit dem Datum dieser Unterschlagung zu laufen begonnen.

The Application of Article 221 to a Transfer from Bailor to Bailee

Professor Siehr's proposition is that there is no 'Rechtsnachfolge' between a bailee, i. e. someone in direct possession, and a bailor (who, after transfer, is in indirect possession). This was a proposition only raised fully in a supplemental opinion delivered after the trial started. There may have been some indirect reference to the proposition in his earlier report at paragraphs 24 to 26 but his opinion previously concentrated upon the effect of a misappropriation. Professor Brunner's view is that the distinction between possession as bailee and proprietary possession has no bearing upon the applicability of Article 221 (see paragraph 108 of his report). His view is that the decisive consideration is how direct possession has been established. If direct possession was obtained by voluntary transfer then Article 221 applies (see paragraph 109). Although in cross-examination he appeared to suggest that a bailee could not rely upon Article 221, looking at his evidence as a whole and particularly his replies in re-examination I became satisfied that he had not changed his view and did not agree with Professor Siehr.

The concept of indirect possession is explained in Article 868 BGB: –

> "If a person possesses a thing as usufructuary, pledgee, ... lessee, depository or in a similar relationship by virtue of which he is as against another, entitled or obliged for a time to have possession, the other person is also a possessor (indirect possession)."

By virtue of Article 986 the direct possessor may rely upon any rights the indirect possessor has to refuse delivery as against the owner. Article 986 (1) provides: –

> "The possessor can refuse the delivery of the thing, if he, or the indirect possessor from whom his right of possession derives, is entitled to the possession as against the owner. If the indirect possessor does not have the authority as against the owner to hand over the property to the possessor, the owner may demand the delivery of the thing to the indirect possessor or, if the latter cannot or will not accept the possession again, to himself."

The proposition that a bailee cannot take advantage of Article 221 because there is no 'Rechtsnachfolge' between indirect and direct possessor finds support in a number of commentaries. Coing states: –

> "In respect of the cases of Article 868 it will have to be taken into account that the (direct) possession obtained with the consent of the predecessor on the basis of one of the legal relationships set out in Article 868 does not exclude simultaneous (indirect possession)

Die Anwendung von § 221 auf eine Besitzübertragung von einem Übergeber zur treuen Hand an einen treuhänderischen Fremdbesitzer

Professor Siehr behauptet, daß keine Rechtsnachfolge möglich sei zwischen einem treuhänderischen Fremdbesitzer, d. h. einem unmittelbaren Besitzer, und demjenigen, der ihm den Besitz zu treuen Händen übergeben hat (und der nach Übergabe mittelbarer Besitzer ist). Diese These wurde in vollem Umfang erst in einem ergänzenden Gutachten aufgestellt, das nach Beginn des mündlichen Verfahrens eingeführt wurde. Es gab wohl in seinem früheren Gutachten in den Absätzen 24 bis 26 einen indirekten Hinweis auf diese These, aber seine Äußerungen konzentrierten sich vorher auf die Wirkung einer Unterschlagung. Professor Brunner vertritt die Auffassung, daß die Unterscheidung zwischen abgeleitetem treuhänderischen Besitz und Eigenbesitz keinen Einfluß auf die Geltung von § 221 habe (siehe Absatz 108 seines Gutachtens). Nach seiner Meinung besteht das entscheidende Kriterium darin, wie der unmittelbare Besitz entstanden ist. Wurde der unmittelbare Besitz durch freiwillige Übergabe erworben, gilt § 221 (siehe Abschnitt 109). Obwohl er im Kreuzverhör scheinbar einräumte, daß ein treuhänderischer Fremdbesitzer sich nicht auf § 221 stützen könne, bin ich angesichts seiner Aussage als Ganzem und insbesondere angesichts seiner Antworten bei der erneuten Befragung überzeugt, daß er seine Auffassung nicht geändert hat und Professor Siehr nicht zustimmt.

Der Begriff des mittelbaren Besitzes wird in § 868 BGB folgendermaßen definiert:

> „Besitzt jemand eine Sache als Nießbraucher, Pfandgläubiger, Pächter, Mieter, Verwahrer oder in einem ähnlichen Verhältnis, vermöge dessen er einem anderen gegenüber auf Zeit zum Besitze berechtigt oder verpflichtet ist, so ist auch der andere Besitzer (mittelbarer Besitz)."

Kraft § 986 kann der unmittelbare Besitzer sich auf alle Rechte stützen, die der mittelbare Besitzer hat, um die Herausgabe gegenüber dem Eigentümer zu verweigern. § 986(1) besagt:

> „Der Besitzer kann die Herausgabe der Sache verweigern, wenn er oder der mittelbare Besitzer, von dem er sein Recht zum Besitz ableitet, dem Eigentümer gegenüber zum Besitze berechtigt ist. Ist der mittelbare Besitzer dem Eigentümer gegenüber zur Überlassung des Besitzes an den Besitzer nicht befugt, so kann der Eigentümer von dem Besitzer die Herausgabe der Sache an den mittelbaren Besitzer, oder, wenn dieser den Besitz nicht wieder übernehmen kann oder will, an sich selbst verlangen."

Die These, einem treuhänderischen Übernehmer könne § 221 nicht zustatten kommen, da es keine Rechtsnachfolge zwischen mittelbarem und unmittelbarem Besitzer gibt, findet in einer Reihe von Kommentaren Unterstützung. Coing stellt folgendes fest:

> „Für die Fälle des § 868 ist zu beachten, daß der mit Willen des Vorgängers aufgrund eines der in § 868 genannten Rechtsverhältnisse erlangte (unmittelbare) Besitz den gleichzeitigen (mittelbaren) Besitz des Vorgängers nicht ausschließt, also die Verjährung des gegen den

> of the predecessor, i. e. the limitation period continues to run against the claim against the indirect possessor and that, if the indirect possessor is entitled to possession against the owner on the basis of the completion of any limitation period in his favour, also the direct possessor (the tenant, borrower, bailee etc.) may refuse the return of the object on the basis of 986 subsection (1). *The application of section 221 is therefore excluded in the cases of letting agreements (Miete), leases (Pacht), loans, bailments etc.*" (Marginal Note 5). (My emphasis).

Further support can be found in Dilcher at paragraph 7(c) and Walter (paragraph 4) who says: –

> "There is no succession into possession between the direct and the indirect possessor. Pursuant to Article 868 the indirect possession exists in parallel. However the time of possession of the indirect possessor must be taken into account for the benefit of the direct possessor insofar as the direct possessor can refuse the return of the object pursuant to Article 986 sub-paragraph (1) where the limitation period against the indirect possessor has expired."

Johanssen in his commentary on Article 221 at Marginal Number 3 may support that proposition although I have difficulty in understanding it due to problems with the translation (rechtsbeständige was originally translated as "in a valid manner" then subsequently as "non-dependent" but it is difficult to understand what is meant by "whereby proprietary possession is not necessary"). (Nobody explained to me how there could be a non-derivative possession which was not proprietary).

There are commentaries on Article 221 which take the contrary view. Peters states at Marginal Note 7: –

> "The provision is applicable to the succession in relation to direct possession as well as in relation to indirect possession. If the previous direct possessor creates indirect possession by handing the object over to a third party, the previously running limitation period continues to run against him (i. e. against the previous direct and now indirect possessor), and Article 221 is applicable for the benefit of the direct possessor with the consequence that he can rely upon the period which has expired during the possession of the previous possessor, who is now the indirect possessor even if this period was itself not yet sufficient to create a limitation of the action. Article 221 remains applicable where the direct possessor creates proprietary possession (possession as an owner – Eigenbesitz)."

Heinrichs states: –

> "Article 221 provides that in the case of derivative change of possession the time which has expired during the possession of the predecessor benefits the successor. In the case of multiple transfers of possession the time which has expired during the possession of all predecessors benefits the last possessor (prevailing opinion)".

Von Feldmann supports that view. Some reliance was placed upon Bund and Joost in their commentaries on Article 869 but the translations are so opaque that it is difficult to understand the relevance of what they are saying to this issue.

There is no decision in a German court on this issue. A German court would not be bound by the fact that the majority of commentators took a particular

mittelbaren Besitzer bestehenden Anspruchs weiterläuft, und daß, wenn der mittelbare Besitzer aufgrund der zu seinen Gunsten eingetretenen Verjährung dem Eigentümer gegenüber zum Besitze berechtigt ist, nach § 986 Abs. 1 auch der unmittelbare Besitzer (der Mieter, Entleiher, Verwahrer usw.) die Herausgabe der Sache verweigern kann. Die Anwendung des § 221 ist also in den Fällen der Miete (letting agreements), Pacht (leases), Leihe (loans), Verwahrung (bailment) usw. ausgeschlossen." (Randziffer Nr. 5) (Hervorhebung von mir, Anm. des Richters).

Weitere Unterstützung ergibt sich aus Dilcher in Absatz 7(c) und Walter (Absatz 4), der folgendes besagt:

„Zwischen dem mittelbaren Besitzer und dem unmittelbarem Besitzer besteht keine Rechtsnachfolge in den Besitz; gemäß § 868 besteht der mittelbare Besitz neben dem unmittelbaren Besitz fort. Die Besitzzeit des mittelbaren Besitzers wirkt aber insofern auch zugunsten des unmittelbaren Besitzers, als dieser nach § 986 Abs. 1 die Herausgabe verweigern darf, wenn die Verjährung gegenüber dem mittelbaren Besitzer eingetreten ist."

In seinem Kommentar zu § 221 unterstützt wohl Johanssen auch diese Behauptung, obwohl ich aufgrund von Problemen mit der Übersetzung Schwierigkeiten habe, diese Randbemerkung zu verstehen („rechtsbeständige" wurde im Englischen ursprünglich als „in a valid manner", danach als „non-dependent" übersetzt, es ist jedoch schwierig, zu verstehen, was mit „whereby proprietary possession is not necessary" gemeint ist; Anmerkung des Richters). (Niemand hat mir erklärt, wie es einen nicht abgeleiteten Besitz geben könnte, der kein Eigenbesitz ist, Anmerkung des Richters).

Es gibt Kommentare zu § 221, die die gegenteilige Ansicht vertreten. Peters stellt in Randziffer 7 folgendes fest:

„Die Bestimmung gilt für die Rechtsnachfolge im unmittelbaren Besitz wie für die im mittelbaren Besitz. Begründet der bisherige mittelbare Besitzer durch Überlassung der Sache an einen anderen mittelbaren Besitz, so läuft die bisherige Verjährung gegen ihn (d. h. gegen den bisherigen unmittelbaren und jetzt mittelbaren Besitzer, Anmerkung des Richters) weiter, für den jetzigen unmittelbaren Besitzer gilt § 221 mit der Folge, daß er sich auf eine für sich nicht für die Verjährung ausreichende Besitzzeit des bisherigen unmittelbaren, jetzigen mitttelbaren Besitzers berufen kann. § 221 bleibt anwendbar, wenn der unmittelbare Besitzer Eigenbesitz begründet."

Heinrichs stellt folgendes fest:

„... bestimmt § 221 für den Fall des abgeleiteten Besitzerwerbes, daß die unter demVorgänger abgelaufene Zeit auch dem Nachf. angerechnet w. Bei mehrfacher Besitzübertragung kommt dem letzten Besitzer die Zeit aller Vorgänger zugute (hM)."

Von Feldmann unterstützt diese Ansicht. Gewisser Wert wurde gelegt auf Bund und Joost in ihren Kommentaren zu § 869, jedoch sind die Übersetzungen so unklar, daß es schwierig ist, die Relevanz ihrer Aussage zu verstehen.

Es gibt keine Entscheidung eines deutschen Gerichts zu dieser Frage. Ein deutsches Gericht wäre weder durch die Tatsache, daß die Mehrheit der Kommenta-

view or by the most recent statement of opinions. Where, as here, the reputation of the authors cannot be impugned it would look at the quality of the arguments. I must adopt a similar approach, guided by the evidence of Professor Siehr and Brunner.

The difficulty with Professor Siehr's views are that they were elucidated so late in the day. That is not designed as a criticism but it has led to a conflict which appears to me to be more a matter of legal theory and has little practical effect in this case. The proposition that Article 221 has no application in relation to a derivative possession is too broadly stated. Coing, on whom the plaintiffs rely states: –

> "In the sense of Article 221 one will be able to speak about a "succession" where the new possessor's possession (an amendment to the translation) is based upon a consensus with the previous possessor; this is true even in cases where the right to possession is derived from an unauthorised person, insofar as the provisions of the German civil code provide that rights can be derived from an unauthorised party." (Marginal Note 5).

Walter states: –

> "Article 221 stipulates an exception from this rule for a derivative obtaining of possession by allowing the possessor to benefit from the periods of a limitation period which have expired during the possession of his predecessor. Since the successor is to take over the legal position of his predecessor this provision does not only apply to the possession of the direct predecessor." (Marginal Note 1).

As a matter of machinery it may well be that a direct possessor does not obtain the benefit of periods of limitation which have elapsed during the possession of his predecessor by virtue of Article 221 but rather by virtue of Article 986(1). The essential point is that indirect possession exists "in parallel" to direct possession. As Coing comments, the limitation period continues to run in favour of the indirect possessor (see also Peters q. v. supra). It is the indirect possessor who obtains the benefit of lapse of time by virtue of Article 221 whereas the direct possessor obtains that benefit by virtue of Article 986(1). It does not seem to me that the machinery matters. Subject to Professor Siehr's second point in relation to Unterschlagung, whilst Mrs Dikeni was in possession as a direct possessor time continued to run in favour of her predecessor the indirect possessor Fürst. Fürst obtained the benefit of previous lapses of time through Article 221 and Mrs Dikeni by virtue of 986(1). Similarly, when the painting was transferred to Rohde subject to the effect of any misappropriation by either Mrs Dikeni or Rohde. In cross-examination (day 6 page 31 to 32 and 33 to 34) Professor Siehr appeared to me to accept that that was the case. He accepted that if after a thirty year period a bailment occurred, both bailee and bailor would be able to rely upon the thirty year period and that the one in direct possession could raise the

toren eine bestimmte Ansicht vertritt, noch durch die jüngsten Meinungsäußerungen gebunden. Wo, wie hier, der Ruf der Autoren außer Zweifel steht, würde es auf die Qualität der Argumente abstellen. Ich muß, geleitet durch die Aussagen der Professoren Siehr und Brunner, mir einen ähnlichen Ansatz zu eigen machen.

Die Schwierigkeit bei Professor Siehrs Ansicht besteht darin, daß sie in einem so späten Stadium des Verfahrens vorgebracht wurde. Dies ist nicht als Kritik gemeint, hat jedoch zu einer Auseinandersetzung geführt, die mir mehr als eine Angelegenheit der Rechtsdogmatik erscheint und in diesem Fall wenig praktische Wirkung hat. Die These, § 221 habe in bezug auf einen abgeleiteten Besitz überhaupt keine Anwendung, ist zu weit gefaßt. Coing, auf den sich die Kläger stützen, stellt folgendes fest:

> „Im Sinne von § 221 wird von einer „Rechtsnachfolge" dann gesprochen werden können, wenn der neue Besitzer auf Grund einer Willenseinigung mit dem neuen Besitzer besitzt (eine Änderung in der Übersetzung, Anm. des Richters) und zwar auch dann, wenn das Recht zum Besitze von einem Nichtberechtigten hergeleitet wird, insoweit nach den Vorschriften des BGB überhaupt Rechte von einem Nichtberechtigten hergeleitet werden können." (Randziffer 5)

Walter stellt folgendes fest:

> „§ 221 schafft für den abgeleiteten Besitzerwerb eine Ausnahme ..., indem er dem Besitzer gestattet, sich die während des Besitzes seines Vorgängers abgelaufene Verjährung anzurechnen. Da dem Besitznachfolger die Rechtsnachfolge seines Vorgängers verbleiben soll ..., bezieht sich die Vorschrift nicht nur auf den Besitz des unmittelbaren Vorgängers ..." (Randbemerkung 1).

Von der Mechanik her kann es wohl sein, daß einem unmittelbaren Besitzer nicht kraft § 221, sondern eher kraft § 986(1) die Verjährungsfristen zugute kommen, die während des Besitzes seines Vorgängers verstrichen sind. Der entscheidende Punkt ist, daß mittelbarer Besitz neben unmittelbarem Besitz weiterbesteht. Wie Coing in seinem Kommentar anmerkt, läuft die Verjährungsfrist zugunsten des mittelbaren Besitzers weiter (siehe auch Peters, s. o.). Es ist der mittelbare Besitzer, dem der Ablauf der Verjährungszeit kraft § 221 zugute kommt, während der unmittelbare Besitzer ihn kraft § 986(1) genießt. Die Mechanik scheint mir nicht von Belang zu sein. Vorbehaltlich Professor Siehrs zweitem Punkt in bezug auf Unterschlagung lief, während Frau Dikeni als unmittelbare Besitzerin im Besitz des Gemäldes war, die Verjährungszeit zugunsten ihres Vorgängers, des mittelbaren Besitzers Fürst. Die vorher verstrichene Verjährungszeit kam Fürst kraft § 221 und Frau Dikeni kraft § 986(1) zugute. Dies gilt gleichermaßen für die Überlassung des Bildes an Rohde vorbehaltlich der Wirkung einer Unterschlagung entweder durch Frau Dikeni oder durch Rohde. Im Kreuzverhör (6. Prozeßtag, S. 31–32 und 33–34) schien Professor Siehr meines Erachtens zu akzeptieren, daß dies der Fall war. Er akzeptierte, daß, wenn nach Ablauf einer Frist von 30 Jahren eine treuhänderische Besitzübergabe stattfindet, sowohl der Über-

same objections to a claim by the owner as the bailor; it was, as he accepted, the bailor's limitation period which the bailee could rely upon. Professor Siehr's first point does not assist the plaintiffs.

Subsequent Misappropriation ("Unterschlagung") by the succeeding Possessor

Professor Siehr is of the opinion that if a succeeding possessor, who has taken possession with the consent of his predecessor, subsequently misappropriates the object, Article 221 is not applicable. Professor Brunner takes the view that the key to the application of Article 221 is voluntary transfer of possession and subsequent misappropriation is irrelevant. Both experts agree that Article 221 is excluded where possession is acquired by unlawful interference with direct possession (Verbotene Eigenmacht) (see paragraph 100 of Professor Brunner's report). By paragraph 858 BGB: –

"(1) The person who against the will of the possessor deprives him of possession or interferes with his possession, acts unlawfully ...

(2) Possession obtained by unlawful interference is protected. The successor in possession must admit the defect against himself ..."

Both agree that theft (Diebstahl) is an example of "Verbotene Eigenmacht". The dispute centres on whether Article 221 is inapplicable where the succeeding possessor obtains possession with the consent of the preceding possessor but subsequently misappropriates the asset. The effect of a subsequent misappropriation is the subject of dispute not only between the experts but also in the commentaries on Article 221. Coing, acepted by both Professors to be of particular eminence states in his commentary to the 1957 edition of Staudinger: –

"Article 221 is not applicable where there is an original acquisition of possession by the succeeding possessor e. g. in the case of prescription, occupation, robbery or theft (Diebstahl). Pursuant to the purpose of the provision its application is also excluded where the possession of the succeeding possessor may have come about with the consent of the preceding possessor but its continuation is based upon a tort (misappropriation (Unterschlagung" of the succeeding possessor" (Marginal Note 5).

Succeeding commentators have either omitted to deal with the question or have disagreed. Dilcher in his commentary in 1980 in the 12th edition of Staudinger says: –

geber als auch der Übernehmer in der Lage wären, sich auf die Frist von 30 Jahren zu stützen, und daß der unmittelbare Besitzer dieselben Einwendungen gegen einen Anspruch seitens des Eigentümers wie der Übergeber erheben könne. Es war die Verjährungsfrist des Übergebers zur treuen Hand, auch nach Professor Siehr, auf die sich der Übernehmer stützen kann. Professor Siehrs erster Punkt hilft der Klägerin nicht.

Spätere Unterschlagung (misappropriation) durch den nachfolgenden Besitzer

Professor Siehr ist der Auffassung, daß, wenn ein nachfolgender Besitzer, der den Besitz mit Zustimmung seines Vorgängers erlangt hat, später die Sache unterschlägt, § 221 keine Anwendung finden kann. Professor Brunner vertritt die Ansicht, der Schlüssel zur Anwendung von § 221 sei die freiwillige Übergabe des Besitzes und eine anschließende Unterschlagung sei nicht von Belang. Beide Sachverständige sind sich einig, daß die Anwendung von § 221 ausgeschlossen ist, wenn der Besitz durch verbotene Eigenmacht (unlawful interference with direct possession) erlangt wird (siehe Absatz 100 von Professor Brunners Bericht).

Durch § 858 BGB wird folgendes bestimmt:

> „(1) Wer dem Besitzer ohne dessen Willen den Besitz entzieht oder ihn im Besitze stört, handelt ... widerrechtlich.
>
> (2) Der durch verbotene Eigenmacht erlangte Besitz ist fehlerhaft [im englischen Original: protected (geschützt), wohl ein Schreibfehler für „defective", Anm. d. Übers.]. Die Fehlerhaftigkeit muß der Nachfolger im Besitze gegen sich gelten lassen ..."

Beide sind sich einig, daß Diebstahl (theft) ein Beispiel für verbotene Eigenmacht ist. Der Streit geht darum, ob § 221 anwendbar ist, wenn der Nachfolger im Besitz den Besitz mit Zustimmung des Vorbesitzers erlangt, anschließend jedoch die Sache unterschlägt. Die Wirkung einer anschließenden Unterschlagung ist Gegenstand des Streits nicht nur zwischen den Sachverständigen, sondern auch in den Kommentaren zu § 221. Coing, dessen hoher Rang von beiden Professoren anerkannt wird, stellt in seinem Kommentar in der Ausgabe des Staudinger von 1957 folgendes fest:

> „Die Anwendung des § 221 ist ausgeschlossen, wenn der Besitzerwerb des Nachfolgers ein rein origninärer ist, also zB auf Ersitzung, Okkupation, Raub oder Diebstahl beruht. Sie muß nach dem Zwecke der Vorschrift ferner dann ausgeschlossen sein, wenn der Besitz des Nachfolgers zwar mit Willen des Vorgängers begründet wurde, seine Fortdauer aber auf unerlaubter Handlung (Unterschlagung) des Nachfolgers beruht." (Randbemerkung 5)

Spätere Kommentatoren haben sich entweder mit dieser Frage nicht beschäftigt oder waren anderer Auffassung. Dilcher stellt 1980 in seinem Kommentar in der 12. Auflage des Staudinger folgendes fest:

> "There is no possessory succession where the possession is acquired unlawfully; otherwise the tortious act would be benefited by the possessory succession pursuant to Article 221".

Peters in the 13th edition makes no specific reference to this point but relies upon Article 858 in support of the proposition that Article 221 has no application where the obtaining of possession is without the consent of the previous possessor. The last sentence of Marginal Note 7 (q. v. supra) seems to favour Professor Brunner's view.

Walter confirms that Article 221 is not applicable where the original acquisition was unlawful (Verbotene Eigenmacht) and records Coing's commentary which I have already cited. He makes no comment upon Coing (no weight can be placed upon his use of the word "however" which precedes his reference to Coing; it is unlikely to have been an accurate translation).

It is von Feldmann's Munich commentary (3rd Edn. 1993) which provides the strongest support for Professor Brunner's view: –

> "On the other hand the expiry of the limitation period is not affected where the succeeding possessor, who has obtained possession in accordance with the will of his predecessor, subsequently misappropriates (unterschlägt) the object or continues his possession based upon another tort, regardless of the fact that a different provision would be extremely unpracticable due to the practical difficulty of determining the exact point in time (of the intentions of the misappropriating party) and it would also not be justifiable to restart the limitation period merely upon a change of possession based upon consensus."

There is no preponderance of reasoned views which contradict those expressed by Coing. My conclusion must be based on my judgment of the cogency of the arguments advanced by the experts and the commentaries upon which they rely.

Despite the need for judicial comity the justification of von Feldmann (a judge) for the view that subsequent misappropriation has no effect on the application of Article 221 seems to me unpersuasive. He speaks of the practical difficulty of determining the exact point in time when one in possession forms the intention to misappropriate. That change of intention is, in law, decisive (see Professor Brunner paragraph 105). If during the course of a bailment a bailee intends to keep the object for himself he becomes a proprietary possessor. Whilst that may be the position in law, as a matter of evidence that change of intention will not be manifest until the bailee does an act inconsistent with the terms of the bailment. In other words, whilst legally the nature of the possession changes at the moment the intention is changed, in reality that change of intention can only be identified when there is some outward manifestation of the change. Professor Brunner agreed that some manifestation would be needed in order to be able to say there had been a misappropriation (day 6 page 48). It does not seem to me

> „Keine Besitznachfolge liegt vor, wenn der Besitz widerrechtlich erworben wurde; anderenfalls würde die unerlaubte Handlung durch die Besitznachfolge gem. § 221 begünstigt."

In der 13. Auflage nimmt Peters nicht ausdrücklich auf diesen Punkt Bezug, sondern stützt sich auf § 858 zur Untermauerung der Behauptung, daß § 221 keine Anwendung finde, wo ein Besitzerwerb ohne das Einverständnis des bisherigen Besitzers erfolgte. Der letzte Satz von Randziffer 7 (s. o.) scheint Professor Brunners Ansicht den Vorzug zu geben.

Walter bestätigt, daß § 221 keine Anwendung findet, wo der ursprüngliche Erwerb widerrechtlich war (verbotene Eigenmacht) und gibt Coings Kommentar wieder, den ich bereits zitiert habe. Er setzt sich nicht mit Coing auseinander (seiner Verwendung des Wortes „jedoch" (however), das seinem Bezug auf Coing vorausgeht, kann keine Bedeutung beigemessen werden; die Übersetzung ist wahrscheinlich nicht exakt; Anm. des Richters).

Von Feldmanns Münchener Kommentar (3. Aufl. 1993) stellt die stärkste Unterstützung für Professor Brunners Ansicht dar.

> „Umgekehrt hat es auf den Lauf der Verjährung keinen Einfluß, wenn der Besitznachfolger, der den Besitz mit Willen des Vorgängers erhalten hatte, die Sache später unterschlägt oder den Besitz durch eine andere unerlaubte Handlung fortdauern läßt, ganz abgesehen davon, daß eine entgegenstehende Regelung angesichts der praktischen Schwierigkeit, hier jeweils den genauen Zeitpunkt (des Vorsatzes der unterschlagenden Partei, Anm. des Richters) festzustellen, sehr unzweckmäßig wäre, während es sich keinesfalls rechtfertigen ließe, die Verjährung etwa schon mit dem Zeitpunkt der auf Willensübereinstimmung beruhenden Besitzübertragung neu beginnen zu lassen."

Es gibt keine Mehrheit von begründeten Meinungen, die der von Coing widerspricht. Meine Schlußfolgerung muß auf meiner Beurteilung der Stichhaltigkeit der Argumente gründen, die von den Experten vorgebracht wurden, sowie der Kommentare, auf die sie sich stützen.

Ungeachtet des Bedürfnisses für richterliche Kollegialität scheint mir die Rechtfertigung von Feldmanns, eines Richters, für die Ansicht, daß die spätere Unterschlagung keine Wirkung auf die Anwendung von § 221 habe, nicht überzeugend zu sein. Er spricht von der praktischen Schwierigkeit, den genauen Zeitpunkt festzustellen, in dem ein Besitzer den Vorsatz zur Unterschlagung faßt. Diese Änderung des Vorsatzes ist in rechtlicher Hinsicht entscheidend (siehe Professor Brunner, Absatz 105). Faßt im Laufe einer treuhänderischen Besitzübergabe der Übernehmer den Vorsatz, die Sache für sich zu behalten, wird er zum Eigenbesitzer. Während dies die rechtliche Position ist, wird die Änderung des Vorsatzes für Beweiszwecke nicht wahrnehmbar sein, bis der Übernehmer eine Handlung begeht, die mit den Bedingungen der treuhänderischen Besitzüberlassung nicht in Einklang steht. In anderen Worten, während rechtlich die Art des Besitzes sich in dem Augenblick ändert, in dem der Wille geändert wird, kann diese Änderung des Willens in Wirklichkeit nur dann festgestellt werden, wenn es irgendeine

that there is any practical difficulty in determining the time of misappropriation when absent some observable act of misappropriation, a change of mind will never be revealed.

Professor Brunner relied upon the importance of a third party being able to rely upon the outward appearance of legality. The justification for the rule that Article 221 applies despite a misappropriation is said to be protection of an innocent third party who should be able to rely upon the outward appearance of the lawful nature of the transaction. I did not find this a persuasive rationale for the distinction between theft and misappropriation. An innocent third party is just as likely to be duped by one who has misappropriated property as by the thief. Neither are likely to reveal their dishonesty. A third party is no more likely to be able to discover a misappropriation than a theft.

Dilcher's justification for the rule that there is no possessory succession where the possession is *acquired unlawfully* namely that a tortious act should not have the benefit of Article 221 applies, it seems to me, with equal force to misappropriation. (see Professor Siehr's Supplemental Opinion paragraph 3 (b)).

Mr Brindle QC relies upon the very concept of unlawful interference (Verbotene Eigenmacht) as providing the key to the problem. One who has obtained possession by consent cannot commit an unlawful interference in relation to the indirect possessor (Professor Brunner paragraph 109). Professor Brunner's view relies upon the commentaries to which I have already referred (paragraphs 113 to 116). In my judgment none of the commentaries provide a convincing rebuttal of Coing's views. Once misappropriation has occurred the nature of possession changes; it is a proprietary possession. In such circumstances it does not seem to me rational that a direct possessor who changes the nature of his possession by misappropriation should be able to pass to a transferee the benefit of the limitation period which elapsed during the time he was a direct but not a proprietary possessor. It seems to me logical that the chain of non-proprietary possession has been broken. Accordingly, on this point, I accept Professor Siehr's view based upon the commentary of Coing. That is not to say that no benefit of lapse of time will pass to the transferee. The transferee will obtain, by virtue of Article 221, the benefit of such time which has elapsed whilst the object was in the

äußerliche Manifestation der Änderung gibt. Professor Brunner stimmte zu, daß eine erkennbare Ausprägung (der Willensänderung – Anm. d. Übersetzers) erforderlich wäre, um sagen zu können, daß eine Unterschlagung stattgefunden hat (6. Verhandlungstag, S. 48). Es scheint mir nicht so zu sein, daß es bei der Festlegung des Zeitpunkts der Unterschlagung irgendwelche praktische Schwierigkeiten macht, wenn bei Fehlen irgendeiner feststellbaren Unterschlagungshandlung, ein Sinneswandel nie entdeckt werden wird.

Professor Brunner beruft sich auf die Bedeutung des Erfordernisses, daß ein Dritter sich auf den äußeren Anschein der Rechtmäßigkeit stützen kann. Als Rechtfertigung für die Regel, daß § 221 trotz einer Unterschlagung gilt, wird der Schutz eines unschuldigen Dritten angeführt, der sich auf den äußeren Anschein der Rechtmäßigkeit der Transaktion verlassen können müsse. Ich hielt dies nicht für eine überzeugende Erklärung für die Unterscheidung zwischen Diebstahl und Unterschlagung. Ein unschuldiger Dritter fällt wahrscheinlich genau so leicht auf jemanden herein, der eine Sache unterschlagen hat, wie auf den Dieb. Es ist unwahrscheinlich, daß der eine oder der andere seine Unehrlichkeit offenbaren wird. Die Wahrscheinlichkeit, daß ein Dritter eine Unterschlagung aufdeckt, ist nicht größer, als daß er einem Diebstahl auf die Spur kommt.

Dilchers Rechtfertigung für die Regel, daß keine Besitznachfolge vorliegt, wenn der Besitz *widerrechtlich erworben* wurde, nämlich, daß anderenfalls eine unerlaubte Handlung die Vorteile genießt, die sich aus § 221 ergeben, gilt, wie mir scheint, gleichermaßen für die Unterschlagung (siehe Professor Siehrs Zusatzgutachten, Absatz 3(b)).

Mr. Brindle QC stützt sich darauf, daß gerade das Konzept der verbotenen Eigenmacht den Schlüssel für das Problem darstelle. Wer den Besitz mit Willen des mittelbaren Besitzers erlangt habe, könne diesem gegenüber keine verbotene Eigenmacht ausüben (Professor Brunner, Absatz 109). Professor Brunners Ansicht stützt sich auf die Kommentare, die ich bereits erwähnt habe (Abschnitt 113–116). Meines Erachtens liefert keiner der Kommentare eine überzeugende Zurückweisung von Coings Ansichten. Sobald eine Unterschlagung stattgefunden hat, ändert sich die Art des Besitzes; es ist Eigenbesitz entstanden. Unter diesen Umständen erscheint es mir nicht vernünftig denkbar, daß ein unmittelbarer Besitzer, der durch Unterschlagung die Art seines Besitzes ändert, in der Lage sein sollte, jemandem, auf den der Besitz übergeht, die Verjährungszeit zustatten kommen zu lassen, die während der Zeit ablief, zu der er unmittelbarer Besitzer, aber kein Eigenbesitzer war. Es erscheint mir logisch, daß die Kette des Nicht-Eigenbesitzes unterbrochen wurde. Dementsprechend übernehme ich in diesem Punkt Professor Siehrs Auffassung, die sich auf Coings Kommentar gründet. Dies besagt nicht, daß das Verstreichen der Verjährungszeit demjenigen, auf den

possession of the transferor who was guilty of misappropriation (see Professor Siehr day 6 page 10). The transferee will not obtain the benefit of any lapse of time prior to the misappropriation.

In those circumstances I conclude that the German limitation period had not expired at the time proceedings were commenced by the Federal Republic of Germany in 1997 or the City of Gotha in 1993. The period started to run either when Mrs Dikeni misappropriated the painting in 1987 or when, in that year, it was misappropriated by Rohde. The plaintiffs' claim does not fail by reason of the operation of the thirty year German limitation period.

II.4 Public Policy

Had I concluded that the plaintiffs' claim was barred under German Law, it would have been necessary to consider whether that law conflicted with English public policy. I set out my conclusions on that issue; it may provide a framework for further debate and I make further findings of fact relevant to that issue.

Section 2(1) of the Foreign Limitation Periods Act 1984 provides: –

> "(1) In any case in which the application of section 1 above would to any extent conflict (whether under sub-section (2) below or otherwise) with public policy, that section shall not apply to the extent that its application would so conflict.
>
> (2) The application of section 1 above in relation to any action or proceedings shall conflict with public policy to the extent that its application would cause undue hardship to a person who is, or might be made, a party to the action or proceedings."

The plaintiffs contend that if the German limitation period has expired it should be disapplied pursuant to section 2(1) because it conflicts with English public policy. I shall determine whether to disapply the German limitation period according to the following principles.

(1) Public policy should be invoked for the purposes of disapplying a foreign limitation period only in exceptional circumstances. Too ready a resort to public policy would frustrate our system of private international law which "exists to fulfil foreign rights not destroy them" (see Law Commission Report No 114 3.2(ii), 4.35, and Evans J in **Arab Monetary Fund v. Hashim** [1993] 1 Lloyds Rep. 543 at 592 (referring to the Law Commission's view that it should only apply "in most unusual circumstances" (paragraph 4.39)).

der Besitz übergeht, überhaupt nicht zustatten kommt. Demjenigen, auf den der Besitz übergeht, wird kraft § 221 diejenige Verjährungszeit zustatten kommen, die verstrichen ist, während die Sache im Besitz eines übertragenden Besitzers war, der eine Unterschlagung begangen hat (siehe Professor Siehr, 6. Prozeßtag, Seite 10). Demjenigen, auf den der Besitz übergeht, wird ein Verstreichen der Verjährungszeit vor der Unterschlagung nicht zugute kommen.

Unter diesen Umständen ziehe ich die Schlußfolgerung, daß die deutsche Verjährungsfrist zur Zeit der Klageerhebung, was die Bundesrepublik Deutschland betrifft, im Jahre 1997 und, was die Stadt Gotha betrifft, im Jahre 1993 nicht abgelaufen war. Die Frist begann entweder, als Frau Dikeni 1987 das Gemälde unterschlug oder als es im selben Jahr von Rohde unterschlagen wurde. Der Anspruch der Kläger scheitert nicht an der deutschen Verjährungsfrist von 30 Jahren.

II.4 *Ordre Public*

Falls ich zu dem Ergebnis gekommen wäre, der Anspruch der Kläger sei nach deutschem Recht verjährt, wäre es erforderlich gewesen, zu untersuchen, ob dieses Recht dem englischen *ordre public* zuwiderläuft. Ich lege hiermit meine Schlußfolgerungen zu diesem Aspekt dar; dies kann den Rahmen für eine künftige Auseinandersetzung abgeben, und ich treffe weitere hierzu relevante Tatsachenfeststellungen.

Absatz 2(1) des Foreign Limitation Periods Act von 1984 sieht folgendes vor:

> „(1) In jedem Fall, in dem die Anwendung des obenstehenden § 1 in irgendeiner Weise (gemäß untenstehendem Unterabsatz (2) oder anderweitig) dem *ordre public* zuwiderläuft, ist dieser Paragraph in dem Ausmaß unanwendbar, in dem seine Anwendung einen Konflikt auslösen würde.
>
> (2) Die Anwendung des obenstehenden § 1 auf Klagen oder Verfahren verstößt gegen den *ordre public* in dem Ausmaß, in dem seine Anwendung für eine Person, die in diesen Klagen oder Verfahren Partei ist oder werden kann, eine unbillige Härte mit sich bringt."

Die Kläger behaupten, daß, falls die deutsche Verjährungsfrist abgelaufen sei, diese gemäß § 2(1) nicht angewendet werden sollte, da sie gegen den englischen *ordre public* verstoße. Ich werde meine Entscheidung, die Anwendung der deutschen Verjährungsfrist, auszuschließen, nach den folgenden Grundregeln treffen.

(1) Der *ordre public* sollte für die Nichtanwendung einer ausländischen Verjährungsfrist nur in Ausnahmefällen in Anspruch genommen werden. Ein zu bereitwilliger Rückgriff auf den *ordre public* würde unser System des internationalen Privatrechts zum Scheitern bringen, welches „besteht, um ausländische Rechte durchzusetzen, nicht, um sie zu zerstören" (siehe Law Commission Report Nr. 114 3.2(ii), 4.35 und J. Evans im Fall **Arab Monetary Fund -v- Hashim** [1993] 1 Lloyds Rep. 543, Absatz 592 (bezugnehmend auf die Auffassung des Rechtsausschusses, daß er nur „unter den ungewöhnlichsten Umständen" angewandt werden sollte (Absatz 4.39)).

(2) Foreign law should only be disapplied where that law is contrary to a "fundamental principle of justice". (see Law Commission Report No. 114 4.43 and 4.44). In **The Estate of Fuld, decd.** (No. 3) [1968] P. 675 Scarman J said: –

> "an English court will refuse to apply a law which outrages its sense of justice or decency" (698).

In **Oppenheimer v. Cattermole** [1976] AC 249 the House of Lords refused to recognise racially discriminatory legislation on the grounds of public policy; so too our courts would refuse to recognise discriminatory limitation law.

(3) The fundamental principle of justice with which it is said foreign law conflicts must be clearly identifiable. The process of identification must not depend upon a judge's individual notion of expediency or fairness but upon the possibility of recognising with clarity a principle derived from our own law of limitation or some other clearly recognised general principle of public policy (see paragraphs 4.35 and 4.45 of Law Commission Report No 114).

English courts should not invoke public policy save in cases where foreign law is manifestly incompatible with public policy. The Law Commission expected that that approach would be adopted and thus did not recommend the use of the word "manifestly" in its proposed Bill. (Paragraph 4.38).

(4) The English law of limitation serves the purpose of providing protection for defendants from stale claims, encouraging claimants to institute proceedings without unreasonable delay and conferring on a potential defendant confidence that after the lapse of a specific period of time he will not face a claim (Paragraph 4.44 of Law Commission Report 114).

(5) A foreign limitation period will not be disapplied as being contrary to public policy merely because it is less generous than the comparable English provision (see **Durham v. T & N PLC and others** (unreported decision of the Court of Appeal dated 1st May 1996 per Sir Thomas Bingham MR at page 12)). Some reason other than mere length must be identified for invoking public policy (see Law Commission Report 114 Paragraph 4.46).

The plaintiffs rely upon the fact that under German law no account is taken of the plaintiffs' state of knowledge, no account is taken of the fact that the painting was stolen, the defendants were not bona fide purchasers and the defendants

(2) Die Anwendung ausländischen Rechts sollte nur dann ausgeschlossen werden, wenn dieses Recht einem „Grundprinzip der Gerechtigkeit" zuwiderläuft (siehe Law Commission Report Nr. 114, 4.43 und 4.44). Im Fall **The Estate of Fuld, decd, (Nr. 3)** [1968], S. 675 sagte Mr. Justice Scarman:

> „... ein englisches Gericht wird sich weigern, ein Gesetz anzuwenden, das seinem Rechtsempfinden oder Sittenkodex Hohn spricht" (687).

Im Fall **Oppenheimer -v- Cattermole** [1976] AC 249 lehnte das House of Lords es mit Hinweis auf den *ordre public* ab, eine nach Rasse diskriminierende Gesetzgebung anzuerkennen; in derselben Weise würden unsere Gerichte es auch ablehnen, diskriminierendes Verjährungsrecht anzuerkennen.

(3) Das fundamentale Grundprinzip der Gerechtigkeit, mit dem das ausländische Recht in Konflikt steht, muß klar festzustellen sein. Das Verfahren bei dieser Feststellung darf nicht von der individuellen Auffassung eines Richters von Zweckdienlichkeit oder Fairness abhängen, sondern von der Möglichkeit, klar ein Prinzip zu erkennen, das sich aus unserem eigenen Verjährungsrecht oder einem anderen klar anerkannten allgemeinen Grundsatz des *ordre public* ergibt (siehe Absätze 4.35 und 4.45 des Law Commission Report Nr. 114).

Englische Gerichte sollten den *ordre public* nur dann ins Feld führen, wo ausländisches Recht ganz offenkundig mit dem *ordre public* nicht zu vereinbaren ist. Der Rechtsausschuß ging davon aus, daß dieser Denkansatz übernommen würde und sah daher von einer Empfehlung ab, das Wort „manifestly" in seinem Gesetzentwurf zu verwenden (Absatz 4.38).

(4) Das englische Verjährungsrecht dient dem Zweck, Beklagte vor überalterten Ansprüchen zu schützen, Anspruchsberechtigte zu ermutigen, Verfahren ohne unbillige Verzögerung einzuleiten und einem potentiellen Beklagten das Vertrauen zu vermitteln, daß er nach Verstreichen einer spezifischen Frist keiner Klage mehr ausgesetzt ist (Absatz 4.44 des Law Commission Report Nr. 114).

(5) Die Anwendung einer ausländischen Verjährungsfrist wird nicht lediglich deswegen wegen Verstoßes gegen den *ordre public* ausgeschlossen werden, weil sie weniger großzügig als die vergleichbare englische Bestimmung ist (siehe den Fall **Durham -v-T & N PLC und andere** (unveröffentlichte Entscheidung des Court of Appeal vom 1. Mai 1996 durch Sir Thomas Bingham, Master of the Rolls, Seite 12). Zur Berufung auf den *ordre public* muß ein anderer Grund als die bloße Zeitdauer aufgezeigt werden (siehe Absatz 4.46 des Law Commission Report Nr. 114).

Die Kläger stützen sich darauf, daß nach deutschem Recht weder der Wissenstand des Klägers noch die Tatsache, daß nicht berücksichtigt wird, daß das Gemälde gestohlen wurde, daß die Beklagten keine gutgläubigen Käufer waren

were guilty of deliberately and unconscionably concealing Cobert's identity and address.

It is true that there are special rules whereby time does not begin to run in English law until relevant facts could have reasonably been discovered. But those rules only apply in respect of actions for personal injuries (Sections 11 to 14), in respect of latent damage (Section 14 (a)), in respect of disability (Section 28), and where there has been fraud or deliberate concealment by the defendant or the action is for relief from the consequences of a mistake (Section 32). It seems to me that the proposition that a foreign limitation period which fails to take account of a plaintiff's state of knowledge is likely to be contrary to public policy is too broad. If a foreign limitation period relevant to, for example, a personal injury action takes no account of a plaintiff's state of knowledge that arguably would be contrary to our public policy or at least cause a plaintiff undue hardship and thus conflict with English public policy (see per Sir Thomas Bingham MR in **Durham** (q. v. supra pages 11 to 12). Our law in respect of latent damage affords another example. Prior to The Latent Damage Act 1986 the law that time started to run when damage came into existence was described as "unjustifiable in principle" and "harsh and absurd" (see **Pirelli General Cable Works Ltd. v. Oscar Faber & Partners** [1983] 2 AC 1 at 19 F).

It is said that it would be contrary to public policy to apply a German limitation period when Cobert deliberately and unconscionably concealed facts relevant to the plaintiffs' claim. The plaintiffs rely upon the fact that Cobert through Mr Montgomery had been told by Mina Breslav that the painting had disappeared from Gotha (see Mina Breslav paragraph 26). Mr Montgomery knew at least by November 1991, that the painting had been stolen because that is what he told Mr Feigen an art dealer in New York (see Feigen paragraph 4). Mr Montgomery told him that he believed that the statute of limitations had run out in Russia and Germany and would run out in the United Kingdom in approximately two years from the time of their meeting. (see Feigen paragraph 5). When the City of Gotha was contacted by Sotheby's by letter on 16th December 1991 they were told that Sotheby's had been commissioned by a third party to auction the painting. Sotheby's recorded that the painting was listed as lost and stated that it was their policy not to auction objects without first offering them to the previous owner. They made an offer to sell the painting for £ 700,000 left open until 15 January 1992. Despite requests for the identity of Cobert twice in April 1992 and twice in June 1992, its identity was not disclosed until 19th June 1992 and the address was not disclosed until 16 July 1992. When the painting appeared in Sotheby's catalogue in April 1992 no reference was made to the theft of which

und die Beklagten vorsätzlich und skrupellos Identität und Anschrift der Firma Cobert verschleiert hatten, Berücksichtigung finden.

Es trifft zu, daß es spezielle Regeln gibt, nach denen im englischen Recht die Frist erst dann einsetzt, wenn die Kenntnis von relevanten Tatsachen mit normalen Mitteln hätte erlangt werden können. Diese Regeln gelten jedoch nur in bezug auf Klagen wegen Körperverletzung (§§ 11 bis 14), wegen verdeckter Schäden (§ 14(a)), Schadensersatzansprüchen wegen körperlicher Behinderung (§ 28), bei Betrug oder vorsätzlicher Verschleierung seitens des Beklagten oder wenn Klage auf ein Rechtsmittel wegen Irrtums erhoben wird (§ 32). Die These, daß eine ausländische Verjährungsfrist, die nicht den Wissensstand eines Klägers berücksichtigt, geeignet ist, gegen den *ordre public* zu verstoßen, geht mir zu weit. Berücksichtigt eine ausländische Verjährungsfrist, die beispielsweise für eine Klage wegen Körperverletzung von Belang ist, den Wissensstand eines Klägers nicht, könnte man durchaus die Meinung vertreten, daß dies unserem *ordre public* zuwiderläuft oder zumindest für einen Kläger eine unbillige Härte mit sich bringt und aus diesem Grund gegen den englischen *ordre public* verstößt (siehe Urteil von Sir Thomas Bingham MR im Fall **Durham** (s. o.), Seiten 11–12). Unser Recht zu verdeckten Schäden bietet ein weiteres Beispiel. Vor dem Latent Damage Act 1986 wurde der Rechtssatz, nach dem die Frist beim Entstehen des Schadens zu laufen beginnt, als „prinzipiell nicht zu rechtfertigen“ und als „hart und absurd“ beschrieben (siehe **Pirelli General Cable Works Ltd. -v- Oscar Faber & Partners** [1983] 2 AC 1, 19F).

Es wird vorgetragen, daß die Anwendung einer deutschen Verjährungsfrist mit dem *ordre public* nicht zu vereinbaren sei, wenn die Firma Cobert vorsätzlich und skupellos Tatsachen verschleiert habe, die für den Anspruch der Kläger von Belang sind. Die Kläger stützen sich auf die Tatsache, daß der Firma Cobert, vertreten durch Herrn Montgomery, von Mina Breslaw mitgeteilt worden war, daß das Gemälde aus Gotha abhanden gekommen war (siehe Aussage Mina Breslaw, Absatz 26). Herr Montgomery wußte, zumindest im November 1991, daß das Gemälde gestohlen worden war, da er dies Herrn Feigen, einem Kunsthändler in New York, gegenüber erklärte (siehe Aussage Feigen, Absatz 4). Herr Montgomery sagte ihm, er glaube, daß die Verjährungsfrist in Rußland und Deutschland abgelaufen seien und im Vereinigten Königreich etwa zwei Jahre nach dem Zeitpunkt ihres Treffens ablaufen würden (siehe Aussage Feigen, Absatz 5). Als die Stadt Gotha am 16. Dezember 1991 brieflich von Sotheby's kontaktiert wurde, wurde ihr mitgeteilt, Sotheby's sei von einem Dritten beauftragt worden, das Gemälde zu versteigern. Sotheby's gab an, das Bild sei als verschollen registriert, und es sei Unternehmenspolitik, Gegenstände nicht zu versteigern, ohne sie vorher ihren vorherigen Eigentümern anzubieten. Sotheby's machte ein bis zum 15. Januar 1992 gültiges Angebot, das Gemälde für £ 700,000 zu verkaufen. Trotz der zweimal im April 1992 und zweimal im Juni 1992 geäußerten Bitte

Mr Montgomery had spoken to Mr Feigen back in November 1992. I record these facts not in any criticism of Sotheby's, which has not appeared, but of Cobert who through Mr Montgomery had stated that the painting had been stolen back in November 1991 but subsequently asserted that it was a gift.

Mr Brindle QC, on behalf of Cobert, contends that any deliberate concealment by Cobert has no relevance to the fact that under German law the limitation period had expired. It had expired long before Cobert acquired the painting.

By Section 32: –

> "(1) Subject to Subsections (3) and (4 A) below, where in the case of any action for which a period of limitation is prescribed by this Act, either
>
> ... (b) any fact relevant to the plaintiff's right of action has been deliberately concealed from him by the defendant; ... the period of limitation shall not begin to run until the plaintiff has discovered the ... concealment ... or could with reasonable diligence have discovered it.
>
> References in this subsection to the defendant include references to the defendant's agent ..."

In my judgment Cobert did deliberately conceal facts relevant to the plaintiffs' right of action. It concealed its identity, address, its knowledge of the loss of the painting in 1989 when the painting was acquired, and its knowledge of the theft, exposed by the evidende of Feigen in November 1991. In **Sheldon v. R. H. M. Outhwaite (Underwriting Agencies) Ltd** [1996] 1 AC 102 the House of Lords ruled that the words of Section 32(1)(b) of the 1980 Act applied where the concealment relevant to the facts occurred after the accrual of the cause of action, even if that concealment occurred after the period of limitation had elapsed. In the course of his speech Lord Keith pointed out that a construction which led to the conclusion that the concealment must be contemporaneous with the accrual of the cause of action would mean: –

> "concealment occurring one month or even one day, after the accrual would afford the plaintiff no protection at all. Perhaps a more cogent argument against the construction is that if it is correct even a concealment taking place more than six years after accrual of the cause of action would bring section 32(1) into play. But that is not a realistic objection,

um Bekanntgabe der Identität der Firma Cobert wurde deren Identität erst am 19. Juni 1992 offengelegt, und die Adresse wurde erst am 16. Juli 1992 mitgeteilt. Als das Gemälde im April 1992 im Katalog der Firma Sotheby's erschien, wurde nicht auf den Diebstahl hingewiesen, von dem Herr Montgomery mit Herrn Feigen schon im November 1991 gesprochen hatte.

Ich stelle diese Tatsache nicht als Kritik an der Firma Sotheby's, die nicht vor mir erschienen ist, fest, sondern als Kritik an der Firma Cobert, die sich durch Herrn Montgomery schon im November 1991 dahingehend geäußert hatte, das Gemälde sei gestohlen gewesen, anschließend jedoch behauptete, es handele sich um eine Schenkung.

Mr. Brindle QC behauptet im Namen der Firma Cobert, eine vorsätzliche Verschleierung seitens der Firma Cobert sei ohne Belang für die Tatsache, daß die Verjährungsfrist nach deutschem Recht abgelaufen sei. Sie sei lange abgelaufen gewesen, bevor die Firma Cobert das Gemälde erwarb.

In Section 32 wird folgendes bestimmt:

> „(1) Vorbehaltlich untenstehender Abschnitte (3) und (4A) gilt folgendes: wenn bei einer Klage, für die durch dieses Gesetz eine Verjährungsfrist vorgeschrieben ist, entweder
>
> ... (b) Tatsachen, die für das Recht des Klägers auf Klageerhebung von Belang sind, ihm von dem Beklagten vorsätzlich verheimlicht worden sind, ... setzt der Beginn der Verjährungsfrist erst dann ein, wenn der Kläger ... die Verschleierung ... entdeckt hat oder sie mit angemessener Sorgfalt hätte entdecken können.
>
> Als Beklagter im Sinne dieses Absatzes gilt auch der Vertreter des Beklagten ..."

Meines Erachtens hat die Firma Cobert in der Tat Tatsachen, die für das Recht des Klägers auf Klageerhebung von Belang sind, vorsätzlich verschwiegen. Die Firma Cobert verschleierte ihre Identität, ihre Anschrift, ihr Wissen um den Verlust des Gemäldes im Jahre 1989, als das Gemälde erworben wurde, und ihr Wissen um den Diebstahl, das durch die Aussage von Herrn Feigen im November 1991 offenbar wurde. Im Fall **Sheldon -v- R. H. M. Outhwaite (Underwriting Agencies) Ltd.** [1996] 1 AC 102 entschied das House of Lords, daß Section 32(1)(b) des Gesetzes von 1980 im Wortlaut anwendbar war, wenn die tatbestandlich relevante Verschleierung nach dem Entstehen des Klagegrundes stattfand, und zwar selbst dann, wenn die Verschleierung nach Ablauf der Verjährungsfrist vorgenommen wurde. In seinem Urteil legte Lord Keith dar, daß eine Auslegung, die dazu führe, daß die Verschleierung zeitgleich mit dem Entstehen des Klagegrundes vorgenommen sein müsse, folgendes bedeuten würde:

> „... eine Verschleierung, die einen Monat oder sogar nur einen Tag nach dem Entstehen des Klagegrundes vorgenommen wird, würde dem Kläger überhaupt keinen Schutz bieten. Ein stichhaltigeres Argument gegen diese Interpretation ist vielleicht dadurch gegeben, daß dann selbst durch eine Verschleierung, die mehr als sechs Jahre nach dem Entstehen des

> since it is not conceivable that a potential defendant would set out to conceal facts relevant to a cause of action when more than six years had elapsed since its accrual."

Yet it is that inconceivable event which has occurred in this case; Cobert set out to conceal facts long after the time when it believed the German limitation period had elapsed.

Lord Browne-Wilkinson identified the underlying rationale as being that the defendants should not be entitled: –

> "to benefit from their own alleged unconscionable behaviour by deliberately concealing the facts relevant to the plaintiffs' cause of action." (145 H)

Lord Nichols thought that both arguments produced unattractive alternatives.

> "If initial concealment should stop time runing so equally should subsequent concealment. The underlying mischief is the same." (152 E)

But he pointed out the absurdities of the contrary argument that: –

> "The statutory consequence of concealment is to deprive the defendant of the benefit of time, however short or long, which has already run in his favour before there is any question of concealment".

He concluded that, forced to make a choice, he should adopt the approach of Lord Keith and Lord Browne-Wilkinson (155 A to B).

English law, therefore, provides that time will not run in favour of a defendant who is guilty of deliberate concealment whenever that deliberate concealment takes place until the plaintiff has discovered the concealment or could with reasonable diligence have done so.

Notwithstanding the decision in **Sheldon**, I do not think that it is possible to identify with sufficient clarity a public policy which deprives a defendant of the benefit of time which has already run in his favour before he is guilty of deliberate concealment. Accordingly, it is not possible to disapply a foreign law of limitation merely because that foreign law does not recognise the same consequences of concealment as those which the House of Lords has recognised to be the consequences of Section 32 (1) (b). It may be that one can discern a public policy that a defendant should not be entitled to obtain the benefit of deliberate concealment where that concealment has resulted in an action becoming time barred. But a foreign law which ignores deliberate concealment which has no

Grundes für die Klage vorgenommen würde, Section 32(1) ins Spiel gebracht würde. Dies ist jedoch kein realistischer Einwand, da es undenkbar ist, daß ein potentieller Beklagter Sachverhalte, die für den Klagegrund von Belang sind, selbst dann zu verschleiern versucht, wenn nach dem Entstehen des Klagegrundes mehr als sechs Jahre verstrichen sind."

Im vorliegenden Fall ist jedoch genau dieses undenkbare Ereignis eingetreten; die Firma Cobert hat planmäßig Sachverhalte lange nach dem Zeitpunkt verschleiert, zudem sie glaubte, daß die deutsche Verjährungsfrist abgelaufen sei.

Nach Lord Browne-Wilkinson besteht das zugrundeliegende Grundprinzip darin, daß Beklagte nicht berechtigt sein sollten,

„von ihrem eigenen, ihnen vorgeworfenen, skrupellosen Verhalten zu profitieren, indem sie vorsätzlich Fakten verschleiern, die für den Anspruchsgrund des Klägers von Belang sind." (145 H)

Lord Nichols war der Auffassung, daß beide Konzepte wenig attraktive Alternativen zur Folge hätten.

„Wenn eine anfängliche Verschleierung den Beginn der Frist aufhalten kann, so sollte dies gleichermaßen für spätere Verschleierung gelten. Der beiden zugrundeliegende Unrechtsgehalt ist derselbe." (152 E).

Er wies jedoch auf die Absurdität des Gegenarguments hin, daß

„die rechtliche Auswirkung der Verschleierung darin besteht, dem Beklagten den Nutzen der Frist, wie kurz oder lang sie auch gewesen sein mag, zu entziehen, die bereits zu seinem Gunsten verstrichen ist, bevor die Frage der Verschleierung auftritt."

Er schloß damit, daß er, sollte er zu einer Wahl gezwungen sein, sich den Denkansatz von Lord Keith und Lord Browne-Wilkinson zu eigen machen würde (155 A bis B).

Das englische Recht bestimmt daher, daß das Verstreichen von Zeit keinem Beklagten zustatten kommt, der sich der vorsätzlichen Verschleierung schuldig gemacht hat, wann immer diese vorsätzliche Verschleierung stattfindet, bis der Kläger die Verschleierung entdeckt hat oder sie mit angemessener Sorgfalt hätte entdecken können.

Trotz der Entscheidung im Fall **Sheldon** bin ich nicht der Auffassung, daß es möglich ist, mit ausreichender Klarheit eine Regel des *ordre public* zu ermitteln, die einem Beklagten den Nutzen des Zeitablaufs entzieht, der ihm bereits zugute gekommen war, bevor er sich der vorsätzlichen Verschleierung schuldig gemacht hat. Dementsprechend ist es nicht möglich, ein ausländisches Verjährungsrecht lediglich deshalb nicht anzuwenden, weil in diesem ausländischen Recht nicht dieselben Rechtsfolgen der Verschleierung berücksichtigt werden, die das House of Lords als Rechtsfolgen von § 32(1)(b) festgestellt hat. Möglicherweise läßt sich eine Regel des *ordre public* feststellen, die beinhaltet, daß ein Beklagter kein Recht auf die Früchte einer vorsätzlichen Verschleierung haben soll, wenn diese Ver-

causative effect upon the expiry of a period of limitation does not seem to me to conflict with any fundamental principle of justice. The decision in **Sheldon** was, in my view, a decision dictated by the wording of the statute and resulted from a process of construction of that statute.

The plaintiffs also rely upon the fact that the painting was stolen from its rightful owner and that the current possessor, Cobert, does not even assert that it or that any of its predecessors purchased the painting in good faith or that Cobert has title to the painting. If English limitation law applied, this action would not be subject to the time limits under section 2 and section 3 of the Limitation Act 1980. Section 4 provides: –

> "(1) The right of any person from whom a chattel is stolen to bring an action in respect of the theft shall not be subject to the time limits under sections 2 and 3 (1) of this Act, but if his title to the chattel is extinguished under section 3 (2) of this Act he may not bring an action in respect of a theft preceding the loss of his title, unless the theft in question preceded the conversion from which time began to run for the purposes of section 3 (2).
>
> (2) Subsection (1) above shall apply to any conversion related to the theft of a chattel as it applies to the theft of a chattel; and except as provided below, every conversion following the theft of a chattel before the person from whom it is stolen recovers possession of it shall be regarded for the purposes of this section as related to the theft.
>
> If anyone purchases the solen chattel in good faith neither the purchase nor any conversion following it shall be regarded as related to the theft.
>
> (3) Any cause of action accruing in respect of the theft or any conversion related to the theft of a chattel to any person from whom the chattel is stolen shall be disregarded for the purpose of applying section 3 (1) or (2) of this Act to his case.
>
> (4) Where in any action brought in respect of the conversion of a chattel it is proved that the chattel was stolen from the plaintiff or anyone through whom he claims it shall be presumed that any conversion following the theft is related the theft unless the contrary is shown.
>
> (5) In this section "theft" includes: –
>
> (a) any conduct outside England and Wales which would be theft if committed in England and Wales;
>
> and references in this section to a chattel being "stolen" shall be construed accordingly."

The conversion in this case followed the theft and was, therefore, "related to the theft" for the purposes of Section 4.

schleierung zur Verjährung der Klage führt. Eine ausländische Rechtsvorschrift jedoch, die eine vorsätzliche Verschleierung unbeachtet läßt, wenn diese keine kausale Wirkung auf das Ablaufen einer Verjährungsfrist hat, scheint mir keinem Grundprinzip der Rechtsordnung zuwiderzulaufen. Die Entscheidung im Fall **Sheldon** war meines Erachtens vom Wortlaut der gesetzlichen Vorschrift diktiert und ist das Ergebnis der Auslegung dieses Gesetzes.

Die Kläger stützen sich auch auf die Tatsache, daß das Gemälde seinem rechtmäßigen Eigentümer gestohlen worden war, und daß der gegenwärtige Besitzer, die Firma Cobert, noch nicht einmal behauptet, daß er oder irgendeiner seiner Vorgänger das Gemälde in gutem Glauben gekauft habe, oder daß die Firma Cobert das Eigentum an dem Gemälde habe. Falls englisches Verjährungsrecht Anwendung fände, unterläge diese Klage nicht den Verjährungsfristen nach Sections 2 und 3 des Limitation Act von 1980. Section 4 bestimmt folgendes:

> „(1) Das Recht jeder Person, der eine bewegliche Sache gestohlen wird, eine Klage in bezug auf diesen Diebstahl zu erheben, unterliegt nicht den Verjährungsfristen nach Sections 2 und 3(1) dieses Gesetzes; erlischt jedoch ihr Eigentum an der Sache nach Section 3(2) dieses Gesetzes, so kann sie keine Klage in bezug auf einen Diebstahl anstrengen, der zeitlich vor dem Verlust ihres Eigentumsrechts liegt, es sei denn der fragliche Diebstahl ist im Sinne von Section 3(2) der verbotenen Eigenmacht, von der ab die Frist zu laufen begann, vorausgegangen.
>
> (2) Der obige Absatz (1) ist auf jede verbotene Eigenmacht im Zusammenhang mit einem Diebstahl einer beweglichen Sache anzuwenden, wie er auch auf den Diebstahl einer beweglichen Sache selbst gilt; außer in den unten angegebenen Fällen gilt weiterhin jede verbotene Eigenmacht, die auf den Diebstahl einer beweglichen Sache folgt, bevor die Person, der sie gestohlen wird, den Besitz an der Sache wiedererlangt, im Sinne dieses Abschnittes als im Zusammenhang mit dem Diebstahl stehend.
>
> Kauft jemand die gestohlene Sache in gutem Glauben, gilt weder der Kauf noch eine auf ihn folgende verbotene Eigenmacht als mit dem Diebstahl zusammenhängend.
>
> (3) Jeder Klagegrund, der sich aus dem Diebstahl einer beweglichen Sache oder aus einer verbotenen Eigenmacht, die im Zusammenhang mit dem Diebstahl einer beweglichen Sache, Personen, denen die Sache gestohlen wurde, ergibt, wird bei der Anwendung von Section 3(1) oder (2) dieses Gesetzes auf ihr Klageverfahren außer acht gelassen.
>
> (4) Wird in einer Klage wegen verbotener Eigenmacht an einer beweglichen Sache nachgewiesen, daß die Sache dem Kläger oder jemandem, in dessen Namen er die Klage erhebt, gestohlen wurde, wird bis zum Nachweis des Gegenteils angenommen, daß die verbotene Eigenmacht, die auf den Diebstahl folgt, mit dem Diebstahl in Zusammenhang steht.
>
> (5) In dieser Section schließt „Diebstahl" das folgende ein:
>
> (a) jede Handlung außerhalb von England und Wales, die als Diebstahl zu werten wäre, wenn sie in England und Wales begangen worden wäre,
>
> und Bezugnahmen in dieser Section darauf, daß eine Sache „gestohlen" worden ist, sollen entsprechend ausgelegt werden."

In dem vorliegenden Fall folgte die verbotene Eigenmacht zeitlich auf den Diebstahl und war daher im Sinne von Section 4 „im Zusammenhang mit dem Diebstahl zu sehen."

It does seem to me possible to identify, from that legislation, a public policy in England that time is not to run either in favour of the thief nor in favour of any transferee who is not a purchaser in good faith. The law favours the true owner of property which has been stolen, however long the period which has elapsed since the original theft. If German limitation law is not disapplied the result will be to favour a purchaser with no title to the painting who does not even contend that it or its predecessors purchased the painting in good faith. To permit a party which admits it has not acted in good faith to retain the advantage of lapse of time during which the plaintiffs had no knowledge of the whereabouts of the painting and no possibility of recovering it, is, in my judgment, contrary to the public policy which finds statutory expression in Section 4. To allow Cobert to succeed, when, on its own admission it knew or suspected that the painting might be stolen or that there was something wrong with the transaction or acted in a manner in which an honest man would not, does touch the conscience of the court. Moreover, to recognise such a public policy does not in any way undermine the purposes of a law of limitation; there is no reason why a defendant in the position of Cobert should be protected from this claim nor does the recognition of such a public policy discourage claimants from instituting proceedings without unreasonable delay. I can discern no conflict with the essential public interest in a law of limitation by recognising that the victim of a theft who had no opportunity of bringing the claim earlier should be entitled to assert his rights however long the time which has elapsed since the original theft. It is true, as Mr Brindle QC submits, that rather than providing that no limitation period will apply where an action is brought in respect of a stolen chattel, German law provides a lengthy period of limitation. But that consideration seemed to me to be insufficient to subordinate the rights of the victim of the theft in favour of one who has acted without good faith. Nor does it seem to me to matter that the plaintiff in this case is the Federal Republic of Germany, whose own laws it is seeking to disapply. It does not seem to me that the question whether a foreign law should be disapplied on grounds of English public policy can depend upon the nature of the plaintiff seeking to disapply that law. I should, however, make it clear that if the victim of the theft had itself delayed once it had discovered the facts relevant to its cause of action that might well be a ground for not disapplying the foreign law. (see Law Commission Report No 114 paragraph 4.47)

Es scheint mir möglich, aus diesen Gesetzesmaterialien eine Regel des englischen *ordre public* abzuleiten, wonach der Ablauf einer Frist weder dem Dieb noch irgend jemandem, auf den der Besitz übertragen wurde und der kein gutgläubiger Käufer ist, zugute kommen soll. Das Recht begünstigt den wahren Eigentümer von gestohlenen Gegenständen, unabhängig von der Länge des Zeitraums, der seit dem ursprünglichen Diebstahl verstrichen ist. Wird die Anwendung des deutschen Verjährungsrechts nicht ausgeschlossen, führt dies dazu, daß ein Käufer begünstigt wird, der kein Eigentumsrecht an dem Gemälde hat und der noch nicht einmal behauptet, er oder seine Vorgänger hätten das Gemälde in gutem Glauben gekauft. Einer Partei, die zugibt, nicht in gutem Glauben gehandelt zu haben, zu gestatten, sich das Verstreichen der Frist anzurechnen, während der die Kläger keine Kenntnis über den Verbleib des Gemäldes und keine Möglichkeit hatten, es wiederzuerlangen, verstößt meines Erachtens gegen den *ordre public*, der seinen gesetzlichen Ausdruck in Section 4 gefunden hat. Der Firma Cobert zum Erfolg zu verhelfen, wenn sie nach eigenem Vorbringen wußte oder vermutete, daß das Gemälde gestohlen sein könne oder daß etwas mit der Transaktion nicht in Ordnung sei, oder wenn sie sich in einer Weise gerierte, die mit dem Handeln eines ehrlichen Menschen nicht vereinbar ist, rührt an das Gewissen des Gerichts. Darüber hinaus untergräbt die Feststellung einer solchen Regel des *ordre public* keineswegs die Zwecke eines Verjährungsgesetzes; weder gibt es einen Grund, warum ein Beklagter in der Lage der Firma Cobert vor dem hier geltend gemachten Anspruch geschützt werden sollte, noch hält die Feststellung einer solchen Regel des *ordre public* Anspruchsberechtigte davon ab, ohne unbilliges Zuwarten Gerichtsverfahren einzuleiten. Ich kann keinen Widerspruch zu dem grundlegenden allgemeinen Bedürfnis an einem Verjährungsgesetz erkennen, wenn man anerkennt, daß das Opfer eines Diebstahls, das keine Möglichkeit hatte, den Anspruch eher geltend zu machen, berechtigt sein sollte, seine Rechte geltend zu machen, unabhängig davon, wie lang der Zeitraum ist, der seit dem ursprünglichen Diebstahl verstrichen ist. Entsprechend dem Vortrag von Mr. Brindle QC trifft es zu, daß das deutsche Recht, statt vorzusehen, daß bei einer Klage, die in bezug auf eine gestohlene bewegliche Sache erhoben wird, keine Verjährungsfrist gilt, eine recht lange Verjährungsfrist vorsieht. Diese Erwägung schien mir jedoch nicht ausreichend, um die Rechte des Opfers eines Diebstahls den Rechten von jemandem vorzuziehen, der nicht in gutem Glauben gehandelt hat. Es schien mir auch nicht von Belang zu sein, daß in diesem Fall der Kläger die Bundesrepublik Deutschland ist, die die Nichtanwendung ihrer eigenen Gesetze anstrebt. Die Frage, ob die Anwendung eines ausländischen Gesetzes aus Gründen des englischen *ordre public* ausgeschlossen werden soll, kann, so scheint es mir, nicht von der Rechtsnatur des Klägers abhängen, der die Nichtanwendung dieses Gesetzes anstrebt. Ich sollte jedoch klarstellen, daß, wenn das Opfer

The Federal Republic of Germany has not been guilty of "forum-shopping". It had no control whatever as to where it could bring its action; it was Cobert which chose to buy the painting in England and convert it here.

I should emphasise that my view as to public policy is not founded upon the fact that the chattel in question is a painting which had been on public display in Gotha since the second half of the 19th century. There has been some debate, instigated I fear in part, by my own observations, as to public policy in relation to stolen works of art. I have been referred in relation to public collections of art to Council Directive 93/7/EEC of 15th March 1993 on "the Return of Cultural Objects Unlawfully Removed from the Territory of a Member State." Article 7 provides a time limit of thirty years after the object was unlawfully removed in which to bring proceedings, a period extended to seventy-five years in the case of objects forming part of public collections. The Directive and in particular Article 7 has been given legislative force in this country in the Return of Cultural Objects Regulations 1994 (SI 1994 No 501) but it is to be noted that the Regulations apply only to cultural objects unlawfully removed from a territory of the Member State on or after 1st January 1993 (see Regulation 1 (3)). This country did not give retrospective effect to the regulations as it would have been entitled to do under Article 14.2 of the Directive. I cannot identify from those Regulations any public policy in relation to a painting stolen after the war. Moreover, attractive though it would be to apply some special consideration to a work of art when there exists a possibility of it being displayed, once again, to public view such a consideration should not weigh with me at all. If I had allowed those circumstances to prevail, my observations would have to be numbered amongst "the idiosyncratic inferences of a few judicial minds" (see the unattributed quotation in "The Foreign Limitation Periods Act 1984" PB Carter (1985) 101 LQR 68 at 71).

The plaintiffs rely also upon Section 2(2) of the 1984 Act contending that they would be caused undue hardship if German limitation law was applied. In **Jones v. Trollope Colls Cementation Overseas Ltd** (Times Law Reports 26 January 1990). Farquharson LJ said that: –

des Diebstahls, nachdem es die anspruchsrelevanten Fakten entdeckt hatte, selbst die Klage hinausgezögert hätte, dies sehr wohl ein Grund gegen die Nichtanwendung des ausländischen Gesetzes sein könnte (siehe Law Commission Report Nr. 114, Absatz 4.47).

Die Bundesrepublik Deutschland hat kein „forum – shopping" betrieben. Die Zuständigkeit für ihre Klage lag außerhalb ihrer Kontrolle; es war die Firma Cobert, die sich entschieden hatte, das Gemälde in England zu kaufen und hier an ihm verbotene Eigenmacht zu begehen.

Ich sollte betonen, daß meine Einstellung zum *ordre public* nicht darauf beruht, daß es sich bei der fraglichen Sache um ein Gemälde handelt, das seit der zweiten Hälfte des 19. Jahrhunderts in Gotha öffentlich ausgestellt gewesen war. Es gab einigen streitigen Vortrag zu dem auf Kunstwerke anwendbaren Recht, der wohl, wie ich fürchte, zum Teil durch meine eigenen Bemerkungen angeregt wurde. Ich bin im Hinblick auf öffentliche Kunstsammlungen auf die Ratsrichtlinie 93/7/EWG vom 15. März 1993 über die „Rückgabe von unrechtmäßig aus dem Hoheitsgebiet eines Mitgliedstaats verbrachten Kulturgütern" hingewiesen worden. In Artikel 7 wird eine Verjährungsfrist von dreißig Jahren beginnend mit dem Zeitpunkt festgesetzt, zu dem das Kulturgut unrechtmäßig aus dem Hoheitsgebiet eines Mitgliedstaats verbracht wurde, wobei diese Frist sich bei Kulturgütern, die Bestandteil öffentlicher Sammlungen sind, auf fünfundsiebzig Jahre verlängert. Diese Richtlinie und insbesondere Artikel 7 hat in Großbritannien durch die Return of Cultural Objects Regulations von 1994 (SI 1994, Nr. 501) Rechtskraft erlangt, doch muß bemerkt werden, daß die Bestimmungen nur für Kulturgüter gelten, die seit dem 1. Januar 1993 aus dem Hoheitsgebiet eines Mitgliedstaats verbracht worden sind (siehe § 1(3) der Verordnung). Großbritannien verlieh der Verordnung keine rückwirkende Wirkung, wozu es nach Artikel 14.2 der Richtlinie berechtigt gewesen wäre. Ich kann anhand dieser Bestimmungen keine Regel des *ordre public* mit Relevanz zu einem nach dem Krieg gestohlenen Gemälde erkennen. Auch wenn es verlokkend wäre, spezielle Beurteilungsmaßstäbe für ein Kunstwerk gelten zu lassen, wenn die Aussicht besteht, daß es wieder der Öffentlichkeit zugänglich ausgestellt wird, sollte ein solcher Gedanke für mich keine Rolle spielen. Hätte ich diesen Umständen ausschlaggebende Wirkung gegeben, müßten meine Bermerkungen zu den „exzentrischen Deduktionen einiger weniger juristischer Köpfe" gezählt werden (siehe Zitat ohne Quellenangabe in dem Aufsatz: „The Foreign Limitation Periods Act 1984", PB Carter (1985) 101 LQR 68, 71).

Die Kläger stützen sich bei ihrem Vortrag, die Anwendung des deutschen Verjährungsrechts würde eine unbillige Härte mit sich bringen, auch auf Section 2(2) des Gesetzes von 1984. Im Fall **Jones -v- Trollope Colls Cementation Overseas Limited** (Times Law Reports 26. Januar 1990), sagte Lord Justice Farquharson folgendes:

> "the word undue added something more than just hardship. It meant excessive or greater hardship than the circumstances warranted."

In **AMF v. Hashim** (q. v. supra) Evans J emphasised that the provision was intended to have a narrow application (page 592). Moreover he said: –

> "It cannot be said that the three year period for claims of this sort (under Gulf law) is so short that the plaintiffs suffer undue hardship merely by reason of the fact that it is imposed. There must be some additional factors which make the hardship excessive in this case".

That additional factor might have arisen if the plaintiffs had been defeated because of transitional provisions which were not easy to apply (see page 593 and Saville L.J. in the Court of Appeal at page 600). In the instant case the additional circumstance upon which reliance is placed over and above the mere impact of a limitation period of thirty years, is that the plaintiffs were the victims of theft and between that theft and 1991, they had no means of discovering the facts which would have enabled them to identify the possessor of the painting and its whereabouts. But it is difficult to see how that additional fact would justify invoking Section 2(2) in circumstances where Section 2(1) did not apply. Either the public policy which I have already identified exists or it does not. If it does not, then all the plaintiffs are, in essence, complaining about is the length of the German limitation period. That by itself is not enough, and in those circumstances had I not been prepared to disapply German law under Section 2(1), I would not have done so under Section 2(2).

Conclusions

This judgment would remain incomplete without a proper tribute to the skill and industry of all counsel involved, ably supported as they were by other members of their respective ateliers, particularly Pamela Kiesselbach, solicitor for Cobert and Dr Michael Carl, solicitor for the plaintiffs. Their submissions, translations and guidance through unfamiliar territory shone as if they had been painted on copper.

For the reasons I have given I conclude that: –

I.1 The painting was taken from Thüringia in January 1946;

„... durch das Wort unbillig wurde etwas hinzugefügt, daß über einen Härtefall hinausging. Es bedeutete übermäßige Härte oder größere Härte, als nach den Umständen gerechtfertigt war."

Im Fall **AMF -v- Hashim** (s. o.) betonte Mr. Justice Evans, daß die Absicht bestand, die Bestimmung, eng auszulegen (Seite 592). Darüber hinaus sagte er folgendes:

„Es kann nicht gesagt werden, daß die Dreijahresfrist für Ansprüche dieser Art (nach dem Recht der Golf-Emirate, Anm. des Richters) so kurz sei, daß die Kläger unbillige Härte lediglich aus dem Grund erleiden, daß sie auferlegt wird. Es müssen einige Faktoren hinzukommen, die die Härte übermäßig werden lassen."

Solch ein zusätzlicher Faktor hätte vorliegen können, wenn die Kläger aufgrund von Übergangsbestimmungen unterlegen wären, die nur unter besonderen Voraussetzungen auf den Fall anwendbar waren (siehe Seite 593 und Saville L. J. in der Berufungsinstanz, Seite 600). Im vorliegenden Fall besteht der zusätzliche Faktor, auf den man sich über die bloße Auswirkung einer Verjährungsfrist von dreißig Jahren beruft, darin, daß die Kläger Opfer eines Diebstahls waren und daß sie in der Zeit zwischen dem Diebstahl und dem Jahr 1991 keine Möglichkeit hatten, von den Fakten Kenntnis zu erlangen, die es ihnen ermöglicht hätten, den Besitzer des Bildes und dessen Verbleib festzustellen. Es ist jedoch schwierig, zu erkennen, wie dieser zusätzliche Sachverhalt die Berufung auf Section 2(2) unter Umständen rechtfertigen würde, in denen Section 2(1) nicht anwendbar ist. Entweder existiert die von mir festgestellte Regel des *ordre public* oder sie existiert nicht. Existiert sie nicht, dann ist letztlich die Länge der deutschen Verjährungsfrist alles, worüber sich die Kläger beklagen. Das ist aus sich heraus nicht ausreichend und wäre ich nicht willens gewesen, die Anwendung des deutschen Verjährungsrechts nach Section 2(1) auszuschließen, so hätte ich dies nicht in Anwendung von Section 2(2) getan.

Schlußfolgerungen

Dieses Urteil wäre nicht vollständig ohne eine angemessene Würdigung der Sachkenntnis und des Fleißes aller beteiligten Barrister, kompetent unterstützt von anderen Mitgliedern ihrer jeweiligen Ateliers, insbesondere Pamela Kiesselbach, Solicitor der Firma Cobert, und Dr. Michael H. Carl, Solicitor der Kläger. Ihr Vortrag, ihre Übersetzungen und ihre Führung durch unvertrautes Gelände leuchteten als wären sie auf Kupfer gemalt.

Aus den von mir angegebenen Gründen komme ich zu dem folgenden Ergebnis:

I.1 Das Gemälde wurde im Januar 1946 aus Thüringen verbracht.

I.2 Title passed to the Land Thüringia by virtue of the law of 9 October 1945, the expropriatory effect of which was not repealed by the law of 4 December 1945;

I.3 Had not title passed in 1945 it would have passed to the Land by virtue of the dissolution of The Art Foundation on 14 October 1950;

I.4 English Courts will recognise and enforce the Federal Republic of Germany's title to the painting whether derived from the law of October 1945 or the dissolution in 1950;

I.5 It has not been proved that the painting entered the territory of the German Democratic Republic in 1987;

I.6 The City of Gotha cannot claim possession to the painting;

II.1 The painting was misappropriated in 1987;

II.2 The German law limitation period is relevant;

II.3 The claim is not statute barred under German Law;

II.4 Had the claim been time-barred, German law conflicts wich public policy.

In her monograph and catalogue raisonné "Wtewael and Dutch Mannerism" published in 1986, Dr Anne Lowenthal recorded that between 1975 and 1986 eighteen paintings by Wtewael had been recovered from obscurity. She foresaw that more would appear. She recorded that the location of the painting of The Holy Family was unknown. That is no longer correct. For the time being putti blush unseen within an envelope in an office at Sotheby's (where I had the privilege of a judicial peep). Whether my conclusions will result in a greater opportunity for those who enjoy Dutch mannerism or wish to cultivate their antipathies, others will have to decide.

I.2 Das Eigentum ging kraft des Gesetzes vom 9. Oktober 1945, dessen enteignende Wirkung durch das Gesetz vom 4. Dezember 1945 nicht aufgehoben wurde, auf das Land Thüringen über.

I.3 Wäre das Eigentum nicht 1945 übergegangen, wäre es im Wege der Auflösung der Kunststiftung am 14. Oktober 1950 auf das Land Thüringen übergegangen.

I.4 Englische Gerichte werden das Eigentum der Bundesrepublik Deutschland an dem Gemälde anerkennen und durchsetzen, unabhängig davon, ob es sich von dem Gesetz vom Oktober 1945 oder von der Auflösung im Jahre 1950 ableitet.

I.5 Es wurde nicht nachgewiesen, daß das Gemälde im Jahre 1987 auf das Territorium der Deutschen Demokratischen Republik gelangte.

I.6 Die Stadt Gotha kann kein Besitzrecht an dem Gemälde geltend machen.

II.1 Das Gemälde wurde im Jahre 1987 unterschlagen.

II.2 Die deutsche Verjährungsfrist ist zu berücksichtigen.

II.3 Der Anspruch ist nach deutschem Recht nicht verjährt.

II.4 Wäre der Anspruch verjährt gewesen, würde das deutsche Recht gegen den *ordre public* verstoßen.

In ihrer 1986 erschienenen Monographie und catalogue raisonné, „Wtewael und Dutch Mannerism", berichtet Dr. Anne Lowenthal, daß zwischen 1975 und 1986 achtzehn Gemälde von Wtewael aus ihrem Schattendasein zurückgewonnen wurden. Sie sagte voraus, es würden noch mehr Gemälde wieder erscheinen. Sie schrieb, der Verbleib des Gemäldes der Heiligen Familie sei unbekannt. Dies trifft nicht länger zu. Gegenwärtig erröten Putti ungesehen in einer Hülle in einem Büroraum der Firma Sotheby's (mir war als Richter ein lustvoll-verstohlener Blick gegönnt). Ob mein Urteil zu einer Erweiterung der Möglichkeiten derer führt, die Erbauung an niederländischen Manirierismus finden, oder derer, die ihre Abneigung pflegen wollen, wird anderen überlassen bleiben.

(Übersetzung aus dem Englischen von Hedwig Weiland und Dr. Michael H. Carl)

Urteil des Londoner *High Court of Justice* über die Kostenhaftung vom 30. Oktober 1998

IN THE HIGH COURT OF JUSTICE
(QUEEN'S BENCH DIVISION)

No. 1993 CNo. 3428 & 1997 GNo. 185

Royal Courts of Justice
Strand, London, WC2.

30th October 1998

B e f o r e:

MR. JUSTICE MOSES

CITY OF GOTHA

1st Claimant

THE FEDERAL REPUBLIC OF GERMANY

2nd Claimant

v.

SOTHEBY'S

1st Defendant

COBERT FINANCE SA

2nd Defendant

JUDGMENT
(As Approved by the Judge)

MR. A. Layton QC (instructed by Messrs. Eversheds, London) appeared on behalf of the Claimants

The Defendants did not appear and were unrepresented.

MR. JUSTICE MOSES: The Plaintiffs seek, in the first place, an order that the Respondent, Douglas Lindsey Montgomery, should be jointly and severally liable with the 2nd Defendant, Cobert Finance SA, to pay the cost of the Plaintiffs which I ordered should be paid to the Plaintiffs by Cobert on 7th October 1998.

The power to make an order against Mr. Montgomery, who is not a party, is contained in section 51 (1) of the Supreme Court Act 1981. I must exercise that power in accordance with principles set out in, amongst other decisions, **The Symphony Group Plc v Hodgson** [1994] QB 179.

In this case I am satisfied that, on the evidence I have seen now and on the evidence I heard when I was hearing the substantive case, that Cobert was no more than the *alter ego* for Mr. Montgomery personally. It was a Panamanian company which seemed to have no existence other than the purpose of purchasing the painting which is the subject matter of the action. It is plain from other evidence that it was, in reality, Mr. Montgomery who was interested in the purchase and sale of the painting. No other human being of which one has any knowledge in relation to Cobert was concerned with the painting in any way. There is no evidence of any other activity of Cobert at all. Various different Panamanian lawyers have, from time to time, been officers of that company but, in reality, the only person who was concerned with the painting, or did anything on behalf of Cobert, was Mr. Montgomery himself, who has described himself, or been described, as an agent for Cobert but, when considering the purchase of the painting, was clearly speaking in personal terms.

The action itself disclosed the part Mr. Montgomery played in apparently attempting to suborn witnesses and being involved in discussions with smugglers in Berlin in 1993. So involved was he in the action that he appeared, on some occasions, at the trial, plainly gave instructions and, when the case started going badly in some respects for him, he disappeared, never to be seen again.

In all those circumstances there is powerful evidence in support of the contention that Cobert and Mr. Montgomery were interchangeable. The action was being solely conducted for Mr. Montgomery's benefit. At the very least, the case is so strong that one would have expected some explanation of those events and those facts, despite the fact that I am quite satisfied Mr. Montgomery has been aware of what may happen and, particularly, of the Mareva injunction, to which I shall shortly turn. He has given absolutely no explanation of those facts and those events to suggest that Cobert was a distinct entity, or that the Plaintiffs' contentions were wrong.

In those circumstances I am satisfied that it is appropriate to make the order asked as – (inaudible) – in relation to costs.

For the same reasons, in my judgment – based upon the same facts and events – it is right that the contention that he is so mixed up in the action that he should provide information as to Cobert's assets, supported by an affidavit, is made out. I shall make an order to that effect.

The final matter is a request that I should order his committal for contempt.

There have been previous orders in relation to substituted service. Some of those who have been served in pursuance of those orders are silent as to whether in fact Mr. Montgomery has been aware of the order against him in the Mareva proceedings which require him, within various time limits, to provide information. It is plain to me that Mr. Montgomery must be aware of that Mareva injunction. So closely was he involved with the action that he would have been bound to have been concerned as to the result and as to its aftermath. I am quite satisfied that he does in fact know of that which has been ordered against him, but has been choosing to escape his responsibility, quite apart from the facts which went to make up the order for substantive service, and the identification of those whom I am satisfied would have communicated with him. There is the evidence as to the presence of his wife when attempts were made personally to serve him. That indicates very strongly to me that he knew just what was going on, but was trying to avoid personal service.

In those circumstances, the only way that the court order can be obeyed, in my judgment, to ensure that it is obeyed, is by making an order for his committal. I am satisfied that it is appropriate so to do.

So far as service of those orders, for the reasons which led to the earlier orders for substituted service, I shall make orders for substituted service insofar as the order as to costs, and so far as the order as to providing information as to Cobert's assets are concerned, in addition to those who it is appropriate to serve by way of substituted service, which is Herbert Smith, the American lawyer who, I am satisfied, has some social relationship with him. John C. – (inaudible) – I order should also be, by facsimile copy, and that there should be an advertisement in one national newspaper both in the United Kingdom and in the state of Colorado, and that there should be, in addition, subsequent service at the address in Colorado by post. There will also be service of the original Mareva order by advertisement and by post in Colorado.

Costs will be paid by Mr. Montgomery.

Urteil des Londoner *High Court of Justice* über die Festsetzung der Höhe der Kosten vom 21. April 1999

IN THE HIGH COURT OF JUSTICE 1993 C 3428
QUEEN'S BENCH DIVISION 1997 G 185

Royal Courts of Justice
Strand
LONDON WC 2.

Wednesday, 21st April 1999.

Before:

THE HONOURABLE MR JUSTICE MOSES

– – –

CITY OF GOTHA
FEDERAL REPUBLIC OF GERMANY

(Plaintiffs)

– v –

SOTHEBY'S

(First Defendants)

COBERT FINANCE SA

(Second Defendants)

DOUGLAS LINDSAY MONTGOMERY

(Third Defendants)

– – –

MISS MONICA CARSS-FRISK (instructed by Messs Eversheds) appeared on behalf of the Plaintiffs.

THE DEFENDANTS were not present and were unrepresented.

– – –

JUDGMENT
(As Approved by the Court)

– – –

Tape Transcription by John Larking
European Verbatim Reporters,
(Verbatim Reporters and Tape Transcribers)
Suite 22, Chancery House, Chancery Lane, London, SC2A 1QX.

Wednesday, 21st April, 1999.

JUDGMENT

MR JUSTICE MOSES: By a summons dated 21st April 1999 the plaintiff, the City of Gotha, seeks to obtain an order pursuant to Order 62 Rule 7 (4 b) of the Rules of the Supreme Court that the respondent, Cobert Finance SA and Douglas Lindsay Montgomery, should be ordered to pay a gross sum in lieu of costs and instead of taxed costs.

The summons refers to three discrete items of costs. The first order which is sought is that those respondents should pay the City of Gotha the sum £ 1,000,200. Those sums are the total costs of the action which the defendants expended in seeking entitlement to a painting covering the period between 1st April 1992 and the 30th October 1992, less various interlocutory orders between 1996 and 1997, and one fifth of the costs incurred between 1992 and 1997, which I have previously ordered should be borne by the City of Gotha, prior to consolidation of the action.

In my bundle at Tab 1 of the sixth exhibit to Dr Carl's affidavit the break down of that figure of £ 1,000,200 odd is explained. By paragraph 2 of the summons the City of Gotha seek an order that Mr Montgomery pay the sum of £ 37,861.87. That figure is a figure which it is sought to obtain from Mr Montgomery arising out of an order that I previously made that he had both joint and several liability for the costs. That sum is explained in Tab 26 of the sixth exhibit, where there is revealed the expediture on work undertaken between 1st July 1998 and 30th October 1998 in obtaining a joint liability costs order, and further in obtaining a committal order and two substituted service orders, dated 9th and 26th October.

Finally, in the third paragraph there is sought from Mr Montgomery and Cobert Finance the sum of £ 15,261 being the costs of the application before me today, and explained between pages 56 to 59 of the third exhibit to Dr Carl's affidavit.

I am satisfied that there has been proper service of this summons on Mr Montgomery. An order was made as to how it should it be served by Master Trench on 23rd March. I am satisfied from the affidavit of Mr Haley that that order was complied with.

So far as Cobert is concerned, it is apparent that the order that Master Trench made has not been complied with, and the reasons for that are set out in an affidavit from Mr Savage. It emerges from his affidavit that Cobert is no longer a validly registered company under Panamanian law; that the directors of Cobert

have resigned, and the resident agents have also validly resigned. Cobert now has no address. It is impossible to serve documents upon them. In those circumstances in my judgment the provisions of Order 65 Rule 9 apply. Cobert has no address for service, and in those circumstances the summons and the supporting affidavit in the exhibits need not be served on Cobert unless I direct, or the Rules otherwise provide. I do not make any such direction. The Rules do not otherwise provide. In those circumstances in my judgment it is proper for me to consider the summons further in the matter of the evidence as to service.

The power which it is sought that I should invoke is contained in Order 62 Rule 7 (4 b). That Rule provides that in awarding costs to any person the court may order that instead of taxed costs that person shall be entitled to seek a gross sum so specified (specified in the order) in lieu of those costs.

The power to make an order for a specified gross sum in lieu of taxed costs must be exercised judicially. It must, in my judgment, be exercised in accordance with the following principles: (1) the order must be made for the purpose of avoiding expense, delay and aggravation which would otherwise be involved in protracted litigation arising out of that taxation. (2) the procedure leading to the making of the order must be followed. (3) it must not be made to punish the party against whom it is sought to make the order.

I derive those principles from a decision of the Court of Appeal in **[1986] Leary v Leary** 136 New Law Journal 942, which is also referred to in the relevant notes to the White Book, and in which a substantial sum was ordered to be paid in lieu of taxed costs in ancillary proceedings to those, and from the Official Referee in **Cheffick Limited v J D M Associates & Others (No. 4)** 22 Construction Law Reports 51, in which an order was made in respect of an application for amendment of Statement of Claim which had taken some eight days.

If it is appropriate to make an order the following principles also apply: (1) how they are exercised will vary according to the merits revealed from case to case. (2) the judge must not pluck a figure out of the air, but the process is instead of taxation, and not designed to follow the procedure which would be involved in a taxation. (3) there is no obligation to discount the figures provided as the basis for making an order, unless there are reasonable grounds. (4) there should be borne in mind the comment of Sir Nicholas Browne Wilkinson, VC, as he then was, in **Chandless v Whitton,** 10 December 1986, unreported, that:

"The exaggerations which in all good faith everybody is inclined to make in estimating the expenses which they can recoup from somebody else."

In this case the order that I have made in relation to the costs, the costs of the action, make no mention of the fact whether they ought be taxed, if not agreed.

Further, so far as the costs the subject matter of the second paragraph of the summons, namely the costs involved in obtaining a joint liability order and orders for substituted service and committal proceedings, the costs were stated in the order to be taxed if not agreed.

It seems likely to me that the original order for costs was silent as to taxation by omission, and that in the normal course of events I would have made an order for those costs to be taxed. At that time, and indeed at the time of the orders the subject matter of paragraph 2 of the summons, it occurred to no-one, and certainly had not occurred to me, that the power under Order 62 Rule 7 should be invoked. Indeed the material which is now relied upon in support of the summons to invoke that power was not yet in existence. There was not at that stage clear material to indicate that the respondents intended to play no further part in the proceedings, and indeed intended to avoid those responsibilities following from their loss.

In my judgment in those circumstances I am not functus when considering whether to invoke the powers I have under Order 62 Rule 7 (4). The power is to be invoked where it appears to the court that it is appropriate that a person should be entitled to a gross sum instead of taxed costs. I see no reason therefore why a court should not exercise that power, even if earlier it has ordered taxed costs, if it subsequently comes to light that it is appropriate to make another order instead of an order for taxed costs.

In those circumstances I do not think it matters whether the original order was silent or not, or the subsequent orders did in fact make an order for taxed costs, if subsequently it appears it is appropriate to make an order under 0.62.7 (4) instead of an order for taxed costs.

In those circumstances I now turn to the issue as to whether it is appropriate to make such an order. The circumstances in which it is sought that I should exercise my power under 62.7 (4) are unusual. Neither Cobert nor Mr Montgomery have played any part in these proceedings, since the judgment. Indeed it is clear in my judgment that neither intend to play any further part in these proceedings. I have reached that conclusion in the light of the history of this matter.

It starts with a letter which was sent by the solicitors, then Frere Cholmeley to the solicitors for Cobert, dated 30th January 1998. It is plain from that letter that Frere Cholmeley was concerned as to how the action, which was already by then very expensive and was likely to become more expensive, was going to be funded. It was clear that they had in mind that Cobert might be a shell company, being funded so far as necessary by Mr Montgomery. There was never any satisfactory response to that letter. But the nature of Gotha's solicitors' fears, and

the steps they might take to ensure that those fears would remain unfounded, would have been plain at that time to Cobert and it's legal advisers.

In the third affidavit from the solicitor for the City of Gotha he summarises the problems that have arisen in relation to Cobert and their default in failing to comply with the Mareva order by which I froze its assets and the assets of Mr Montgomery. (See paragraph 5.) Cobert is no longer represented by solicitors. Cobert has failed to comply with the order that I made as long ago as 7th October 1998, to reveal their assets.

So far as Mr Montgomery is concerned, he too having been ordered by me that he should be under a joint liability for costs, has deliberately failed to comply with the terms of the Mareva order to the extent that I made a subsequent committal order that he should go to prison for six months. He has not appeared to seek to purge that contempt, or indeed to serve the sentence.

The evidence from Dr Carl reveals to my satisfaction that Mr Montgomery has been avoiding service, and there is strong evidence to suggest he knows well what has been going on since the judgment was made; in particular an American lawyer, it is clear, does know him, but has been returning documents served upon that lawyer unread.

So far as more recent history is concerned it is of note that in relation to a part of the property the subject matter of the Mareva in Colorado, Mr Montgomery has transferred his legal interests to a trustee. It is in the nature of that particular trust that Mr Montgomery is able to revoke it at any time during his life. Furthermore, he has obtained a loan on the security of that property for US $ 750,000.

I repeat that neither Cobert nor Mr Montgomery have complied with the Mareva order requiring them to disclose their assets, and Mr Montgomery is at present in contempt. That history, fully set out in Dr Carl's affidavit, leads me to the conclusion that both Cobert and Montgomery have deliberately avoided meeting their responsibilities consequent upon the failure of their defence in the action. Furthermore they intend to continue to avoid those responsibilities. In those circumstances it is plain to me that the costs of taxation explained and sworn to by Dr Carl in his affidavit at paragraph 4 are going to be wasted.

In view of the history and my conclusions in relation to Cobert and Mr Montgomery neither are likely to take part in any taxation at all. In those circumstances I am of the view that it is appropriate to exercise my power under Order 62 Rule 7 (4 b). Any taxation will involve delay, expense, and aggravation. An order for a gross sum instead of taxation will avoid that additional delay, aggravation, and expense. True it is, for the reasons I have given such expense

will not be involved in the protracted litigation inter parties arising out of the taxation, but in my judgment Purchase LJ in **Leary v Leary** was not confining the principle, or the purposes for which the order for the power should to be exercised to those cases where such protracted litigation inter parties was shown. I see no difference in principle if, as I have found, there will be unnecessary expense, delay, and aggravation arising from the very process of seeking taxation.

Moreover the exercise of my power under that Rule is entirely consistent with the new approach to civil justice set out in the reforms initiated by Lord Woolf, which is due to come into force next week. It is in the interests of justice for all litigants, not just the parties in this case, that such an order should be made when the court is faced with those who seek to avoid the responsibilities of losing complex and difficult litigation upon which they have embarked.

As to the amount, I am persuaded that the schedules which I have examined have been carefully calculated and that there has been no attempt to inflate or exaggerate the amounts therein set out. There is in my judgment no material to suggest that the figures have been exaggerated, or are inaccurate, or inflated. Accordingly I shall make an order pursuant to Order 62 Rule 7 (4 b) in the figures set out in the sums at paragraphs 1, 2 and 3.

Miss Carss-Frisk, are you going to draw up an order? Is it necessary to do so, or the associate?

MISS CARSS-FRISK: It will probably follow the schedules, in terms. The order will apply, as I understand it, to both?

MR JUSTICE MOSES: Yes, it will.

Rede

Rede des Staatsministers Dr. Michael Naumann anläßlich der Übergabe des Gemäldes „Heilige Familie“ von Joachim Wtewael an das Schloßmuseum zu Gotha am 19. 2. 1999 *

Sehr geehrter Herr Minister Schuchardt,
sehr geehrter Herr Oberbürgermeister Doenitz,
sehr geehrte Damen und Herren,

Geschichte ereignet sich in Geschichten. Auch um Kulturgüter ranken sich mitunter Geschichten, die es wert sind, erzählt zu werden. Wie die Geschichte jenes Gemäldes, das nach dem Zweiten Weltkrieg aus dem Schloßmuseum zu Gotha gestohlen wurde, als verschollen galt, dann aber wieder zum Vorschein kam, nach langjähriger Odyssee zum Objekt der Begierde wurde, Rechtsanwälte und Notare beschäftigte und nach einer spektakulären Gerichtsverhandlung in London jetzt an seinen angestammten Platz hier in Gotha zurückkehrt. Ich komme gerade von der Berlinale – Filmstoff wäre das. Und auch noch mit Happy End.

Nun ist es keinesfalls ungewöhnlich, daß sich bei der Rückführung von Kulturgütern so manches Detail anhört, als sei es einem Kriminalroman entnommen. Es geht ja um Raub und Entführung. So ist es auch in der Geschichte des Gemäldes, das heute und hier der Stadt Gotha feierlich überreicht werden soll.

Die kleinformatige, akribisch gemalte Kupfertafel mit dem ungewöhnlich langen Titel „Maria mit dem Kinde, dem kleinen Johannes, Anna, Josef und musizierenden Engeln“ – von den Fachleuten unter dem Kürzel „Heilige Familie“ in die Annalen der Kunstgeschichte eingeordnet – entstand 1603 oder 1608 in der niederländischen Stadt Utrecht. Ihr Schöpfer war der über die Grenzen seiner Heimat hinaus bekannte Maler Joachim Wtewael (oder Uytewael). Joachim Wtewaels „Heilige Familie“ gehörte zu den Kleinodien der Kunstsammlung der „Herzoglich Sachsen-Coburg und Gotha'ischen Stiftung für Kunst und Wissenschaft“ im Schloß Friedenstein zu Gotha.

Es ist nicht mehr zu rekonstruieren, ob das Bild während des Zweiten Weltkrieges nach Jagdschloß Reinhardsbrunn ausgelagert wurde oder im Gothaer Schloß

* Gekürzte Fassung der Rede vom 19.2.1999.

blieb. Fest steht jedoch, daß es 1946 ... nach Moskau gebracht worden ist. Den Verlust des Wtewaels bemerkte man allerdings erst sehr viel später: 1966 wurde er in dem Buch von Bernhard, „Verlorene Werke der Malerei", dokumentiert. ... 1987 befand es sich in den Händen zweier russischer Ikonenhändler, die es ausgerechnet einem deutschen als „Tourist" eingereisten Kunstkenner anboten. Der Mann war eigentlich unterwegs, um den Verbleib von Bremer Kunstschätzen zu erforschen. Er erkannte den Wert des Bildes, ohne aber die genaue Identität feststellen zu können. Er erwarb das Werk, bat aber, es durch einen Kurier nach Westberlin zu senden, um die strengen sowjetischen Zollbedingungen zu umgehen. Die beiden Russen schlugen deshalb vor, den Transport einer ihnen von früheren Transaktionen bekannten afrikanischen Diplomatengattin zu überlassen. Das klang vielversprechend – allerdings wartete der Käufer in Deutschland vergeblich auf die Übergabe.

In Berlin angekommen, hatte die Frau des Diplomaten vielmehr den Entschluß gefaßt, das Bild genauer untersuchen und schätzen zu lassen und dann auf eigene Rechnung zu verkaufen. Ein deutscher Kunstexperte erklärte sich tatsächlich bereit, es dem Staatlichen Museum in Berlin-Dahlem (SPK) vorzulegen. Dort arbeitete ein Kenner. Der Oberkustos des Museums erkannte sofort den vermißten Wtewael. Nun kommt kurz die Kriminalpolizei ins Spiel: Das Bild wurde beschlagnahmt. Gleichzeitig stellte das Museum den Antrag, das Gemälde in die Liste national wertvoller Kulturgüter aufzunehmen. Der Senat lehnte ab.

Das Museum in Gotha scheint von diesem Zwischenspiel nicht unterrichtet worden zu sein. Unterdessen hatte der Rechtsanwalt des deutschen Kunstexperten erfolgreich die Freigabe des Wtewael verlangt. Das war am 31. August 1987. Von diesem Zeitpunkt an bis zur Einlieferung bei der Auktionsfirma Sotheby's 1991 durch die panamesische Firma Cobert Finance S. A. gibt es keine konkreten Anhaltspunkte über den wirklichen Verbleib des Gemäldes.

Meine Damen und Herren,

„Tu erst das Notwendige, dann das Mögliche, und plötzlich schaffst Du das Unmögliche!" Dieser Ausspruch von Franz von Assisi umschreibt ganz gut die nun folgende fünfjährige Geschichte des Rechtsstreits zwischen dem Bundesinnenministerium, dem Freistaat Thüringen und der Stadt Gotha auf der einen und den Firmen Cobert Finance S. A. und Sotheby's auf der anderen Seite. Ich erspare Ihnen die Details.

Als 1992 die Stadt Gotha Klage vor dem High Court in London erhob und klar wurde, daß ein langes und teures Verfahren bevorstünde, sprangen die Bundesrepublik Deutschland und das Land Thüringen der Stadt bei ... Im September 1996 wurde im Staatsarchiv Weimar ein Dokument gefunden (es handelt sich um den SMA-Befehl Nr. 38), das weitreichende rechtliche Konsequenzen hatte: Die Bundesrepublik Deutschland war nach dem Einigungsvertrag als Eigentümer

aller Gemälde anzusehen. Deshalb trat das Bundesministerium des Innern neben der Stadt Gotha in den Prozeß ein. Und gewann. In seiner Urteilsbegründung ... stellte der englische Richter unter anderem fest: „Das Recht begünstigt den wahren Eigentümer von Vermögen, das gestohlen wurde, wie lange auch immer die Fristen nach dem ursprünglichen Diebstahl laufen." Der englische Richter hat damit das deutsche Verjährungsrecht interpretiert und weitergeführt.

Für die Rückführungsbemühungen der Bundesregierung ist das Urteil ein Erfolg – weit über den glücklichen Ausgang für Gotha hinaus. Die Rechte der ursprünglichen Eigentümer wurden gestärkt. Und: Grundsätzlich wurde hier festgestellt, daß der Handel mit sogenannter Beutekunst illegal ist. Insbesondere die großen Auktionshäuser in Europa und den USA werden sich auf neue Bedingungen des Kunsthandels einstellen müssen.

Das Londoner Urteil setzt Maßstäbe. Wenn demnächst – noch in diesem Frühjahr – auch in Moskau der Staatsgerichtshof zu einem ähnlich positiven Ergebnis kommt, haben wir die Chance, einer Klärung der komplizierten Beutekunst-Problematik näherzukommen.

Meine Damen und Herren,

ein Wtewael ist heimgekehrt. Ich freue mich, daß das Schloßmuseum Gotha dieses langvermißte Werk nunmehr der Öffentlichkeit vorstellen kann. Dem nahtlosen Zusammenwirken der Bundesregierung, der Thüringischen Landesregierung und der Stadt Gotha ist es zu verdanken, daß ein wertvolles Zeugnis aus der Zeit der Kunstgeschichte wieder hier ist.

Zu guter Letzt: Ich möchte Herrn Rechtsanwalt Dr. Carl (London), Herrn Prof. Dr. Siehr (Zürich), Herrn Prof. Dr. Werner (Jena) und auch Herrn Rechtsanwalt Dr. von Plehwe (Köln) danken.

Herr Dr. Carl hat klug und erfolgreich in London vor einem großen internationalen Fachpublikum das Anliegen des Bundes dargelegt. Ich bitte Sie, Herr Dr. Carl, meinen Dank auch den beiden *barristern* weiterzugeben. Herr Prof. Dr. Siehr hat dem Gericht den Vorschlag einer rechtlichen Auslegung zur Verjährung vorgetragen, der auch die sozialen und historischen Bedingungen einbezog. Das Gericht ist seinem Vorschlag gefolgt.

Herr Prof. Dr. Werner hat unbeirrt die Klageberechtigung der Bundesrepublik Deutschland überzeugend vertreten und zur Überzeugung des Gerichtes gemacht. Dank schließlich auch Herrn Rechtsanwalt Dr. von Plehwe, der als Korrespondenzanwalt die Bundesregierung in zum Teil schwierigen Fragen des internationalen Privatrechts beraten hat.

Diesmal hat die Gerechtigkeit gesiegt – und Sie alle haben mitgeholfen.

So freue ich mich, das Gemälde endlich an seinen alten Platz zurückgeben zu können.

Quellenverzeichnis *

A. Normen

I. Nationale Quellen

Deutschland

1. Reichsrecht

2. Bundesrecht

* Bei der Erstellung der Verzeichnisse waren behilflich die Damen Dr. iur. Esther Allenspach, Nelly Grob und lic. iur. Raphaela Zürcher.

II. Internationale und zwischenstaatliche Quellen

EWG Übereinkommen vom 19.6.1980 über das auf vertragliche Schuldverhältnisse anzuwendende Recht (BGBl. 1986 II 810)	56 f.
Vertrag vom 31.8.1990 zwischen der Bundesrepublik Deutschland und der Deutschen Demokratischen Republik über die Herstellung der Einheit Deutschlands (Einigungsvertrag) (BGBl. 1990 II 889)	23, 36, 43–45
Vertrag vom 9.11.1990 über gute Nachbarschaft, Partnerschaft und Zusammenarbeit zwischen der Bundesrepublik Deutschland und der Union der Sozialistischen Sowjetrepubliken, (BGBl. 1991 II 703, 1992 II 1016 f.)	10 f., 62
Abkommen vom 16.12.1992 zwischen der Regierung der Bundesrepublik Deutschland und der Regierung der Russischen Föderation über kulturelle Zusammenarbeit (BGBl. 1993 II 1256)	11
Richtlinie 93/7/EWG des Rates vom 15.3.1993 über die Rückgabe von unrechtmässig aus dem Hoheitsgebiet eines Mitgliedstaats verbrachten Kulturgütern (ABl.EG 1993 Nr. L74/74)	27, 214 f.

B. Gerichtsentscheidungen

Deutschland

RG 19.12.1922, RGZ 106, 82	59, 62
RG 27.10.1932, RGZ 138, 296	59
BGH 23.2.1973, BGHZ 60, 235 = NJW 1994, 1960	59, 65
BGH 28.11.1973, WM 74, 11 = IPRspr. 1973 Nr. 114	34
OLG Bamberg vom 30.6.1951 (unveröffentlicht)	154 f.
OLG Bamberg vom 7.12.1960 (unveröffentlicht)	154 f.
OLG Bamberg vom 30.3.1976 (unveröffentlicht)	154 f.
OLG Jena vom 26.6.1941 (unveröffentlicht)	148 f.
LG München 18.12.1993, IPRspr. 1993 Nr. 52	59

Frankreich

Cass. 2.6.1993, Gaz.Pal. 1993, Panor. 269 (Goldfinger c. Sebastien), D. 1994, 582 = Rep. Defrénois 1994, 414 = Rev.-trim.dr.civ. 1994, 389	71

Niederlande

Hoge Raad 8.5.1998, NIPR 1998 Nr. 19	16

Schweiz

BGer. 15.2.1922, BGE 48 II 38 (Quadri c. Hôtel Brissago)	63, 74

USA

Kunstsammlungen zu Weimar v. Elicofon, Erbgrossherzogin von Sachsen-Weimar-Eisenach intervening 536 F. Supp. 813, 839 (E. D. N Y. 1981), 678 F. 2d 1150 (2d Cir. 1982)	34

Vereinigtes Königreich

Adams v. National Bank of Greece, [1958] 2 QB 59	164–167
Arab Monetary Fund v. Hashim, [1993] 1 Lloyd's L. Rep. 543	200 f., 216 f.
Attorney General of New Zealand v. Ortiz, [1984] 1 AC 1	168–171

(C. A., H. L.)	
Bank voor Handel en Scheepvaart N. V. v. Slatford, [1953] 1 QB 248	164 f.
Bumper Corporation v. Commissioner of Police of the Metropolis, [1991] 1 WLR 1362 (C. A.)	114–117
Carl Zeiss-Stiftung v. Rayner & Keeler (No. 3), [1979] Ch. 506	160 f.
Chandless v. Whitton, 10.12.1986 (unreported)	225
Cheffick Limited v. J. D. M. Associates & Others (No. 4), 22 Construction Law Reports 51	225
City of Gotha v. Sotheby's (9.9.1998) (unten S. 78)	77
City of Gotha v. Sotheby's (30.10.1998) (unten S. 218)	42
City of Gotha v. Sotheby's (21.4.1999) (unten S. 220)	42
Durham v. T & N PLC and others (unveröffentlichte Entscheidung des Court of Appeal vom 1.5.1996)	202–205
Huber v. Steiner, [1835] 2 Bing. N. C. 202 = 132 E. R. 80	56
Jones v. Trollope Colls Cementation Overseas Limited, Times Law Reports 26.1.1990	214 f.
Leary v. Leary, 136 New Law Journal 942 (1986)	225, 228
National Bank of Greece and Athens S. A. v. Metliss, [1958] A. C. 509	156 f., 166 f.
Oppenheimer v. Cattermole, [1976] AC 249 (H. L.)	202 f.
Pirelli General Cable Works Ltd. v. Oscar Faber & Partners, [1983] 2 AC 1	204 f.
Princess Paley Olga v. Weisz, [1929] 1 KB 718 (C. A.)	162 f.
R. B. Policies at Lloyd's v. Butler, [1950] 1 K. B. 76	55
Sheldon v. R. H. M. Outhwaite (Underwriting Agencies) Ltd., [1996] 1 AC 102 (H. L.)	206–211
Spackman v. Foster, [1883] II Q. B. D. 99	54
The Cintas Foundation Inc. v. Sotheby's (unveröffentlichtes Urteil vom 11.2.1995)	57, 182 f.
The Estate of Fuld, decd. (No. 3), [1968] P. 675	202 f.
The Symphony Group Plc. v. Hodgson, [1994] QB 179	221
United States v. Inkley, [1989] QB 255	170 f.
Williams & Humbert Ltd. v. W & H Trade Marks (Jersey) Ltd., [1986] AC 369 (H. L.)	164–171
Winkworth v. Christie Manson and Woods Limited and anr., [1981] Ch. 496	116 f.

Personenregister

Sachverzeichnis

FSC
www.fsc.org
MIX
Papier | Fördert
gute Waldnutzung
FSC® C083411

Kolibri 360 GmbH
Ferdinand-Jühlke-Straße 7
99095 Erfurt, Deutschland
produktsicherheit@kolibri360.de